westermann

Michael Sieber

Prüfungswissen KOMPAKT

Kaufmann/Kauffrau im E-Commerce

4. Auflage

Bestellnummer 28578

Zusatzmaterialien

Für Lehrerinnen und Lehrer

BiBox westermann inkl. E-Book

BiBox Einzellizenz für Lehrer/-innen (Dauerlizenz): 978-3-427-28584-7
BiBox Kollegiumslizenz für Lehrer/-innen (Dauerlizenz): 978-3-427-28590-8
BiBox Kollegiumslizenz für Lehrer/-innen (1 Schuljahr): 978-3-427-28602-8

Für Schülerinnen und Schüler

BiBox westermann inkl. E-Book

BiBox Einzellizenz für Schüler/-innen (1 Schuljahr): 978-3-427-28596-0
BiBox Klassensatz PrintPlus (1 Schuljahr): 978-3-427-28608-0

westermann GRUPPE

Druck und Bindung: Westermann Druck GmbH,
Georg-Westermann-Allee 66, 38104 Braunschweig

ISBN 978-3-427-**28578**-6

Vorwort

Im Zuge der zunehmenden Digitalisierung hat sich auch der Verkauf von Waren und Dienstleistungen stark verändert. Vor diesem Hintergrund werden immer mehr Mitarbeiter und Mitarbeiterinnen benötigt, die umfassend für die Bearbeitung der komplexen Geschäftsprozesse im Bereich Electronic Commerce qualifiziert sind. Mit dem Ausbildungsberuf „Kaufmann/Kauffrau im E-Commerce" wird dieser Anforderung Rechnung getragen. Ziel dieses Ausbildungsberufes ist es, bei den Auszubildenden eine ganzheitliche, prozessorientierte Handlungskompetenz im kaufmännischen Tätigkeitsspektrum mit dem Schwerpunkt E-Commerce zu entwickeln.

Das vorliegende Buch bietet für den Ausbildungsberuf „Kaufmann/Kauffrau im E-Commerce" in knapper Form eine übersichtliche Zusammenfassung der für die Abschlussprüfung relevanten Lerninhalte. Darüber hinaus werden auch die Prüfungsmodalitäten und die Gewichtung der einzelnen Themenbereiche in den einzelnen Fächern der Abschlussprüfung näher beleuchtet (siehe Kapitel „Prüfungsmodalitäten").

Dieses Buch kann keine Lehrbücher ersetzen. Es ist vielmehr als Nachschlagewerk konzipiert, das eine straffe und ökonomische Prüfungsvorbereitung auf Klassenarbeiten und die Abschlussprüfung ermöglicht. Darüber hinaus kann es auch für den Unterricht an der Berufsschule eine hilfreiche Ergänzung sein. Das ausführliche Sachwortverzeichnis ermöglicht es, alle Inhalte schnell zu finden.

Verfasser und Verlag wünschen Ihnen nicht nur viel Erfolg mit diesem Buch, sondern auch die gewünschten Prüfungsergebnisse!

Bayreuth, im Herbst 2023 — Michael Sieber

Inhaltsverzeichnis

Prüfungsmodalitäten

Prüfungsmodalitäten

1. Gesamtüberblick

Die Abschlussprüfung für den Ausbildungsberuf „Kaufmann/Kauffrau im E-Commerce“ wird in Form einer gestreckten Abschlussprüfung durchgeführt. Rechtliche Grundlage dafür ist die „Verordnung über die Berufsausbildung zum Kaufmann im E-Commerce und zur Kauffrau im E-Commerce“ in Verbindung mit dem Berufsbildungsgesetz.

Teil 1 (Mitte des 2. Ausbildungsjahres)

Prüfungsfach/Prüfungsanforderungen	Dauer (in Min.)	Gew.
Sortimentsbewirtschaftung und Vertragsanbahnung	90	25 %

Teil 2 (am Ende der Berufsausbildung)

Prüfungsfach/Prüfungsanforderungen	Dauer (in Min.)	Gew.
Geschäftsprozesse im E-Commerce	120	30 %
Kundenkommunikation im E-Commerce	60	15 %
Wirtschafts- und Sozialkunde	60	10 %
Projektbezogene Prozesse im E-Commerce (mündliche Prüfung)	20	20 %

In jedem der vier Prüfungsfächer sind höchstens 100 Punkte zu erreichen. Dabei gilt der folgende **Notenschlüssel.**

100–92 Punkte	Note 1 (sehr gut)
unter 92–81 Punkte	Note 2 (gut)
unter 81–67 Punkte	Note 3 (befriedigend)
unter 67–50 Punkte	Note 4 (ausreichend)
unter 50–30 Punkte	Note 5 (mangelhaft)
unter 30–0 Punkte	Note 6 (ungenügend)

Die Abschlussprüfung ist bestanden, wenn die Leistungen
1. im Gesamtergebnis von Teil 1 und Teil 2 der Abschlussprüfung mit mindestens „ausreichend“,
2. im Endergebnis von Teil 2 der Abschlussprüfung mit mindestens „ausreichend“,
3. in mindestens drei Prüfungsbereichen von Teil 2 der Abschlussprüfung mit mindestens „ausreichend“ und
4. in keinem Prüfungsbereich von Teil 2 der Abschlussprüfung mit „ungenügend“ bewertet worden sind.

Auf Antrag des Prüflings ist die Prüfung in einem der mit schlechter als „ausreichend“ bewerteten schriftlichen Prüfungsbereiche des 2. Teils der Abschlussprüfung durch eine mündliche Prüfung von etwa 15 Minuten zu ergänzen, wenn dies für das Bestehen der Prüfung den Ausschlag geben kann (**Ergänzungsprüfung**). Bei der Ermittlung des Ergebnisses für diesen Prüfungsbereich sind das bisherige Ergebnis und das Ergebnis der mündlichen Ergänzungsprüfung im Verhältnis 2:1 zu gewichten.

2. Prüfungsfach „Sortimentsbewirtschaftung und Vertragsanbahnung“

Im Prüfungsfach „Sortimentsbewirtschaftung und Vertragsanbahnung“, das als Teil 1 der Abschlussprüfung zu absolvieren ist, soll der Prüfling nachweisen, dass er in der Lage ist,

- das Waren- und Dienstleistungsangebot im Onlinevertrieb kunden- und serviceorientiert mitzugestalten und zu bewirtschaften,
- die Beschaffung von Waren oder Dienstleitungen für den Onlinevertrieb zu unterstützen,
- Vertragsanbahnungen im Onlinevertrieb zu gestalten und Vertragsabschlusse herbeizuführen und
- rechtliche Regelungen bei der Sortimentsbewirtschaftung, der Beschaffung und der Vertragsanbahnung einzuhalten.

Schwerpunkte im Prüfungsfach „Sortimentsbewirtschaft und Vertragsanbahnung"

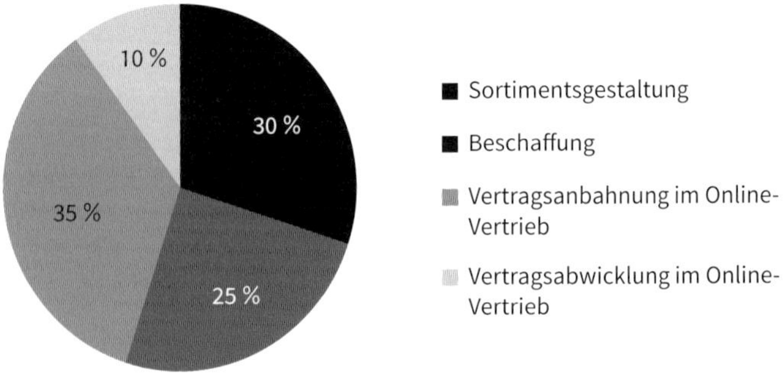

In Anlehnung an: „Prüfungskatalog für die IHK-Abschlussprüfungen – Verordnung über die Berufsausbildung zum Kaufmann/Kauffrau im E-Commerce vom 13. Dezember 2017", AKA Nürnberg, 1. Auflage 2019

3. Prüfungsfach „Wirtschafts- und Sozialkunde"

Im Prüfungsfach „Wirtschafts- und Sozialkunde" soll der Prüfling nachweisen, dass er in der Lage ist, allgemeine wirtschaftliche und gesellschaftliche Zusammenhänge der Berufs- und Arbeitswelt darzustellen und zu beurteilen.

Schwerpunkte im Prüfungsfach „Wirtschafts- und Sozialkunde"

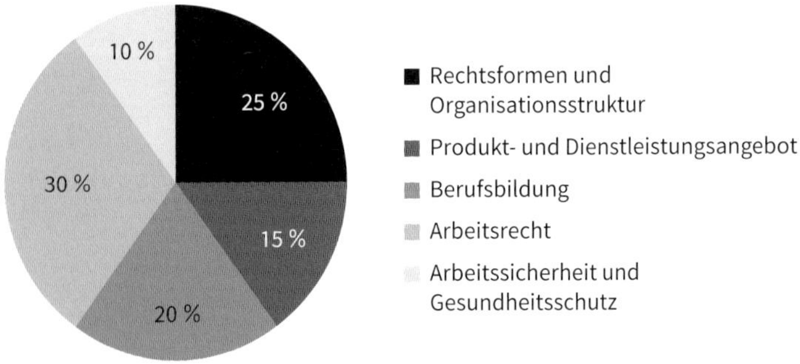

In Anlehnung an: „Prüfungskatalog für die IHK-Abschlussprüfungen – Verordnung über die Berufsausbildung zum Kaufmann/Kauffrau im E-Commerce vom 13. Dezember 2017", AKA Nürnberg, 1. Auflage 2019

4. Prüfungsfach „Geschäftsprozesse im E-Commerce"

Im Prüfungsfach „Geschäftsprozesse im E-Commerce" soll der Prüfling nachweisen, dass er in der Lage ist,

- komplexe Arbeitsauftrage handlungsorientiert zu bearbeiten,
- fachliche und wirtschaftliche Zusammenhänge zu analysieren, Lösungen für Aufgabenstellungen zu entwickeln und dabei Instrumente der kaufmännischen Steuerung und Kontrolle zu nutzen,
- wirtschaftliche und technische Entwicklungen im Hinblick auf ihre Relevanz für den E-Commerce einzuschätzen,
- englische Informationen und Fachbegriffe situationsbezogen zu nutzen und
- rechtliche Regelungen bei den Geschäftsprozessen im E-Commerce einzuhalten.

Schwerpunkte im Prüfungsfach „Geschäftsprozesse im E-Commerce"

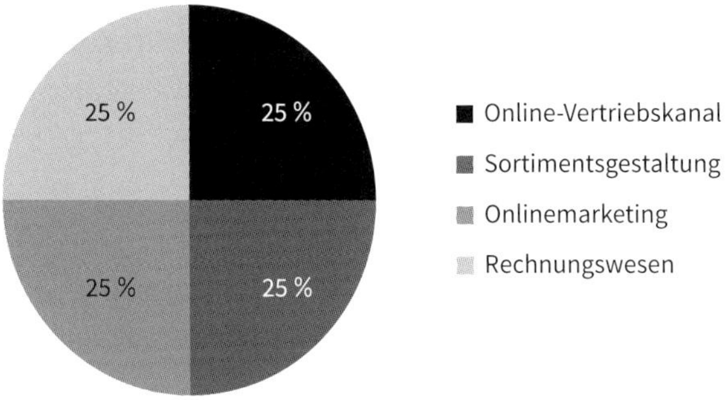

In Anlehnung an: „Prüfungskatalog für die IHK-Abschlussprüfungen – Verordnung über die Berufsausbildung zum Kaufmann/Kauffrau im E-Commerce vom 13. Dezember 2017", AKA Nürnberg, 1. Auflage 2019

5. Prüfungsfach „Kundenkommunikation im E-Commerce"

Im Prüfungsfach „Kundenkommunikation im E-Commerce" soll der Prüfling nachweisen, dass er in der Lage ist,

- Kundenanliegen lösungsorientiert zu bearbeiten,
- bei der Vertragserfüllung entstehende Störungen zu bearbeiten,
- Rückabwicklungsprozesse zu organisieren,
- Kommunikationskanale auszuwählen und zu steuern,

- Schnittstellen von Kommunikationskanälen zu berücksichtigen,
- Kommunikation mit Kunden zielgruppenorientiert und situationsgerecht zu gestalten, auszuwerten und zu optimieren und
- rechtliche Regelungen bei der Kundenkommunikation im E-Commerce einzuhalten.

Schwerpunkte im Prüfungsfach „Kundenkommunikation im E-Commerce"

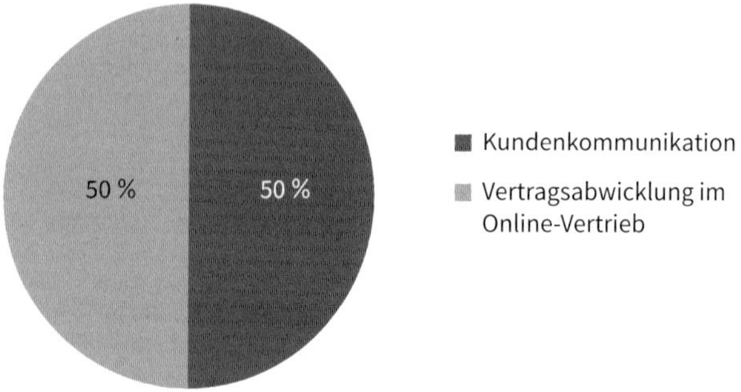

In Anlehnung an: „Prüfungskatalog für die IHK-Abschlussprüfungen – Verordnung über die Berufsausbildung zum Kaufmann/Kauffrau im E-Commerce vom 13. Dezember 2017", AKA Nürnberg, 1. Auflage 2019

6. Mündliche Prüfung „Produktbezogene Prozesse im E-Commerce"

In der mündlichen Prüfung soll der Prüfling in einem fallbezogenen Fachgespräch nachweisen, dass er in der Lage ist,

- berufstypische Aufgabenstellungen zu erfassen,
- Probleme und Vorgehensweisen zu erörtern,
- Lösungswege zu entwickeln,
- kunden- und serviceorientiert zu handeln,
- praxisbezogene Aufgaben zu planen, durchzuführen und auszuwerten,
- projektorientierte Arbeitsweisen im E-Commerce anzuwenden und
- Kommunikations- und Kooperationsbedingungen zu berücksichtigen.

A

WIRTSCHAFTS- UND SOZIALKUNDE

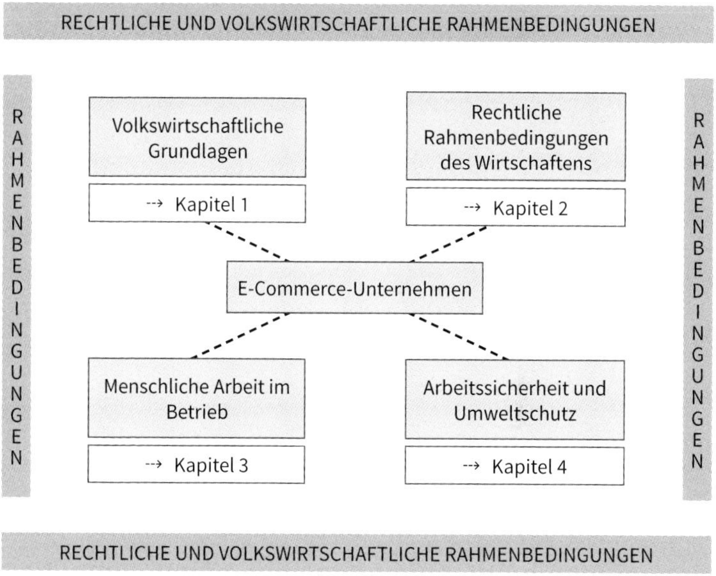

1 Volkswirtschaftliche Grundlagen

1.1 Bedürfnisse, Bedarf, Nachfrage, Güter

Unter Bedürfnissen versteht man die Mangelempfindungen der Menschen, die diese zu beheben bestrebt sind.

Überblick über die einzelnen Bedürfnisarten

Einteilung	Arten	Beispiele	Mittel der Befriedigung (Güter)
Nach der Dringlichkeit	Existenzbedürfnisse (absolute Bedürfnisse = Primärbedürfnisse)	*Hunger, Durst*	Nahrung, Getränke
	Kultur- und Luxusbedürfnisse (relative Bedürfnisse = Sekundärbedürfnisse)	*Erholung, Freizeit*	Urlaubsreise, Segelyacht
Nach dem Gegenstand	materielle Bedürfnisse	*Wohnraum*	Haus
	immaterielle Bedürfnisse	*Sicherheit* ***und*** *Schutz der Wohnungseinrichtung*	Hausratversicherung
nach den gesellschaftlichen Befriedigungsmöglichkeiten	Individualbedürfnisse (Bedürfnisse, die bei einer einzelnen Person auftreten)	*Hunger, Durst*	Nahrung, Getränke
	Kollektivbedürfnisse (Bedürfnisse, die von einer Gemeinschaft ausgehen)	*Sicherheit, Bildung*	Polizei, Schulen

Als Bedarf bezeichnet man die mit Kaufkraft versehenen Bedürfnisse.

Nachfrage nennt man den auf dem Markt erscheinenden Bedarf.

Güter sind Mittel, die dem Menschen Nutzen stiften.

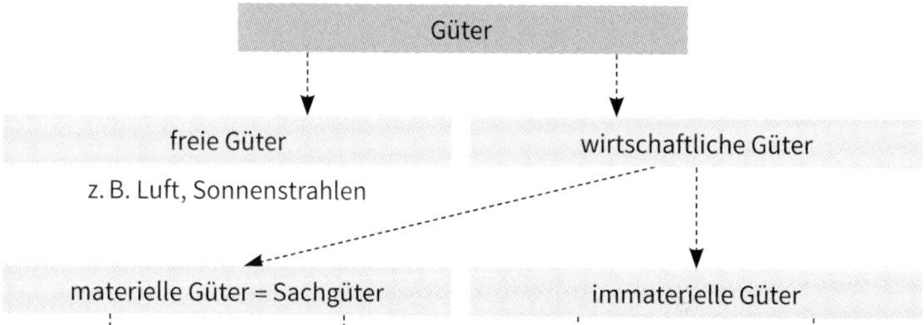

Konsumgüter	Investitionsgüter	Dienstleistungen	Rechte
= Güter, die für Endverbraucher/-innen bestimmt sind	= Güter, die von Unternehmen für die Herstellung und Verteilung anderer Güter bestimmt sind	z. B. Friseur/-in, Kreditgewährung, Versicherungsleistungen	z. B. Patente, Lizenzen, Eigentumsrechte
→ Gebrauchsgüter sind langfristig nutzbar (z. B. Küchenmesser).	→ Gebrauchsgüter sind langfristig nutzbar (z. B. Regale).		
→ Verbrauchsgüter werden beim Konsum verbraucht (z. B. Milch).	→ Verbrauchsgüter werden bei der Nutzung verbraucht (z. B. Metallgehäuse für ein hergestelltes Produkt).		

1.2 Ökonomisches Prinzip

Maximalprinzip

Mit den gegebenen Mitteln ist der größtmögliche Erfolg zu erzielen.
Beispiel: *Mit einem vollen Tank sollen so viele Kilometer wie möglich gefahren werden.*

Minimalprinzip

Ein geplanter Erfolg ist mit dem geringstmöglichen Mitteleinsatz zu erzielen.
Beispiel: *Für die Strecke München–Hamburg soll so wenig Sprit wie möglich verbraucht werden.*

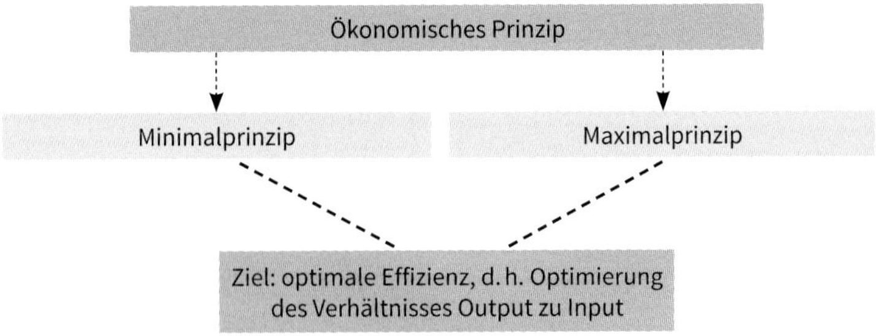

1.3 Ziele erwerbswirtschaftlicher Betriebe

Handelsbetriebe handeln im Gegensatz zu gemeinnützigen Organisationen nach dem erwerbswirtschaftlichen Prinzip. Die obersten Unternehmensziele sind daher:
⇢ operativ (= kurzfristig): Gewinnmaximierung, Liquiditätssicherung
⇢ strategisch (= langfristig): Existenzsicherung.

Neben den operativen und strategischen Oberzielen streben Unternehmen eine Vielzahl von unterschiedlichen Zielen in unterschiedlichen Zielkategorien an. Dabei spielen die wirtschaftlichen Ziele für erwerbswirtschaftliche Betriebe immer die dominante Rolle.

Wirtschaftliche Ziele	**Soziale Ziele**	**Ökologische Ziele**	**Gesellschaftliche Ziele**
z. B.: ⇢ Gewinnmaximierung ⇢ Umsatzsteigerung ⇢ Absatzsteigerung ⇢ Steigerung der Eigenkapitalrendite ⇢ Erschließung neuer Märkte ⇢ Erhöhung des Marktanteils	z. B.: ⇢ Arbeitsplatzsicherung ⇢ Sozialleistungen für Beschäftigte ⇢ Arbeitszufriedenheit der Beschäftigten	z. B.: ⇢ ressourcenschonende Herstellungsverfahren ⇢ Umweltverträglichkeit der Produkte ⇢ umweltschonende Entsorgung ⇢ Recycling	z. B.: ⇢ positives Unternehmensimage ⇢ Corporate Identity (Unternehmensidentität, sprich Unverwechselbarkeit des Unternehmens) ⇢ politischer Einfluss

1.4 Wirtschaftskreislauf

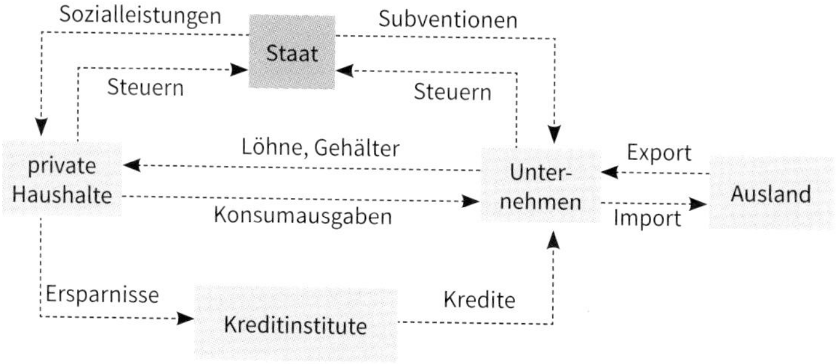

Im Wirtschaftskreislauf sind die Geldströme einer Volkswirtschaft dargestellt. Daher ist Folgendes zu beachten: Beim Import fließt Geld von den Unternehmen ins Ausland. Beim Export dagegen fließt das Geld vom Ausland in die inländischen Unternehmen. Bei den Zahlungsströmen zwischen privaten Haushalten und Kreditinstituten wird davon ausgegangen, dass die privaten Haushalte per Saldo mehr sparen als Kredite aufnehmen und dass von den Unternehmen per Saldo mehr Kredite aufgenommen als Ersparnisse eingelegt werden.

1.5 Begriff und Funktionen des Marktes

Als Markt bezeichnet man den gedachten oder tatsächlichen Ort, wo Angebot und Nachfrage aufeinandertreffen und sich ein Preis bildet.

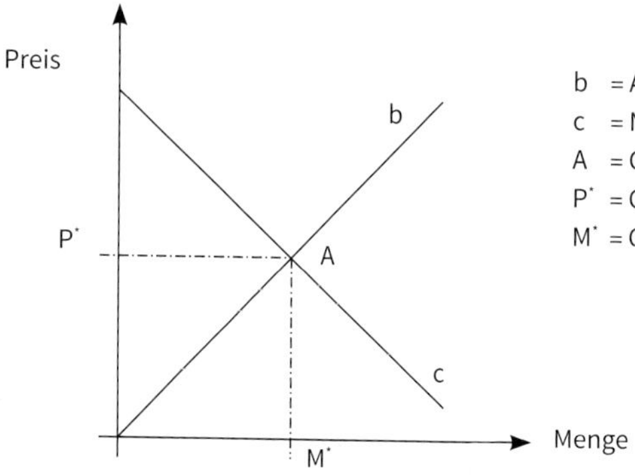

b = Angebot
c = Nachfrage
A = Gleichgewichtspunkt
P* = Gleichgewichtspreis
M* = Gleichgewichtsmenge

Nachfrage steigt	c verschiebt sich parallel nach rechts oben	P* steigt und M* steigt
Nachfrage sinkt	c verschiebt sich parallel nach links unten	P* sinkt und M* sinkt
Angebot steigt	b verschiebt sich parallel nach rechts unten	P* sinkt und M* steigt
Angebot sinkt	b verschiebt sich parallel nach links oben	P* steigt und M* sinkt

Je nach Güterart, Organisation und Zugangsmöglichkeiten unterscheidet man folgende Märkte:

--> Faktormärkte (Arbeits- und Kapitalmarkt)
--> Gütermärkte (Sachgüter und Dienstleistungen)
--> organisierte Märkte (Flohmärkte)
--> nicht organisierte Märkte (eBay)
--> offene Märkte (freier Marktzutritt)
--> geschlossene Märkte (Großmärkte)
--> regionale, nationale, internationale Märkte

Zahl der Nachfrager / Zahl der Anbieter	**einer**	**wenige**	**viele**
einer	zweiseitiges Monopol (z. B. Markt für spezielle Sonderanfertigungen)	beschränktes Angebotsmonopol (z. B. Markt für patentierte medizinische Spezialgeräte)	Angebotsmonopol (z. B. Markt für die Zustellung von Briefen: Postmonopol)
wenige	beschränktes Nachfragemonopol (z. B. Markt für Rüstungsgüter)	zweiseitiges Oligopol (z. B. Flugzeugmarkt)	Angebotsoligopol (z. B. Benzinmarkt)
viele	Nachfragemonopol (z. B. Staat als einziger Nachfrager nach Autobahnen)	Nachfrageoligopol (z. B. Markt für Obstverwertung)	Polypol (z. B. Lebensmittelmarkt)

1.6 Kooperation und Konzentration

Schließen sich Unternehmen gezielt zusammen, spricht man von Kooperation und Konzentration. Konzentrationsprozesse bis hin zu Monopolstellungen auf der Anbieterseite schwächen zwar in der Regel die Position der Nachfrager, sind aber nicht grundsätzlich illegal. So kann eine Monopolstellung beispielsweise auch durch eine technische Innovation entstehen.

Beispiel: *VW erfindet ein Auto mit einem Benzinverbrauch von nur einem Liter auf 100 km.*

Auch das Angebot von seltenen Rohstoffen kann in der Hand eines einzigen Anbieters sein, ohne dass es ungesetzlich wäre. Die wichtigsten Formen solcher Unternehmenszusammenschlüsse sind im Folgenden erlautert.

Kartelle

Wenn gleichartige Betriebe zur Beeinflussung des Marktes Abmachungen treffen, spricht man von Kartellen. Die Kontrolle erfolgt durch das Bundeskartellamt auf der Grundlage des Gesetzes gegen Wettbewerbsbeschränkungen (GWB). Kartelle sind grundsätzlich verboten (§ 1 GWB).

Nach § 2 GWB ist jedoch unter bestimmten Voraussetzungen eine Freistellung vom Kartellverbot möglich, wenn der Wettbewerb durch das Kartell nicht ausgeschaltet wird (System der Legalausnahme). Ebenfalls nicht verboten sind Mittelstandskartelle, bei denen die Wettbewerbsfähigkeit kleiner und mittlerer Unternehmen verbessert wird (§ 3 GWB).

Beispiele *für verbotene Kartelle:*

⇢ **Preiskartell:** Vereinbarte Verkaufspreise werden nicht unterschritten.

Beispiel: *Alle Mineralölgesellschaften vereinbaren, dass sie in Zukunft für Diesel genau 2,00 € pro Liter verlangen werden.*

⇢ **Quotenkartell:** Jedem Mitglied wird nur ein ganz bestimmtes Produktions- oder Verkaufskontingent, also eine bestimmte Quote, gestattet.

Beispiel: *Beim Bau öffentlicher Kläranlagen sprechen sich die Anbieter gegenseitig ab, wer bei einer Ausschreibung welchen Preis für einen Kläranlagenneubau anbietet. Da die Preise abgestimmt sind, steht schon vorher fest, wer den Auftrag jeweils bekommen wird. Durch dieses abgesprochene Verhalten wird sichergestellt, dass jedes Unternehmen regelmäßig Aufträge erhält, und zudem. Zudem wird der Preis künstlich hoch gehalten.*

Konzerne

Die beteiligten Unternehmen bleiben nach außen hin bestehen, sie geben jedoch ihre wirtschaftliche Selbstständigkeit auf.

Beispiel: *Der niederländische Konsumgüterkonzern Unilever kauft das Unternehmen Langnese auf. Das Unternehmen Langnese besteht weiterhin, ist jedoch wirtschaftlich unter der Leitung von Unilever.*

Trusts

Vereinigen sich zwei oder mehr Unternehmen unter Aufgabe ihrer wirtschaftlichen und rechtlichen Selbstständigkeit, so spricht man von einer Verschmelzung (Fusion).

Beispiel: *Vereinigung von Daimler-Benz mit dem amerikanischen Autokonzern Chrysler durch einen Aktientausch (2007 hat der Daimler-Konzern Chrysler wieder verkauft).*

1.7 Produktionsfaktoren

Betriebswirtschaftliche Produktionsfaktoren

Elementarfaktoren	Dispositive Faktoren
→ ausführende Arbeit → Waren → Standort → Ausstattung	→ betriebliche Führung → Planung → Organisation → Überwachung
Kombination = Zusammenwirken der Produktionsfaktoren Substitution = Austausch der Produktionsfaktoren	

Volkswirtschaftliche Produktionsfaktoren

Boden	Arbeit	Kapital	Bildung
→ Anbaufaktor → Abbaufaktor → Standortfaktor	→ dispositive (anordnende, verwaltende, organisierende) Arbeit → ausführende Arbeit	→ produzierte Produktionsmittel: Kombination aus Boden und Arbeit → wird durch Konsumverzicht gebildet	→ technisches Wissen und technischer Fortschritt müssen durch Ausbildung und Bildung vermittelt werden.
ursprüngliche Produktionsfaktoren		abgeleitete Produktionsfaktoren	

1.8 Arbeitsteilung

Gesellschaftliche Arbeitsteilung	Technische Arbeitsteilung	Volkswirtschaftliche Arbeitsteilung	Internationale Arbeitsteilung
→ Aufteilung der Arbeit nach Alter (Phase des Lernens, des Arbeitens und des Ruhestands) → Berufsspaltung (Spezialisierung, z. B. in der Medizin: Allgemeinmedizin, Neurologie, Augenheilkunde, Orthopädie etc.)	→ Arbeitszerlegung in repetitive (= sich wiederholende) Teilarbeiten (z. B. Fließbandarbeit in der Massenproduktion) → Der Einsatz von Maschinen ersetzt die menschliche Arbeitskraft (z. B. Gerät zur automatischen Leergutannahme).	→ primärer Sektor: Urerzeugung (z. B. Landwirtschaft, Kohlebergbau) → sekundärer Sektor: Weiterverarbeitung (z. B. Lebensmittelindustrie) → tertiärer Sektor: Verteilung und sonstige Dienstleistungen (z. B. Einzelhandel)	Bestimmte Länder spezialisieren sich aus verschiedenen Gründen auf die Herstellung bestimmter Produkte, z. B.: → Güter kommen nur in bestimmten Ländern vor (z. B. Erdöl, Bananen). → Güter werden in bestimmten Ländern deutlich günstiger produziert. → Güter werden in bestimmten Ländern mit deutlich besserer Qualität produziert.

Vorteile der Arbeitsteilung	Nachteile der Arbeitsteilung
→ höhere Produktivität → steigende Einkommen → bessere Güterversorgung → Arbeitszeitverkürzung → bessere Arbeitsergebnisse, da Spezialisierung → kostenoptimale Produktion, dadurch niedrigere Güterpreise	→ gegenseitige Abhängigkeit der Betriebe und Länder → Gesamtübersicht kann verloren gehen → evtl. einseitige Umweltbelastung, z. B. bei internationaler Arbeitsteilung → Arbeitsplatzverluste durch Offshoring (= Verlagerung von Arbeitsplätzen in Billiglohnländer)

1.9 Wirtschaftsordnungen

Zwei Grundmodelle von Wirtschaftsordnungen

Freie Marktwirtschaft
(z. B. in den USA)

- Orientierung am Einzelnen: uneingeschränkte Freiheit für jeden
  Leitidee: wirtschaftlicher Liberalismus
- Eigennutz = Gemeinnutz
  - Privateigentum an den Produktionsmitteln
  - Vertragsfreiheit
  - Gewerbefreiheit
  - Berufswahlfreiheit
  - Konsumfreiheit
  - offene Märkte
  - keine Eingriffe des Staates

Zentralverwaltungswirtschaft
(z. B. in der ehemaligen DDR)

- Orientierung an der Gemeinschaft: Die Gesellschaft steht über allen Einzelwesen.
  Leitidee: Sozialismus
- Gemeinnutz geht vor Eigennutz.
  - Produktivvermögen ist Kollektiveigentum.
  - Unterordnung der Betriebe unter die öffentliche Verwaltung
  - Lenkungsfunktion des Staates

Soziale Marktwirtschaft

(Wirtschaftsordnung der Bundesrepublik Deutschland)

→ so viel persönliche Freiheit wie möglich, so viel staatliche Eingriffe wie nötig

„marktwirtschaftlich“ bedeutet:
- freier Wettbewerb (z. B. Privateigentum, Vertragsfreiheit, Gewerbefreiheit, Gesetz gegen Wettbewerbsbeschränkungen)
- Angebot und Nachfrage bestimmen den Markt.

„sozial“ bedeutet:
- Schutz der Allgemeinheit oder des sozial Schwächeren (z. B. Sozialversicherungspflicht, Sozialbindung des Eigentums)

Die soziale Marktwirtschaft versucht, Vorteile von freier Marktwirtschaft und Zentralverwaltungswirtschaft zu vereinen.

1.10 Wirtschaftspolitik

1.10.1 Wirtschaftspolitische Ziele

Die Ziele der staatlichen Wirtschaftspolitik sind im § 1 des Stabilitätsgesetzes festgelegt.

Preisniveaustabilität

Bedeutung: Preisniveau ↑ ⇒ Geldwert/Kaufkraft ↓ ⇒ Wohlstand ↓

Messgröße: Steigerungsrate Verbraucherpreisindex (VPI) (gemessen vom Statistischen Bundesamt mithilfe eines Warenkorbes)

Ziel: Preissteigerungsrate ≤ 2 %

Vollbeschäftigung

Bedeutung: Arbeitslosigkeit ↑ ⇒ Staatsausgaben ↑ Wohlstand ↓

Messgröße: $\text{Arbeitslosenquote} = \dfrac{\text{Anzahl Arbeitslose} \cdot 100}{\text{Anzahl der Erwerbspersonen}}$

Ziel: Arbeitslosenquote ≤ 3 %

Außenwirtschaftliches Gleichgewicht

Bedeutung:

Ex > Im: Geldmenge ↑ ⇒ Preise ↑
Ex < Im: Absatz ↓ ⇒ AL ↑

Messgröße: Außenbeitrag (Export – Import)

Ziel: Außenbeitrag ≤ 2 % des nominalen BIP

Stetiges und angemessenes Wirtschaftswachstum

Bedeutung: Wachstum ↑ ⇒ Beschäftigung ↑ ⇒ Einkommen ↑ ⇒ Wohlstand ↑

Messgröße: Veränderung des realen Bruttoinlandsprodukts (BIP)

Ziel: reale (preisbereinigte) Wachstumsrate des BIP ≥ 2 %

Die Ziele des Stabilitätsgesetztes stehen in engen Wechselwirkungen. Zum Teil begünstigen sich die Ziele in ihrer Zielerreichung gegenseitig (komplementäre Zielbeziehungen, z. B. Wirtschaftswachstum und Vollbeschäftigung), zum Teil bedeutet das Ansteuern eines Ziels automatisch die Entfernung von einem anderen Ziel (konkurrierende Zielbeziehungen, z. B. Wirtschaftswachstum und Preisniveaustabilität, Vollbeschäftigung und Preisniveaustabilität). Da es unmöglich ist und quasi der Magie bedürfte, alle Ziele gleichzeitig zu erreichen, spricht man auch vom **„magischen Viereck“**.

Die vier Ziele des „magischen Vierecks“ werden durch die Einbeziehung der volkswirtschaftlichen Ziele **gerechte Einkommensverteilung** und **lebenswerte Umwelt** zum **„magischen Sechseck“** erweitert.

1.10.2 Konjunkturpolitik

Die wirtschaftliche Entwicklung verläuft nicht stetig, sondern wechselt von „guten“ zu „schlechten“ Zeiten in einem unregelmäßigen Rhythmus, dem sogenannten Konjunkturzyklus.

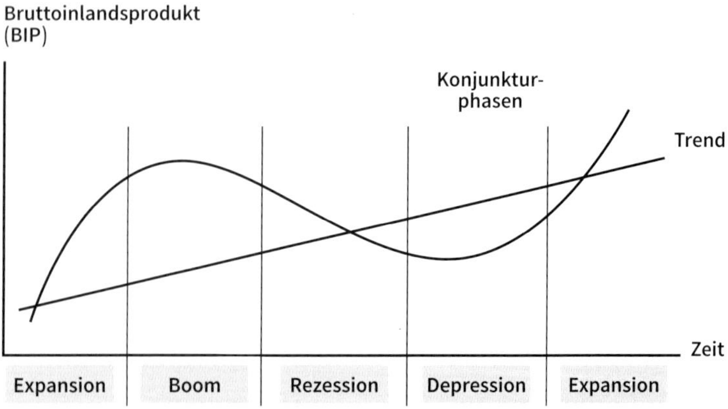

Als **Fiskalpolitik** bezeichnet man die **Ausgaben- und Einnahmenpolitik des Staates** zum Zweck der Konjunktursteuerung.

Die antizyklische Fiskalpolitik verlangt, dass der Staat

- im Konjunkturaufschwung die Einnahmen (vor allem Steuern) erhöht und die Ausgaben kürzt, um eine Konjunkturüberhitzung zu vermeiden,
- im Konjunkturabschwung die Einnahmen (vor allem Steuern) senkt und die Ausgaben erhöht, um die Konjunktur anzukurbeln.

Verschuldet sich der Staat, um die Konjunktur zu fördern, spricht man von **Deficit-spending** (z. B. Konjunkturpakete der Bundesregierung zur Bekämpfung der Finanz- und Wirtschaftskrise).

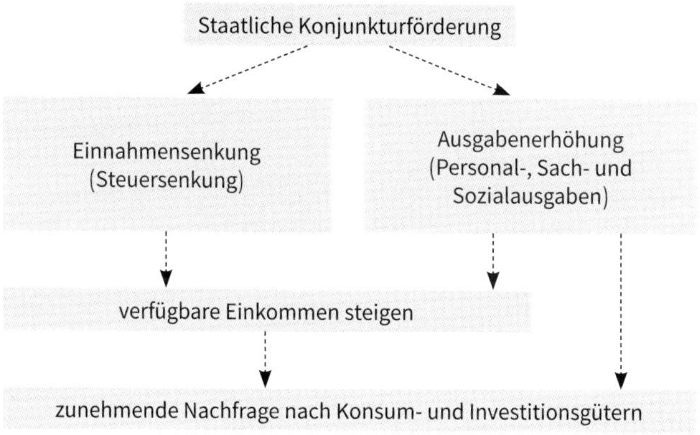

Gefahren:
- Inflation
- wachsende Staatsverschuldung

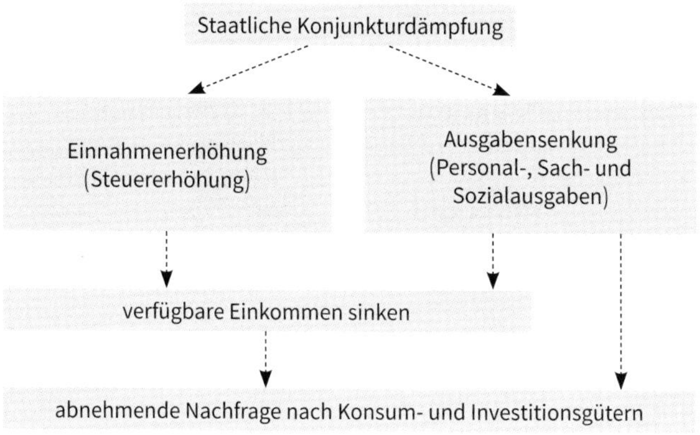

Gefahren:
- Rezession
- zunehmende Arbeitslosigkeit

1.10.3 Geldpolitik

Die Geldpolitik innerhalb der Eurozone wird von der Europäischen Zentralbank (EZB) mit Sitz in Frankfurt a. M. gesteuert. Die Europäische Zentralbank ist in ihren Entscheidungen autonom und unabhängig von den Regierungen. Sie verfolgt als Hauptziel, durch die Steuerung der Geldmenge die Geldwertstabilität, also die Stabilität der Währung Euro, zu gewährleisten und die Inflation zu bekämpfen. Daneben soll sie aber auch die Wirtschaftspolitik der EU-Länder unterstützen.

Das geldpolitische Instrumentarium der EZB setzt sich aus den folgenden Instrumenten zusammen:

Leitzins

Unter **Leitzins** versteht man den von der Zentralbank festgelegten Zinssatz zur Steuerung des Geld- und Kapitalmarkts. Bei der EZB bilden die **Spitzenrefinanzierungsfazilität**, die **Hauptrefinanzierungsfazilität** und die **Einlagefazilität** den sogenannten Zinskorridor am Geldmarkt. Diese sogenannten **ständigen Fazilitäten** stellen die Möglichkeit für Geschäftsbanken dar, auf eigene Initiative gegen Zinszahlung Liquidität über die Refinanzierungsfazilitäten zu beziehen oder über die Einlagefazilität anzulegen. Der Zinssatz dieser Geschäfte bestimmt entscheidend die Zinssätze der Banken für Sparkonten und Kundenkredite.

Eine **Erhöhung des Leitzinses** (Politik des „knappen" Geldes) bewirkt:
⇢ Erhöhung des Zinsniveaus → Rückgang der Kreditaufnahme
⇢ Verminderung des Geldumlaufs
⇢ Verteuerung und damit Rückgang der Investitionen
⇢ Nachfragerückgang
⇢ Dämpfung der Konjunktur
⇢ Geldwertstabilität

Eine **Senkung des Leitzinses** (Politik des „billigen" Geldes) bewirkt:
⇢ Sinken des Zinsniveaus → verstärkte Kreditaufnahme
⇢ Erhöhung des Geldumlaufs
⇢ verstärkte Investitionstätigkeit
⇢ Nachfragesteigerung
⇢ Ankurbelung der Konjunktur
⇢ Gefahr der Inflation

Mindestreservepolitik

Die EZB verlangt von den Geschäftsbanken, dass diese in Höhe eines bestimmten Prozentsatzes unverzinsliches Guthaben (Mindestreserven) bei der EZB hinterlegen.

Eine **Senkung der Mindestreserve** bewirkt
--> eine Erhöhung der umlaufenden Geldmenge,
--> eine Erhöhung des Kreditspielraums der Banken,
--> eine Unterstützung der Politik des „billigen" Geldes.

Eine **Erhöhung der Mindestreserven** führt
--> zur Einengung der Liquidität und des Kreditspielraums der Banken,
--> zur Kreditverteuerung,
--> zu einer Unterstützung der Politik des „knappen" Geldes.

Offenmarktpolitik

Die EZB tritt am „offenen Markt" als Käufer oder Verkäufer von Wertpapieren auf.

Der **Kauf von Wertpapieren** durch die EZB
--> erhöht die Geldmenge,
--> verbilligt die Kredite,
--> unterstützt die Politik des „billigen" Geldes.

Der **Verkauf von Wertpapieren** durch die EZB
--> vermindert die Geldmenge,
--> verteuert die Kredite,
--> unterstützt die Politik des „knappen" Geldes.

2 Rechtliche Rahmenbedingungen des Wirtschaftens

2.1 Rechtliche Grundbegriffe

Rechtssubjekte

Natürliche Personen	alle Menschen
Juristische Personen	Zweckschöpfung des Gesetzgebers, gebildet durch eine Summe von Personen und/oder Sachen zu einer Organisation **Juristische Personen des Privatrechts:** z. B. Kapitalgesellschaften (GmbH, AG), eingetragene Vereine **Juristische Personen des öffentlichen Rechts:** z. B. Bund, Länder, Gemeinden, Kreise, Universitäten, IHK, gesetzliche Krankenkassen

Rechtsobjekte

Sachen (= körperliche Gegenstände)	z. B. unbewegliche Sachen (Immobilien) wie Grundstücke und Gebäude oder bewegliche Sachen (Mobilien) wie Konsumgüter und Investitionsgüter
Rechte (= unkörperliche Gegenstände)	z. B. Persönlichkeitsrechte wie Firmenrechte und Namensrechte oder Vermögensrechte wie Forderungen und Patente

Willenserklärung

▶ Eine Willenserklärung ist eine rechtlich wirksame Äußerung, durch die die abgebende Person bewusst eine Rechtsfolge herbeiführen will.

Rechtsfähigkeit

▶ Fähigkeit, Träger von Rechten und Pflichten zu sein. Die Rechtsfähigkeit beginnt bei natürlichen Personen mit der Geburt, bei juristischen Personen mit einem Hoheitsakt (bei juristischen Personen des öffentlichen Rechts) bzw. einem privaten Gründerakt (bei juristischen Personen des Privatrechts).

Geschäftsfähigkeit

▶ Fähigkeit, rechtswirksame Willenserklärungen abgeben zu können, d. h. Rechtsgeschäfte selbstständig abschließen zu können

Unbeschränkte Geschäftsfähigkeit

- Alle natürlichen Personen, die das 18. Lebensjahr vollendet haben und sich im Vollbesitz ihrer geistigen Kräfte befinden sind unbeschränkt geschäftsfähig.

Beschränkte Geschäftsfähigkeit

- Alle natürlichen Personen zwischen dem vollendeten 7. und 18. Lebensjahr sind beschränkt geschäftsfähig.

Alle Willenserklärungen sind bei beschränkt Geschäftsfähigen zunächst schwebend unwirksam. Erst durch Zustimmung der gesetzlichen Vertretung (im Regelfall die Eltern) wird die Willenserklärung gültig. Für eine Reihe von Rechtsgeschäften gilt jedoch, dass sie auch bei beschränkt Geschäftsfähigen ohne Zustimmung der Eltern rechtswirksam sind:

- Rechtsgeschäfte, die dem beschränkt Geschäftsfähigen nur einen rechtlichen Vorteil bringen (z. B. Annahme einer Schenkung)
- Rechtsgeschäfte, die mit Mitteln getätigt werden, die dem beschränkt Geschäftsfähigen als Taschengeld zur Verfügung stehen („Taschengeldparagraf")
- Rechtsgeschäfte, die im Rahmen eines Arbeitsverhältnisses getätigt werden (z. B. Verkauf von Waren durch Auszubildende zum Einzelhandelskaufmann für den Ausbildungsbetrieb)

Geschäftsunfähigkeit

- Kinder bis zum vollendeten 7. Lebensjahr und dauerhaft geisteskranke Personen sind geschäftsunfähig.

Alle Willenserklärungen von Geschäftsunfähigen sind unwirksam und somit sind auch alle Rechtsgeschäfte nichtig.

Besitz

- Besitz bezeichnet die **tatsächliche** Herrschaft über eine Sache (Wer „hat" es?).

Eigentum

- Eigentum bezeichnet die **rechtliche** Herrschaft über eine Sache (Wem „gehört" es?).

Eigentumsvorbehalt

Der Lieferer behält sich das Eigentum an der Ware bis zur vollständigen Bezahlung vor. Der Käufer bzw. die Käuferin wird Besitzer/-in, der Verkäufer bzw. die Verkäuferin bleibt Eigentümer/-in.

2.2 Arten und Form der Rechtsgeschäfte

Vertragsarten

Vertragsart	Vertragsgegenstand	Beispiele
Kaufvertrag	Lieferung eines fertigen Produkts	*jeder Kauf einer bereits fertiggestellten Sache*
Werkvertrag	entgeltliche Herstellung eines versprochenen Werkes	*Autoreparatur, Änderung eines Anzugs*
Dienstvertrag	Bereitstellung einer entgeltlichen Arbeitsleistung (erfolgsunabhängig)	*Arbeitsvertrag*
Mietvertrag	entgeltliche Überlassung von Sachen zum Gebrauch	*Mieten einer Wohnung, Mieten eines Pkw*
Pachtvertrag	entgeltliche Überlassung von Sachen oder Rechten zum Gebrauch und zum Fruchtgenuss	*Verpachtung eines Ackers, Verpachtung eines Restaurants*
Leihvertrag	unentgeltliche Überlassung einer Sache zum Gebrauch (Rückgabe derselben Sache)	*kostenloses Überlassen eines Pkw, kostenloser CD-Verleih*
Darlehensvertrag	unentgeltliche oder entgeltliche Überlassung von vertretbaren Sachen (Sachdarlehen) oder Geld (Gelddarlehen) zum Gebrauch/Verbrauch (Eigentumswechsel)	*Kreditvertrag, Ausleihen von Milch, Eiern und Mehl bei Nachbarn, zinsfreier Ratenkauf von Möbeln*

Einseitige Rechtsgeschäfte	Mehrseitige Rechtsgeschäfte
nur eine Willenserklärung einer Partei notwendig	mindestens zwei übereinstimmende Willenserklärungen notwendig
→ **Empfangsbedürftige Willenserklärungen** sind erst rechtswirksam, wenn der Empfänger die Willenserklärung erhalten hat. **Beispiele:** *Kündigung, Anfechtung, Mahnung*	→ **einseitig verpflichtende Verträge:** Nur eine Vertragsseite ist zur Leistung verpflichtet. **Beispiele:** *Schenkung, Bürgschaft*
→ **Nicht empfangsbedürftige Willenserklärungen** sind bereits mit ihrer Abgabe rechtswirksam. **Beispiel:** *Testament*	→ **mehrseitig verpflichtende Verträge:** Alle Vertragsseiten sind zu einer Leistung verpflichtet. **Beispiele:** *Kaufvertrag, Mietvertrag, Pachtvertrag*

Form der Rechtsgeschäfte

Grundsätzlich gilt für alle Verträge Formfreiheit. So können z. B. Kaufverträge auch mündlich oder nur durch schlüssiges Handeln (z. B. an der Supermarktkasse) abgeschlossen werden. Bei bestimmten Rechtsgeschäften bzw. Rechtshandlungen gibt es jedoch einen Formzwang:

Schriftform	eigenhändige Unterschrift notwendig, z. B. Kündigung, Testament, Schuldanerkenntnis, Bürgschaft (Ausnahme: Formfreiheit, wenn Bürge als Kaufmann i. S. des HGB die Bürgschaft im Rahmen eines Geschäfts abgibt), Grundstücks- und Wohnungsmietverträge auf länger als ein Jahr
Notarielle Beglaubigung	Bestätigung der Echtheit der Unterschrift durch einen Notar, z. B. schriftliche Anmeldung zum Handelsregister oder Grundbucheintrag
Notarielle Beurkundung	Bestätigung der Unterschrift und des Inhalts der Erklärung durch einen Notar/eine Notarin, z. B. Grundstückskaufverträge, Ehevertrag, Schenkungsversprechen, Erbverzicht

2.3 Nichtige und anfechtbare Rechtsgeschäfte

Nichtigkeit von Rechtsgeschäften

Nichtige Willenserklärungen sind von Anfang an nichtig (ungültig). Sie haben keine Rechtsfolgen, da kein rechtsgültiger Vertrag zustande gekommen ist.

Nichtig sind:	Beispiele:
Willenserklärungen von Geschäftsunfähigen	*Ein sechsjähriges Kind kauft ein Spiel.*
Willenserklärungen von beschränkt Geschäftsfähigen gegen den Willen des gesetzlichen Vertreters	*Eine siebzehnjährige Auszubildende kauft gegen den Willen ihrer Eltern ein Motorrad.*
Willenserklärungen, die im Zustand der Bewusstlosigkeit oder vorübergehenden Störung der Geistesfähigkeit abgegeben wurden	*Ein Mann kauft im volltrunkenen Zustand ein wertvolles Gemälde.*
Willenserklärungen, die gegenüber einer anderen Person mit deren Einverständnis nur zum Schein abgegeben wurden (= Scheingeschäft)	*Ein Gast lässt sich in einem Restaurant von eine Quittung über 200,00 € geben, obwohl er nur 100,00 € bezahlt. Er will die Quittung als Beleg für Geschäftskosten verwenden, um damit Steuern zu sparen.*

Nichtig sind:	Beispiele:
nicht ernst gemeinte Willenserklärungen (= Scherzgeschäfte)	*Jemand sagt im Scherz: „Du kannst mein Auto geschenkt haben."*
Rechtsgeschäfte, die nicht in der vorgeschriebenen Form abgeschlossen wurden	*Ein Vertrag über einen Hauskauf wurde nur mündlich abgeschlossen.*
Rechtsgeschäfte, die gegen ein gesetzliches Verbot verstoßen	*Ein Verkäufer verkauft Alkohol an Kinder.*
Rechtsgeschäfte, die gegen die guten Sitten verstoßen	*Eine Glasermeisterin nimmt nach einem Unwetter überhöhte Preise für ihre Glasscheiben (= Wucher).*

Anfechtbarkeit von Rechtsgeschäften

- → Anfechtbare Willenserklärungen können im Nachhinein durch Anfechtung ungültig werden.
- → Bis zur Anfechtung sind sie gültig, d. h., es ist ein rechtsgültiger Vertrag zustande gekommen.

Anfechtungsgründe	Beispiele:
Irrtum in der Erklärung: Die Äußerung einer Person entspricht nicht dem, was sie sagen wollte.	*Eine Einzelhändlerin bestellt irrtümlich 150 anstatt 15 Hemden.*
Irrtum über die Eigenschaft einer Person oder Sache	*Eine Einzelhändlerin stellt einen Buchhalter ein und erfährt nachträglich, dass dieser wegen Unterschlagung von Firmengeldern seines vorherigen Arbeitsgebers vorbestraft ist.*
Irrtum in der Übermittlung: Die Willenserklärung wurde von der mit der Übermittlung beauftragten Person oder Organisation (z. B. der Post) falsch weitergegeben.	*Eine Einzelhändlerin bittet einen Angestellten, bei einem Großhändler telefonisch 100 linierte A4-Blöcke zu bestellen. Der Angestellte bestellt irrtümlich karierte Blöcke.*
widerrechtliche Drohung: Eine Person wird durch eine Drohung zur Abgabe einer Willenserklärung gezwungen.	*Ein Zeitschriftenwerber bedroht eine alte Frau und zwingt sie dazu, ein Zeitschriftenabonnement zu bestellen.*
arglistige Täuschung: Eine Person wird durch arglistige Täuschung zur Abgabe einer Willenserklärung veranlasst.	*Eine Kundin kauft einen gebrauchten Pkw. Nach Angaben des Verkäufers ist er unfallfrei. Nachträglich stellt sich heraus, dass der Pkw einen Unfallschaden hat.*

2.4 Kaufvertrag

2.4.1 Zustandekommen und Inhalt des Kaufvertrags

Der Kaufvertrag kommt durch zwei inhaltlich übereinstimmende, einander entgegengerichtete Willenserklärungen (Antrag und Annahme) zustande.

Verpflichtungsgeschäft (= Abschluss des Kaufvertrags)

Antrag und Annahme: Bestellung und Bestellungsannahme bzw. Angebot und Bestellung

Pflichten der Käufer	Pflichten der Verkäufer
→ rechtzeitige Zahlung des vereinbarten Kaufpreises	→ rechtzeitige, vereinbarungsgemäße, mangelfreie Übergabe der Ware
→ Abnahme der Ware	→ Übertragung des Eigentums

Erfüllungsgeschäft (= Erfüllung des Kaufvertrags)

Im Erfüllungsgeschäft (auch Verfügungsgeschäft genannt) werden die im Verpflichtungsgeschäft eingegangenen Pflichten erfüllt (z. B. Verkäufer/-in liefert die Ware, Käufer/-in nimmt Ware an usw.).

Der **gesetzliche Erfüllungsort** für die Ware ist der Ort der Verkäuferin bzw. des Verkäufers (Warenschulden = Holschulden, d. h., der Käufer oder die Käuferin muss die Ware beim Verkäufer oder der Verkäuferin abholen) und für das Geld ist es der Ort der Käuferin/des Käufers (Geldschulden = Schickschulden, d. h., der Käufer oder die Käuferin muss das Geld an den Ort der Verkäuferin bzw. des Verkäufers übermitteln).

Der **Gerichtsstand** ergibt sich aus dem gesetzlichen Erfüllungsort. Der allgemeine Gerichtsstand ist der Sitz des Gerichts, in dessen Bezirk der Schuldner seinen Wohnsitz hat.

Inhalte des Kaufvertrags

- → Art, Güte und Beschaffenheit der Ware (z. B. Muster, Warenzeichen, Gütezeichen, Handelsklassen, Jahrgänge, Güteklassen)
- → Menge
- → Preis der Ware
- → Preisabzüge:
  - Rabatt kann z. B. gewährt werden als Mengenrabatt, Personalrabatt, Sonderrabatt, Treuerabatt, Naturalrabatt.
  - Bonus ist ein Nachlass, der nachträglich eingeräumt wird.

- Skonto ist ein Nachlass, der für das Zahlen innerhalb eines Zahlungszeitraums eingeräumt wird.

→ Lieferungsbedingungen:
- Verpackungskosten (gesetzliche Regelung: Käufer tragen die Kosten der Versandverpackung, Verkäufer die Kosten der Verkaufsverpackung; vertragliche Regelungen möglich)
- Frachtkosten (gesetzliche Regelung: Käufer tragen die Frachtkosten.); vertragliche Regelungen:
  - „ab Werk“, „ab Lager“, „ab Rampe“: Käufer tragen alle Kosten des Transports.
  - „ab Bahnhof hier“, „ab hier“, „unfrei“: Verkäufer tragen die Kosten der Zufuhr (Rollgeld I) zum Versandbahnhof, Käufer die Verladekosten, Frachtkosten und die Kosten der Anfuhr vom Bestimmungsbahnhof zum Firmensitz (Rollgeld II).
  - „ab Waggon“: Verkäufer übernehmen das Rollgeld I und die Verladekosten.
  - „frachtfrei“, „Bahnhof dort“: Käufer tragen das Rollgeld II.
  - „frei Haus“, „frei Lager“: Verkäufer tragen alle Transportkosten.
- Lieferzeit: Käufer können sofortige Lieferung verlangen. Vertragliche Regelungen sind möglich (z. B. „Lieferung innerhalb 20 Tage“, „Lieferung am 08.08. d. J.“)

→ Zahlungsbedingungen: Verkäufer/-innen können die sofortige Zahlung verlangen. Vertragliche Regelungen sind möglich
(z. B. „Zahlungsziel 30 Tage“).

Online-Kündbarkeit von online geschlossenen Dauerschuldverhältnissen

- gut sichtbare Kündigungsschaltfläche auf Internetseite zwingend vorgeschrieben
- bei fehlender Kündigungsschaltfläche Kündigung des Vertrags ohne Einhaltung der Kündigungsfrist möglich

2.4.2 Kaufvertragsarten

Unterscheidung nach	
dem Kaufgegenstand	→ Stückkauf: Der Kaufgegenstand ist eine nicht vertretbare Sache (Unikate wie z. B. Originalgemälde, Gebrauchtwagen). → Gattungskauf: Der Kaufgegenstand ist eine vertretbare Sache (Massenprodukte wie z. B. Kaffeemaschine, Neuwagen).

Unterscheidung nach	
den Zahlungsbedingungen	--> Barkauf: Ware gegen Geld (Zug um Zug) --> Zielkauf: Die Zahlung erfolgt innerhalb eines festgelegten Zahlungsziels. --> Vorauszahlung: Die Zahlung erfolgt vor der Lieferung. --> Ratenkauf: Die Zahlung erfolgt in Teilbeträgen (Raten). --> Kommissionskauf: Verkäufer/-innen (Kommittenten) räumen den Käufer/-innen (Kommissionären) das Recht ein, alle nicht weiterverkauften Artikel zurückzugeben.
der Lieferzeit	--> Sofortkauf: Die Lieferung erfolgt als direkte Reaktion auf den Vertrag, d. h., die Kunden nehmen die Ware gleich mit (z. B. im Supermarkt). --> Kauf auf Abruf: Der Zeitpunkt der Lieferung wird von den Käufern und Käuferinnen bestimmt. --> Sukzessivkauf: Teillieferungen erfolgen zu vorher genau bestimmten Terminen. Käufer/-innen müssen die Ware nicht mehr abrufen. --> Terminlieferung: Die Lieferung erfolgt zu einem genau bezeichneten Termin (z. B. „Lieferung am 03.04. d. J."). --> Fixkauf: Der Kauf ist abhängig von der Einhaltung eines festgelegten Liefertermins (z. B. „Lieferung am 30.03. d. J. fix").
der rechtlichen Stellung der Vertragspartner	--> bürgerlicher Kauf: Beide Vertragspartner/-innen handeln als Privatleute. --> einseitiger Handelskauf: Ein Vertragspartner handelt als Kaufmann, einer als Privatperson. --> zweiseitiger Handelskauf: Beide Vertragspartner handeln als Kaufleute.
der Art des Vertrages	--> Kauf auf Probe: Der Kaufgegenstand kann innerhalb einer vereinbarten Frist zurückgegeben werden. --> Kauf nach Probe: Der gelieferte Kaufgegenstand muss mit der vorher begutachteten Probe übereinstimmen. --> Kauf zur Probe: Die Käufer/-innen erwerben zunächst verbindlich eine kleinere Menge des Kaufgegenstandes und stellen eine größere Nachbestellung in Aussicht, wenn die Kaufsache den Erwartungen entspricht. --> Spezifikationskauf: Der Kaufgegenstand wird erst innerhalb einer vereinbarten Frist genauer bestimmt (spezifiziert), z. B. nach Größe, Farbe, Muster etc.

2.4.3 Allgemeine Geschäftsbedingungen (AGB)

Begriff	AGB sind vorformulierte Vertragsbedingungen („das Kleingedruckte"), die eine Vertragspartei (Verwender = Verkäufer) der anderen auferlegt (§ 305 BGB). Sie sind generell Bestandteil des Angebots.
Inhalt	--> Leistungsbedingungen --> Zahlungsbedingungen --> Gewährleistungsfragen --> Haftungsfragen u. Ä.
Ziel	--> Rationalisierung des Wirtschaftsverkehrs durch Standardisierung von Verträgen (Zeit- und Kostenersparnis) --> Überwälzen von Risiken auf die Vertragspartner
Gefahr	missbräuchliche Verwendung der AGB durch Verkäufer/-innen, insb. bei einseitigen Handelskäufen, bei denen Privatleute übervorteilt werden könnten
Voraussetzung für Gültigkeit	--> ausdrücklicher Hinweis --> deutlich sichtbarer Aushang --> Möglichkeit der Kenntnisnahme --> Einverständnis
Schutz	Das BGB (§ 308 ff.) schützt die Kundschaft (Verbraucherschutz, siehe Kapitel A 2.9), indem es festlegt, was in den AGB stehen darf. **Beispiele** *für unwirksame Klauseln (Klausel ist von Beginn an unwirksam):* *kurzfristige Preiserhöhungen* – *Verkürzung oder Beschränkung der gesetzlichen Gewährleistungsfristen* – *Ausschluss der Haftung für zugesicherte Eigenschaften*
	Beispiele *für bedingt unwirksame Klauseln (Gericht kann sie für unwirksam erklären):* – *Vorbehalt des Rücktrittrechts für die Leistungspflicht durch den Verwender der AGB ohne sachlichen Grund* – *Vorbehalt des Verwenders, eine versprochene Leistung zu ändern und davon abzuweichen* – *unangemessen lange und/oder nicht hinreichend bestimmte Fristen für die Erbringung der Leistung*

2.5 Zahlungsverkehr[1]

Zahlungsarten

Formen des Geldes

Bargeld
(Münzen, Banknoten)

Buchgeld
(Sichtguthaben auf Konto)

Barzahlung

Zahler/-innen zahlen mit Bargeld, Empfänger/-innen erhalten Bargeld, z. B.:

- Barzahlung gegen Quittung
- Bote
- Expressbrief
- Western Union

Halbbare Zahlung

Zahler/-innen zahlen mit Bargeld, Empfänger/-innen erhalten Buchgeld oder Zahler/-innen zahlen mit Buchgeld, Empfänger/-innen erhalten Bargeld, z. B.:

- Zahlschein
- Barscheck
- Postnachnahme

Bargeldlose Zahlung

z. B.:

- Überweisung
- Dauerauftrag
- Lastschriftverfahren
- Verrechnungsscheck
- Kartenzahlung
- Elektronische Bezahlsysteme, wie z. B. PayPal (siehe Kapitel D 7)

Barzahlung

Zahler/-innen → Empfänger/-innen

direkt: Banknoten, Münzen

indirekt: Überbringer

- Bote
- Expressbrief
- Western Union

Der **Nachweis der Zahlung** erfolgt durch eine Quittung.

[1] *siehe dazu auch Kapitel C.5 Zahlungsmöglichkeiten im E-Commerce*

Bargeldlose Zahlung

Konto Zahler/-in			Konto Empfänger/-in	
Lastschrift –		- - - - - - - - - - →		Gutschrift +
		→ Überweisung → Dauerauftrag → Lastschriftverfahren → Verrechnungsscheck → Kartenzahlung → Elektronische Bezahlsysteme (siehe Kapitel D 5)		

Kartenzahlung

Bei allen Kartenzahlungsverfahren erfolgt die Zahlung bargeldlos. Der bargeldlose Zahlungsverkehr setzt voraus, dass Schuldner und Gläubiger über ein Konto verfügen.

Kartenzahlung	Merkmale
Electronic Cash POS-System (Point of Sale)	→ Kundinnen und Kunden zahlen mit ihrer Girocard (ehemals EC-Karte) mittels eines elektronischen Kartenlesegerätes am Verkaufsort (= point of sale). → Der Einzug des Geldbetrages erfolgt beleglos vom Bankkonto der Kunden. → Bei der Zahlung erfolgt die Eingabe der persönlichen Geheimzahl der Kunden **(PIN)** oder die Unterschrift auf einen Beleg. → Das Karten ausgebende Kreditinstitut **garantiert den Eingang der Zahlung.**
Geldkarte	→ Die Geldkarte wird an speziellen Ladeterminals der Hausbank mit bis zu 200,00 € aufgeladen. → Der Zahlungsbetrag wird im Einzelhandelsgeschäft vom Chipguthaben abgebucht und dem Händler gutgeschrieben.

Kartenzahlung	Merkmale
Kreditkarte	--> Kreditkarten werden von Kreditkartenorganisationen wie VISA, MasterCard, Diners Club, American Express herausgegeben. --> Kreditkarteninhaber können weltweit bei allen Vertragsunternehmen der Kartenorganisationen bargeldlos bezahlen. --> Vertragsunternehmen bezahlen an die Kartenorganisationen eine Provision und erhalten von diesen die Verkaufserlöse vergütet.

Halbbare Zahlung

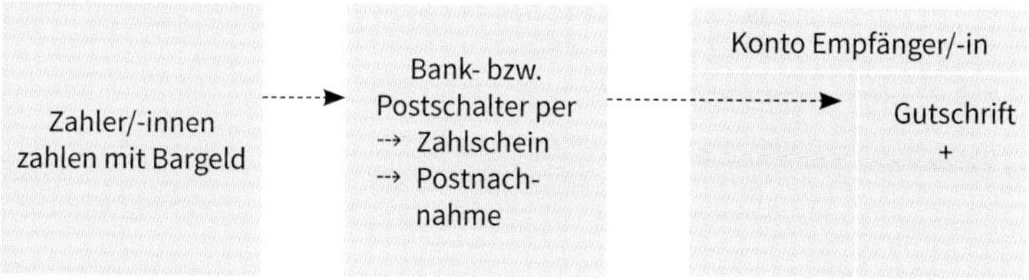

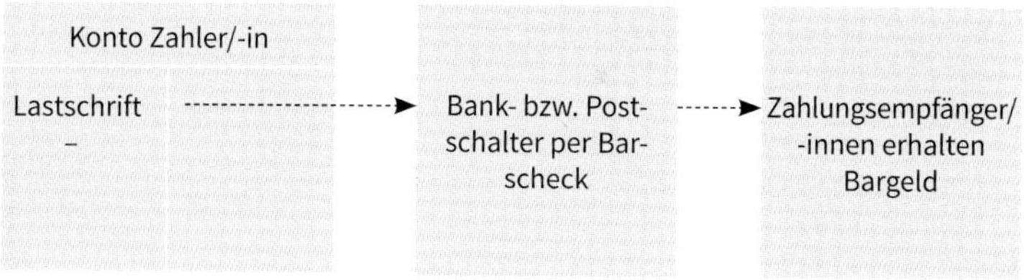

2.6 Kaufvertragsstörungen

Arten

Schlechtleistung (mangelhafte Lieferung)	Nicht-Rechtzeitig-Lieferung (Lieferungsverzug)	Annahmeverzug	Nicht-Rechtzeitig-Zahlung (Zahlungsverzug)
Mängel in der Art, Menge, Qualität	Bestellte Ware trifft nicht termingerecht ein.	Ordnungsgemäß gelieferte Ware wird nicht angenommen.	Ordnungsgemäß gelieferte Ware wird nicht bezahlt.

2.6.1 Nicht-Rechtzeitig-Lieferung (Lieferungsverzug)

Voraussetzungen des Lieferungsverzugs (§§ 281, 286 BGB)

Verschulden (§ 276 BGB)
Der Lieferant hat die Verzögerung verschuldet. Der Lieferant haftet für vorsätzliches und fahrlässiges Handeln, nicht für höhere Gewalt.

Ausnahme:
Bei Gattungswaren kommt der Lieferant auch ohne Verschulden in Verzug.

Fälligkeit (§ 271 BGB)
Die Lieferung muss fällig sein.

Nachholbarkeit der Leistung (§ 275 BGB)
kein Lieferungsverzug, wenn die Leistung auf Dauer nicht mehr erbracht werden kann

Mahnung
Die Kundin/der Kunde muss nach Fälligkeit mahnen.

Die **Mahnung kann entfallen, wenn …**

- der Lieferzeitpunkt **kalendermäßig bestimmt oder bestimmbar** ist, insb. beim Fix- oder Zweckkauf.
- der Lieferant sich selbst in Verzug setzt (**Selbstinverzugsetzung**).

Rechte des Gläubigers bei Nicht-Rechtzeitig-Lieferung (beim Lieferungsverzug)

- ohne Nachfrist
  - Erfüllung des Vertrags und evtl. Schadenersatz **neben** der Leistung (§ 286 BGB)
- mit Nachfristsetzung und Androhung der Geltendmachung der nachfolgenden Rechte nach erfolglosem Ablauf der Nachfrist
  - Rücktritt vom Kaufvertrag (§ 323 BGB)
  - Schadenersatz (SE) statt der Leistung (§ 281 BGB), z. B. Mehrkosten für Deckungskauf

Die Nachfristsetzung ist nicht notwendig, wenn

- der Schuldner die Leistung endgültig verweigert,
- ein Fix- oder Zweckkauf vorliegt,
- besondere Umstände vorliegen, die unter Abwägung der beiderseitigen Interessen den sofortigen Rücktritt rechtfertigen.

2.6.2 Schlechtleistung (mangelhafte Lieferung)

- Die Ware gilt nur dann als mangelfrei, wenn sie den „objektiven Anforderungen“, den „subjektiven Anforderungen“ und - soweit eine Montage durchzuführen ist - den Montageanforderungen entspricht.
- Die Sache entspricht den subjektiven Anforderungen, wenn sie
  1. die vereinbarte Beschaffenheit hat,
  2. sich für die nach dem Vertrag vorausgesetzte Verwendung eignet und
  3. mit dem vereinbarten Zubehör und den vereinbarten Anleitungen, einschließlich Montage- und Installationsanleitungen übergeben wird.

- Digitale Sachen (Sachen, die digitale Inhalte oder digitale Dienstleistungen enthalten) sind nur dann mangelfrei, wenn für die digitalen Elemente die im Kaufvertrag vereinbarten Aktualisierungen vom Verkäufer bereitgestellt werden (z. B. Updates einschließlich Installationsanleitung).

Mängelarten im Hinblick auf ihre Erkennbarkeit

- offene Mängel (z. B. Beschädigungen am Gehäuse, die von außen sofort zu erkennen sind)
- versteckte Mängel (z. B. gelieferte Lackdosen beinhalten Lack, der bereits eingetrocknet ist ⇒ von außen nicht erkennbar)
- arglistig verschwiegene Mängel (z. B. Bodenlegerin verlegt bewusst nur ein 6 mm statt wie vereinbart ein 10 mm starkes Parkett, um Geld zu sparen ⇒ zusätzlich zu dem Mangel liegt der strafrechtliche Tatbestand des Betrugs vor)

Rügefristen

Wird ein Mangel entdeckt, ist dies dem Verkäufer mittels einer Mängelrüge mitzuteilen. Die Mängelrüge unterliegt keiner Formvorschrift, wird i. d. R. aber aufgrund der größeren Rechtssicherheit schriftlich erfolgen. Bezüglich der Rügefristen gelten beim zweiseitigen Handelskauf strengere Regeln als beim einseitigen Handelskauf, da Kaufleute i. S. d. HGB im Gegensatz zu Privatleuten über einen organisierten Wareneingang verfügen.

Einseitiger Handelskauf (zwischen Kaufmann und Nichtkaufmann)	Zweiseitiger Handelskauf (zwischen zwei Kaufleuten)
→ offene Mängel: Käufer/-innen sind nicht gezwungen, die Ware unmittelbar nach Erhalt zu prüfen. Ein entdeckter Mangel muss innerhalb der gesetzlichen Gewährleistung von zwei Jahren oder der vertraglich festgelegten Garantie gerügt werden.	→ offene Mängel: Kaufleute sind verpflichtet, die Ware unmittelbar nach Erhalt auf Güte, Menge und Art zu prufen und bei Mängeln unverzüglich zu rügen. → versteckte Mängel: unverzüglich nach Entdeckung, jedoch innerhalb von zwei Jahren, Verjährung frühestens 4 Monate nachdem sich der Mangel das erste Mal gezeigt hat

--> versteckte Mängel: innerhalb von zwei Jahren, Verjährung frühestens vier Monate nachdem sich der Mangel das erste Mal gezeigt hat --> arglistig verschwiegene Mängel: innerhalb von drei Jahren nach Entdeckung --> Beweislastumkehr: Tritt innerhalb eines Jahres ein Mangel auf, so muss der Verkäufer/die Verkäuferin nachweisen, dass der Mangel nicht bereits bei Gefahrenübergang vorlag.	--> arglistig verschwiegene Mängel: unverzüglich nach Entdeckung, jedoch innerhalb von drei Jahren --> keine Beweislastumkehr

Beim Bürgerlichen Kauf (zwischen zwei Nicht-Kaufleuten) gelten die gleichen Rügefristen wie beim einseitigen Handelskauf (keine Beweislastumkehr).

Rechte

vorrangiges Recht

Nacherfüllung → § 439 BGB

↓

Nachbesserung oder Neulieferung

↓

Setzen einer Nachfrist für die Geltendmachung nachrangiger Rechte nicht mehr erforderlich (neues Kaufvertragsrecht)

↓

nachrangige Rechte

- --> **Rücktritt vom Vertrag** (nicht bei geringfügigen Mängeln), siehe §§ 440, 323, 326 BGB
- --> **Minderung** (= Preisnachlass) und evtl. Schadenersatz neben der Leistung, siehe § 441 BGB
- --> **Schadenersatz statt Leistung** in Verbindung mit dem Rücktritt vom Vertrag (nur, wenn Verschulden vorliegt, nicht bei geringfügigen Mängeln), siehe §§ 280, 281, 440 BGB
- --> **Ersatz vergeblicher Aufwendungen** (nur wenn Verschulden vorliegt, nicht bei geringfügigen Mängeln), siehe § 284 BGB

2.6.3 Annahmeverzug

Voraussetzungen

Fälligkeit der Lieferung (§ 271 BGB)

ordnungsgemäßes Anbieten der Ware (§ 294 BGB)

Eintritt (§ 293 BGB)

Nichtannahme durch den Käufer/die Käuferin (Verschulden und Mahnung nicht erforderlich)

Folgen (§ 300 BGB)

Verkäufer/-in haftet nur noch für Vorsatz und grobe Fahrlässigkeit.

Käufer/-in haftet auch für Schäden, die durch Zufall (z. B. höhere Gewalt) eintreten.

Rechte der Verkäufer/-innen (§§ 373, 379 HGB)

Rücktritt vom Kaufvertrag und anderweitiger Verkauf

Bestehen auf Erfüllung, d. h. Einlagerung der Ware auf Kosten und Gefahr der Käufer/-innen

und

Bestehen auf Abnahme der Ware (Klage)

oder

Selbsthilfeverkauf

2.6.4 Nicht-Rechtzeitig-Zahlung (Zahlungsverzug)

Voraussetzungen der Nicht-Rechtzeitig-Zahlung (Zahlungsverzug)

Verschulden
Der säumige Zahler hat die Verzögerung verschuldet. Der säumige Zahler haftet für vorsätzliches und fahrlässiges Handeln, nicht für höhere Gewalt.

Fälligkeit
Die Zahlung muss fällig sein.

Mahnung
Der Verkäufer muss den säumigen Zahler nach Fälligkeit mahnen.

Die **Mahnung kann entfallen, wenn …**

- → 30 Tage nach Rechnungseingang vergangen sind (Privatpersonen müssen vorher darauf hingewiesen worden sein, z. B. im Kaufvertrag),
- → der Schuldner die Zahlung verweigert,
- → der Zahlungstermin kalendermäßig bestimmt ist,
- → eine Selbstmahnung des Schuldners mit eigener
- → Leistungsankündigung vorliegt.

Rechte des Gläubigers bei Nicht-Rechtzeitig-Zahlung (Zahlungsverzug)

ohne Nachfrist

Zahlung verlangen und evtl. Schadenersatz (Verzögerungsschaden, Verzugszinsen, siehe § 286 BGB)

mit Nachfrist

Rücktritt vom Kaufvertrag (§ 323 BGB)

- → kein Verschulden notwendig
- → angemessene Nachfrist entbehrlich, wenn Schuldner die Zahlung verweigert oder der Zahlungstermin kalendermäßig genau bestimmt ist

Schadenersatz statt der Leistung (§ 281 BGB)

angemessene Nachfrist entbehrlich, wenn Schuldner die Zahlung verweigert

2.7 Mahnverfahren

Außergerichtliches (= kaufmännisches) Mahnverfahren

Zweck: Einzug von fälligen Forderungen ohne gerichtliche Maßnahmen

Verfahren:

Überprüfung der Offene-Posten-Liste

↓

Zahlungserinnerung

↓

mehrere Mahnungen

↓

Postnachnahme/Inkassoinstitut

↓

letzte Mahnung

↓

Zustellung des Mahnbescheids (Beginn des gerichtlichen Mahnverfahrens)

Steigerung von sehr höflich über energisch bis hin zur Androhung rechtlicher Schritte

- Der Begriff **„Offene-Posten-Liste"** bezeichnet hier eine Liste mit allen gebuchten Ausgangsrechnungen, für die noch kein Zahlungseingang gebucht wurde. Dadurch werden alle fälligen Zahlungen von Kunden sichtbar. Gleichermaßen existiert in jedem Unternehmen auch eine Offene-Posten-Liste für gebuchte, aber noch nicht bezahlte Eingangsrechnungen.

- Ein **Inkassoinstitut** ist ein Dienstleistungsunternehmen, das sich darauf spezialisiert hat, offene Forderungen von Gläubigern einzutreiben.

Gerichtliches Mahnverfahren

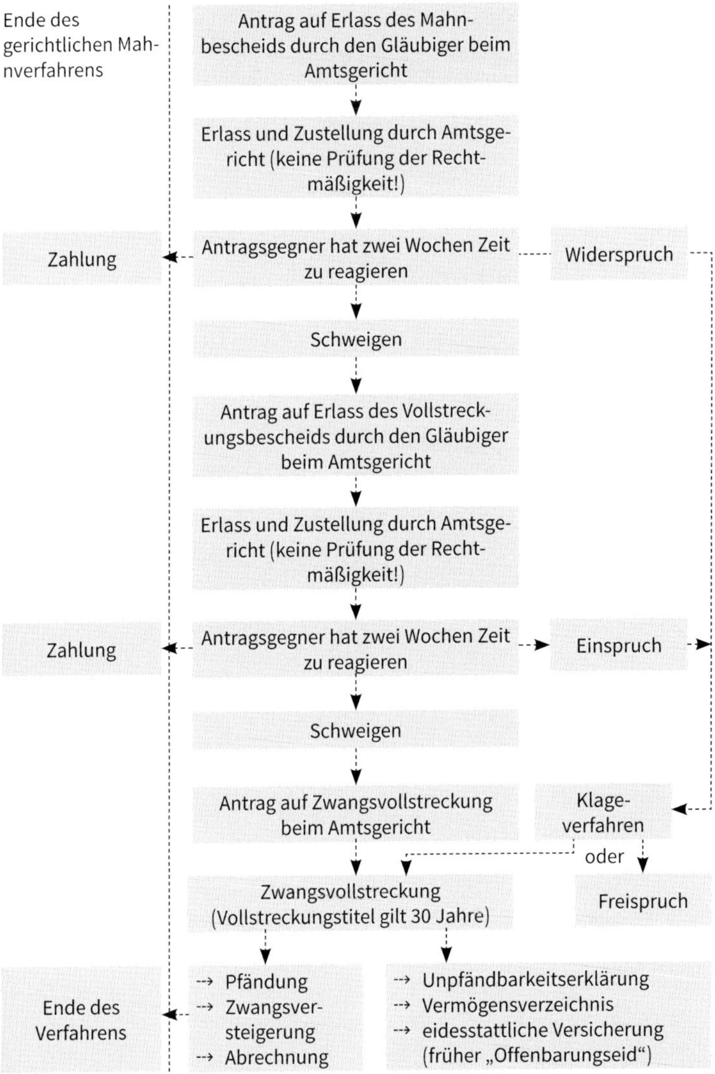

2.8 Verjährung

1 Jahr	2 Jahre	3 Jahre
Gewährleistungsfrist bei gebrauchten Sachen, falls verkürzte Verjährung vertraglich vereinbart wurde (z. B. bei Gebrauchtwagenkauf)	**kauf- und werkvertragliche Gewährleistungsansprüche** (z. B. bei Kauf eines neuen Fernsehers)	**Regelverjährung für alle Fälle, in denen keine anderweitige Regelung vorliegt** (z. B. Forderungen)
→ ab Übergabe der Sache an den Käufer/die Käuferin → ab Abnahme des Werkes durch den Käufer/die Käuferin	→ ab Übergabe der Sache an den Käufer/die Käuferin bzw. → ab Abnahme des Werkes durch den Käufer/die Käuferin	→ ab dem Schluss des Kalenderjahres, in dem der Anspruch entstanden ist und der Gläubiger Kenntnis von der Vertragsverletzung erlangte

5 Jahre	10 Jahre	30 Jahre
Gewährleistungsrechte aus Werkverträgen, die in der Erstellung eines Bauwerks (einschl. Planungs- und Überwachungsleistungen) bestehen (z. B. bei Baumängeln)	**Gilt bei** → **Ansprüchen auf Übertragung des Eigentums an einem Grundstück** → **Ansprüchen auf Begründung, Übertragung oder Aufhebung eines Rechts an einem Grundstück**	**Gilt bei** → **rechtskräftig festgestellten Ansprüchen** → **Ansprüchen aus vollstreckbaren Vergleichen oder vollstreckbaren Urkunden** → **Ansprüchen, die im Rahmen eines Insolvenzverfahrens festgehalten worden sind** → **familien- und erbrechtlichen Ansprüchen** → **Herausgabeansprüchen aus Eigentum**
→ ab Abnahme des Werkes durch den Käufer/die Käuferin	→ ab Fälligkeit des Anspruchs	→ ab Fälligkeit des Anspruchs

Hemmung der Verjährung

Die Verjährungsfrist wird um die Zeitspanne der Hemmung verlängert.
Mögliche Gründe für eine Hemmung:

→ **Rechtsverfolgung** (§ 204 BGB): Klage, Antrag auf Zustellung eines Mahnbescheids, Anspruchsmeldung im Insolvenzverfahren, Veranlassung eines Schlichtungsverfahrens, Beginn eines schiedsrichterlichen Verfahrens

- **Verhandlungen über den Anspruch** (§ 203 BGB)
- **Leistungsverweigerungsrecht** (§ 205 BGB): Leistungsverweigerung aufgrund einer Vereinbarung zwischen Gläubiger und Schuldner
- **Höhere Gewalt** (§ 206 BGB): Hemmung, solange Gläubiger innerhalb der letzten sechs Monate der Verjährungsfrist durch höhere Gewalt an Rechtsverfolgung gehindert wird

Unterbrechung (Neubeginn) der Verjährung

Die Verjährungsfrist beginnt ab der Unterbrechung neu zu laufen.
Mögliche Gründe für eine Unterbrechung:

- **Schuldanerkenntnis durch den Schuldner,** z. B. durch Teilzahlung, Zinszahlung, die Bitte um Stundung, Sicherheitsleistungen, Anerkennung von Mängelansprüchen durch Mängelbeseitigung (Nachbesserung)
- **Antrag oder Vornahme einer gerichtlichen oder behördlichen Vollstreckungshandlung**

2.9 Verbraucherschutz

Gesetzliche Vorschriften zum Schutze des Verbrauchers:

- **Widerrufsrecht**
  Bei Haustürgeschäften, Fernabsatzgeschäften (z. B. Versandhandel) und Verbraucherdarlehen (zur Finanzierung der Kaufsumme): Der Verbraucher hat bei diesen Verträgen ein Widerrufsrecht innerhalb von zwei Wochen ohne Angabe von Gründen.
- **Produkthaftungsgesetz**
  Wird infolge eines fehlerhaften Produktes ein Mensch oder eine Sache beschädigt, so ist der Hersteller unabhängig vom Verschulden zum Schadenersatz verpflichtet (Gefährdungshaftung). Dies gilt unter der Voraussetzung, dass das Produkt einen Fehler hat bzw. nicht die Sicherheit bietet, die man berechtigterweise erwarten kann.
- **Preisangabenverordnung (siehe Kapitel D 4.4.1)**
  Wer Waren an Endverbraucher verkauft und dafür Werbung betreibt, hat die Preise anzugeben, die einschließlich Umsatzsteuer und sonstiger Preisbestandteile unabhängig von einer Rabattgewährung zu zahlen sind. Bei losen und abgepackten Waren sind die Preise nach üblichen Einheiten anzugeben
  (z. B. 1 kg, 100 g u. Ä.).

2.10 Gewerbliche Schutzrechte

Gewerbliche Schutzrechte dienen dem Schutz vor Nachahmung. Sie werden erteilt vom Deutschen Patent- und Markenamt.

Patent

→ dient dem Schutz neuer technischer Erfindungen (Gegenstände, Herstellungs- und Arbeitsverfahren)

→ Voraussetzungen für die Patentfähigkeit:
- Neuheit
- gewerbliche Anwendbarkeit
- erfinderische Tätigkeit

→ Schutzfrist: 20 Jahre; Beginn mit dem auf den Anmeldetag folgenden Tag

Beispiel: *Air-Bag*

Gebrauchsmuster

→ „kleines" Patent

→ Schutz von technischen Erfindungen, keine Herstellungsverfahren

→ Voraussetzungen für den Gebrauchsmusterschutz:
- Neuheit
- gewerbliche Anwendbarkeit
- erfinderischer Schritt (geringerer Erfindungswert als beim Patent)

→ Schutzfrist: zehn Jahre

Beispiele: *Bedienungselemente eines Gerätes, sichere Kinderscheren*

Geschmacksmuster

→ schützt das Design, die ästhetische Form sowie die Farbgebung eines Musters oder eines Modells

→ Voraussetzungen für den Geschmacksmusterschutz:
- Neuheit
- Eigenart: Gesamteindruck beim Benutzer unterscheidet sich von anderen Mustern

→ Schutzfrist: fünf Jahre bis max. 20 Jahre

Beispiele: *Stoffmuster, Tapetenmuster*

Markenschutz

→ Geschützt werden können: Wörter, Personennamen, Abbildungen, Buchstaben, Hörzeichen, Form, Verpackungen, Farben, geografische Herkunftsangaben.

→ Voraussetzung: Unterscheidungskraft von anderen Unternehmen

⇢ Schutzfrist: zehn Jahre; eine Verlängerung um jeweils zehn Jahre ist möglich

Beispiele: *Wortmarken (z. B. BMW, Coca-Cola), Bildmarken (z. B. Mercedes-Stern, McDonald's-Symbol), Hörmarken (z. B. Erkennungsmelodie T-Mobile, Bayern 3)*

2.11 Handelsregister, Kaufmannseigenschaft, Firma

Handelsregister

Das HGB gilt nur für Kaufleute im Sinne des HGB. Diese sind im **Handelsregister**, dem öffentlichen Verzeichnis aller Kaufleute nach HGB eines Amtsgerichtsbezirks, verzeichnet. Man unterscheidet im Handelsregister die Abteilung A, in die alle Einzelunternehmen und Personengesellschaften (z. B. OHG, KG, GmbH & Co. KG), und die Abteilung B, in die alle Kapitalgesellschaften (z. B. GmbH, AG) eingetragen werden.

Der Kaufmann nach HGB

Der Kaufmann nach HGB

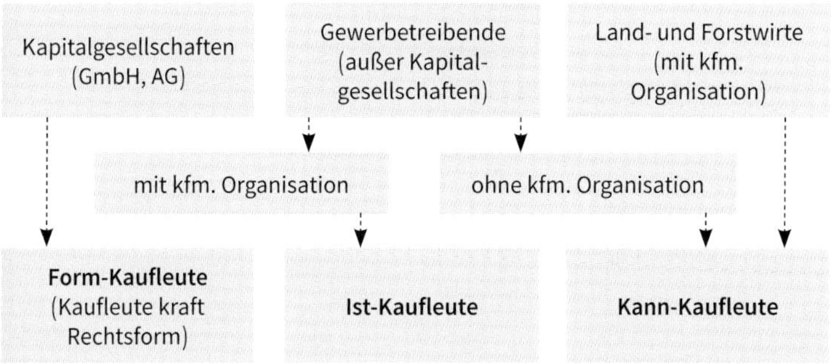

Für **Form-Kaufleute** ist die Eintragung ins Handelsregister **konstitutiv** (rechtsbegründend), d. h., die Kapitalgesellschaft entsteht erst durch Eintragung ins Handelsregister.

Für **Ist-Kaufleute** ist die Eintragung ins Handelsregister **deklaratorisch** (rechtsbekundend), d. h., die Rechtswirkung besteht schon vor dem Eintrag ins Handelsregister.

Kann-Kaufleute können sich ins Handelsregister eintragen lassen, müssen aber nicht. Wenn sie sich eintragen lassen, ist die Eintragung konstitutiv und sie werden durch die Eintragung Kaufleute im Sinne des HGB. Erfolgt keine Eintragung, bleibt der Kann-Kaufmann Nicht-Kaufmann und es gilt für ihn weiterhin das BGB.

Firma

▶ Als Firma bezeichnet man den Namen, unter dem der Kaufmann i. S. d. HGB seine Geschäfte betreibt (Handelsname).

Als **Firmenarten** unterscheidet man die **Personenfirma** (z. B. Hans Meier OHG), die **Sachfirma** (z. B. Software GmbH), die **Fantasiefirma** (z. B. Softy Creations KG) und die **Mischfirma** (z. B. Meier Software Creations GmbH).

Wer eine Firma führt, hat die folgenden **Firmengrundsätze** zu beachten:

- **Firmenöffentlichkeit:** Alle Kaufleute müssen ihre Firma ins Handelsregister eintragen lassen.
- **Firmenbeständigkeit:** Die bisherige Firma kann z. B. auch bei Inhaberwechsel fortgeführt werden.
- **Firmenausschließlichkeit** (Unterscheidbarkeit): Die Unterscheidbarkeit von anderen Firmen muss bei Neugründungen beachtet werden.
- **Irreführungsverbot:** Der Firmenname darf nicht über geschäftliche Verhältnisse, die für die Geschäftspartner maßgeblich sind, täuschen.
- **Offenlegung der Haftungsverhältnisse:** wird durch Rechtsformzusatz und Eintragung ins Handelsregister gewährleistet
- **Offenlegung der Gesellschaftsverhältnisse:** wird durch Rechtsformzusatz und Eintragung ins Handelsregister gewährleistet

2.12 Rechtsformen der Unternehmen

Einzelunternehmen (Alleinunternehmer)	Gesellschaftsunternehmen		
	Kapitalgesellschaften	**Personengesellschaften**	**Andere Gesellschaftsformen**
	→ Gesellschaft mit beschränkter Haftung (GmbH) → Aktiengesellschaft (AG) → Kommanditgesellschaft auf Aktien (KGaA)	→ offene Handelsgesellschaft (OHG) → Kommanditgesellschaft (KG) → GmbH & Co. KG	→ Genossenschaft (eG) → Versicherungsverein auf Gegenseitigkeit (VvaG) → Partnergesellschaft (PartG) → unvollständige Gesellschaften wie die stille Gesellschaft oder die BGB-Gesellschaft

2.12.1 Einzelunternehmung (e. K.)

Gründung	erfolgt durch den Unternehmer selbst ⇒ Eintragung in das HR Abt. A
Firma	Personen-, Sach-, Fantasie- oder gemischte Firma mit dem zwingenden Zusatz „eingetragener Kaufmann/Kauffrau“ oder „e. K.“/„e. Kfm.“/„e. Kffr.“
Kapitalaufbringung	Eigenkapital wird von einer Person aufgebracht; über die Höhe gibt es keine Vorschriften
Geschäftsführung (Innenverhältnis: Wer hat im Unternehmen das Sagen?)	Einzelgeschäftsführungsbefugnis des Einzelunternehmers
Vertretung (Außenverhältnis: Wer vertritt das Unternehmen nach außen?)	Einzelvertretungsbefugnis des Einzelunternehmers
Haftung	unbeschränkt, d. h., sie erstreckt sich auf das Privat- und Geschäftsvermögen des Unternehmers
Gewinn- und Verlustverteilung	steht allein dem Einzelunternehmer zu bzw. muss allein vom Einzelunternehmer getragen werden

2.12.2 Offene Handelsgesellschaft (OHG)

Gründung	→ Zusammenschluss von **mindestens zwei Gesellschaftern** → **Beginn der Gesellschaft** im Innenverhältnis durch den Gesellschaftsvertrag festgelegt, im Außenverhältnis, sobald Gesellschafter Geschäfte im Namen der OHG tätigt (spätestens mit Eintragung ins Handelsregister)
Firma	→ Es ist eine **Personen-, Sach-, Fantasie- oder Mischfirma** möglich. → zwingender Rechtsformzusatz: **„offene Handelsgesellschaft“** oder OHG, offene HG, oHG
Kapitalaufbringung	→ **durch die Gesellschafter** (Kapitalaufbringungspflicht) → **keine Mindesthöhe** der Einlage vorgeschrieben; Art und Höhe der Einlagen richtet sich nach dem Gesellschaftsvertrag → Falls keine Regelungen im Gesellschaftsvertrag vorhanden sind, müssen die Gesellschafter Beiträge in gleicher Höhe einbringen.

Haftung	Alle Gesellschafter haften → **unmittelbar**: Jeder kann für die Verbindlichkeiten direkt in Anspruch genommen werden. → **unbeschränkt**: volle Haftung mit dem gesamten Vermögen (Geschäfts- und Privatvermögen) → **gesamtschuldnerisch**: Jeder steht für alle Geschäftsschulden ein.
Geschäftsführung (Innenverhältnis)	→ **Einzelgeschäftsführungsbefugnis für alle gewöhnlichen Geschäftshandlungen,** z. B. Wareneinkauf, -verkauf, Einstellung und Entlassung von Arbeitskräften → **Gesamtgeschäftsführungsbefugnis bei außergewöhnlichen Geschäftshandlungen**, z. B. Kauf oder Verkauf von Grundstücken → Geschäftsführungsbefugnis kann durch Gesellschaftsvertrag beschränkt und aufgehoben werden → Bei Widerspruch eines geschäftsführenden Gesellschafters muss die Vornahme einer Handlung unterbleiben.
Vertretung (Außenverhältnis)	→ **Einzelvertretungsbefugnis** jedes Gesellschafters, sofern der Gesellschaftsvertrag nicht Gesamtvertretung aller Gesellschafter oder Einzel- bzw. Gesamtvertretung bestimmter Gesellschafter oder Einzelvertretung eines Gesellschafters mit dem Prokuristen vorsieht
Vertretung (Außenverhältnis)	→ Umfang der Vertretungsmacht ist gegenüber Dritten **unbeschränkt und unbeschränkbar**, d. h., die Vertretungsmacht erstreckt sich auf **alle** Rechtsgeschäfte (gewöhnlich und außergewöhnlich)
Gewinn- und Verlustverteilung	→ Verteilung **nach Vereinbarung im Gesellschaftsvertrag** → sonst nach **HGB: 4 % Kapitalverzinsung, Rest nach Köpfen** → Verlustverteilung ebenso nach Köpfen

2.12.3 Kommanditgesellschaft (KG)

Gründung	→ Zusammenschluss von mindestens zwei Gesellschaftern, also **mindestens ein Komplementär (Vollhafter) und ein Kommanditist (Teilhafter)** → **Beginn der Gesellschaft** im Innenverhältnis durch den Gesellschaftsvertrag festgelegt, im Außenverhältnis, sobald Gesellschafter Geschäfte im Namen der KG tätigt (spätestens mit Eintragung ins Handelsregister)

Firma	→ Es ist eine **Personen-, Sach-, Fantasie- oder Mischfirma** möglich. → zwingender Rechtsformzusatz: **„Kommanditgesellschaft"** oder **KG**
Kapitalaufbringung	→ **durch die Gesellschafter** (Kapitalaufbringungspflicht) → **keine Mindesthöhe** der Einlage vorgeschrieben; Art und Höhe der Einlagen richtet sich nach dem Gesellschaftsvertrag
Haftung	Alle **Komplementäre** (Vollhafter/-innen) haften → **unmittelbar**: Jeder kann für die Verbindlichkeiten direkt in Anspruch genommen werden. → **unbeschränkt**: volle Haftung mit dem gesamten Vermögen (Geschäfts- und Privatvermögen) → **gesamtschuldnerisch**: Jeder steht für alle Geschäftsschulden ein. → Alle **Kommanditisten** (Teilhafter/-innen) haften nur mit ihrer Kapitaleinlage.
Geschäftsführung (Innenverhältnis)	→ Die **Geschäftsführungsbefugnis** wird von dem **Komplementär** bzw. den Komplementären (gemeinschaftlich wie bei der OHG) ausgeübt. → Die **Kommanditisten** sind von der Geschäftsführung ausgeschlossen.
Vertretung (Außenverhältnis)	→ Die **Vertretungsbefugnis** wird von dem **Komplementär** bzw. den Komplementären (gemeinschaftlich wie bei der OHG) ausgeübt. → Die **Kommanditisten** sind **von der Vertretung ausgeschlossen**.
Gewinn- und Verlustverteilung	→ nach **HGB: 4 % Kapitalverzinsung, Rest in angemessenem Verhältnis** → Verlustverteilung ebenso in angemessenem Verhältnis → genaue Regelung im Gesellschaftsvertrag notwendig, da das „angemessene Verhältnis" im HGB nicht genauer beschrieben ist

GmbH & Co. KG

Als Sonderform der KG kann die GmbH & Co. KG bezeichnet werden. Hier fungiert die GmbH als Komplementär (Vollhafter) der KG. Dadurch haftet kein Gesellschafter dieser Rechtsform mit seinem Privatvermögen, da die Kommanditisten nur Teilhafter/-innen sind.

2.12.4 Gesellschaft mit beschränkter Haftung (GmbH)

Gründung	→ mindestens ein Gründer/eine Gründerin (Ein-Personen-GmbH ist möglich) → GmbH entsteht erst durch die Eintragung ins Handelsregister
Firma	→ Es ist eine **Personen-, Sach-, Fantasie- oder Mischfirma** möglich. → zwingender Rechtsformzusatz: **„Gesellschaft mit beschränkter Haftung"** oder GmbH
Kapitalaufbringung	→ **durch die Gesellschafter** (Kapitalaufbringungspflicht) → Stammkapital (gezeichnetes Kapital): mindestens 25.000,00 € → Stammeinlage einzelner Gesellschafter: mind. 1,00 € → Sonderform der GmbH: Haftungsbeschränkte Unternehmensgesellschaft („Mini-GmbH") • Sie kann bereits mit einem symbolischen Euro gegründet werden („Ein-Euro-GmbH"). • Die Gesellschaft darf ihre Gewinne so lange nicht voll ausschütten, bis das Mindeststammkapital von 25.000,00 € erreicht ist. Jedes Jahr muss mindestens ein Viertel des Gewinns zum Aufbau des Stammkapitals zurückgelegt werden.
Haftung	→ Alle Gesellschafter haften nur mit ihrer Einlage.
Organe	→ Geschäftsführer/-in • hat die Geschäftsführungsbefugnis und die Vertretungsmacht • bei mehr als 2.000 Arbeitnehmer/-innen (AN) zusätzlich ein Arbeitsdirektor → Aufsichtsrat (AR) • bei GmbH bis maximal 500 AN: kein AR notwendig • bei GmbH von 501 bis 2.000 AN: AR (nach BetrVG) notwendig (Zusammensetzung: $^2/_3$ Gesellschaftervertreter, $^1/_3$ AN-Vertreter, Mindestmitgliederzahl: 3) • bei GmbH über 2.000 AN: AR (nach Mitbestimmungsgesetz) notwendig (Zusammensetzung ½ Gesellschaftervertreter, ½ AN-Vertreter, Mindestmitgliederzahl: 12, AR-Vorsitzender = Gesellschaftsvertreter mit zweiter Stimme in Pattsituationen) • Aufgaben u. a.: Bestellung, Überwachung und Abrufung des Geschäftsführers → Gesellschafterversammlung • oberstes Organ mit erheblich mehr Rechten als vergleichbare HV bei AG • bestellt die Geschäftsführung (bei GmbH mit max. 500 AN) • zwingende Rechte der Gesellschafter: Satzungsänderungen, Auflösung

	• sonstige Rechte, sofern keine andere Regelung per Satzung getroffen ist: Feststellung Jahresabschluss und Gewinnverwendung, Bestellung von Prokuristen/Prokuristinnen und allgemeinen Handlungsbevollmächtigten, Bestellung und Abberufung der Geschäftsführung (bei max. 500 AN, sonst durch AR)
Geschäftsführung (Innenverhältnis)	⇢ Die Geschäftsführung, die ein Gesellschafter sein kann (geschäftsführender Gesellschafter), aber nicht sein muss (angestellte Geschäftsführung), hat die **Einzelgeschäftsführungsbefugnis**.
Vertretung (Außenverhältnis)	⇢ Die **Vertretungsmacht** wird von der Geschäftsführung ausgeübt.
Gewinn- und Verlustverteilung	⇢ ist im Gesellschaftsvertrag zu regeln

2.12.5 Aktiengesellschaft (AG)

Gründung	⇢ mindestens eine gründende Person ⇢ AG entsteht erst durch die Eintragung ins Handelsregister
Firma	⇢ Es ist eine **Personen-, Sach-, Fantasie- oder Mischfirma** möglich. ⇢ zwingender Rechtsformzusatz: **„Aktiengesellschaft"** oder **AG**
Kapitalaufbringung	⇢ Der Mindestnennbetrag des Grundkapitals (in der Bilanz: „gezeichnetes Kapital") beträgt 50.000,00 €. Es setzt sich zusammen aus den Nennbeträgen der Aktien.
Haftung	⇢ Alle Aktionäre haften nur mit ihrer Einlage, also dem Wert ihrer Aktie.
Organe	⇢ Vorstand (Leitungsorgan) • Leitung der Gesellschaft unter eigener Verantwortung • Berichterstattung an den Aufsichtsrat ⇢ Aufsichtsrat (Überwachungsorgan) • Bestellung und Abberufung des Vorstandes • Überwachung des Vorstandes ⇢ Hauptversammlung (Beschlussorgan) • Wahl der Aufsichtsratsmitglieder • Entlastung des Aufsichtsrates und des Vorstandes • Entscheidung über die Verwendung des Bilanzgewinns • Beschlüsse über Satzungsänderungen, Fusionen, Auflösung und ähnlich elementare Fragen

Geschäftsführung (Innenverhältnis)	→ Der **Vorstand** führt die Geschäfte der Aktiengesellschaft.
Vertretung (Außenverhältnis)	→ Der **Vorstand** vertritt das Unternehmen nach außen.
Gewinn- und Verlustverteilung	→ Der **Vorstand macht Vorschlag** über Gewinnverwendung (z. B. Einbehaltung des Gewinns, um Investitionen zu tätigen, oder Ausschüttung in Form einer Dividende an die Aktionäre), die **Hauptversammlung beschließt**, wie der Gewinn verwendet wird.

Die Aktie

- → Die Aktie ist eine Urkunde, in der die Mitgliedschaft in der AG verbrieft wird.
- → Jede Aktie repräsentiert einen Bruchteil am Grundkapital.
- → Der Nennwert einer Aktie ist der auf der Aktie vermerkte Wert. Er wird einmalig festgelegt und bleibt stabil. Der Mindestnennwert einer Aktie beträgt 1,00 €.
- → Der Kurswert einer Aktie ist der an der Börse gehandelte Preis (Aktienkurs) und unterliegt ständigen Schwankungen.

2.12.6 Eingetragene Genossenschaft (eG)

Gründung	→ mindestens drei gründende Personen → Die Gründer stellen ein Statut (Satzung) auf. Dies bedarf der schriftlichen Form. → Durch die Eintragung in das Genossenschaftsregister entsteht die Genossenschaft als juristische Person und zugleich als Formkaufmann.
Firmierung	→ Es ist eine **Personen-, Sach-, Fantasie- oder Mischfirma** möglich. → zwingender Rechtsformzusatz: **„eingetragene Genossenschaft“** oder **eG**
Kapitalaufbringung	→ **Geschäftsanteil** ist der im Statut festgelegte und von den Gesellschaftern einzuzahlende Betrag. Die Mindesteinzahlung beträgt $^1/_{10}$. → **Geschäftsguthaben** ist der eingezahlte Betrag jedes Mitglieds. Gewinne werden so lange zugeschrieben, bis der Geschäftsanteil erreicht ist, Verluste werden entsprechend abgezogen.
Haftung	Ist eine beschränkte Haftsumme im Statut festgelegt, so darf diese nicht niedriger sein als der Geschäftsanteil. Die Risikosumme setzt sich demzufolge aus Geschäftsanteil und Haftsumme zusammen.

Organe	→ Vorstand (Leitungsorgan) • Leitung der Genossenschaft • Berichterstattung an den Aufsichtsrat → Aufsichtsrat (Überwachungsorgan) • Bestellung und Abberufung des Vorstandes • Überwachung des Vorstandes
Organe	Generalversammlung (Beschlussorgan) → Wahl der Aufsichtsratsmitglieder → Entlastung der Mitglieder des Aufsichtsrates und des Vorstandes → elementare Beschlüsse wie Satzungsänderungen → Abstimmung nach Köpfen, nicht nach Geschäftsanteilen
Ziele	→ Förderung des Erwerbs oder der Wirtschaft ihrer Mitglieder (Genossen) mittels eines gemeinschaftlichen Geschäftsbetriebes → Selbsthilfe der Mitglieder durch gegenseitige Förderung → Gewinn gehört **nicht** zu den Zielen der Genossenschaft
Arten	→ Beschaffungsgenossenschaften (z. B. Einkaufsgenossenschaften, Kreditgenossenschaften, Verbrauchergenossenschaften) → Verwertungsgenossenschaften (z. B. landwirtschaftliche Absatzgenossenschaften, Fischerei- und Fischereiverwertungsgenossenschaften)

2.13 Steuern und Versicherungen

Steuern sind Zwangsabgaben, die vom Staat (im Gegensatz zu Gebühren) ohne direkte Gegenleistung erhoben werden. Sie dienen der Finanzierung von Staatsaufgaben.

Einteilung der Steuern nach

Steuergegenstand (Was wird besteuert?)
- → Besitzsteuern (z. B. Einkommenssteuer, Körperschaftssteuer)
- → Verkehrssteuern (z. B. Umsatzsteuer, Grunderwerbssteuer)
- → Verbrauchssteuern (z. B. Tabaksteuer)

Steuerempfänger (Wer erhält die Steuern?)
- → Bundessteuern
- → Landessteuern
- → Gemeindesteuern
- → EU-Steuern
- → Kirchensteuer

Erhebungsart (Wie werden die Steuern eingezogen?)
- → indirekte Steuern (z. B. Umsatzsteuer, Mineralölsteuer)
- → direkte Steuern (z. B. Einkommenssteuer, Körperschaftssteuer, Gewerbesteuer)

Bei den Versicherungen muss zwischen den gesetzlichen Sozialversicherungen und den Individualversicherungen unterschieden werden.

	Sozialversicherung	Individualversicherung
Grundsatz	→ Pflichtversicherung → Solidaritätsprinzip	→ freiwillige Versicherung → Individualprinzip
Versicherte Personen	Arbeitnehmer/-innen	natürliche und juristische Personen
Versicherte Risiken	→ Krankheit (Krankenversicherung) → Arbeitsunfall (Unfallversicherung) → Arbeitslosigkeit (Arbeitslosenversicherung) → Altersvorsorge (Rentenversicherung) → Pflegebedürftigkeit (Pflegeversicherung)	alle versicherbaren Risiken des Alltags: → Personenversicherungen (z. B. private Unfall-, Kranken- oder Lebensversicherung) → Sachversicherungen (z. B. Feuer- oder Sturmschadenversicherung) → Vermögensversicherungen (z. B. Haftpflicht- oder Rechtsschutzversicherung)
Beitragshöhe	richtet sich nach dem Einkommen der versicherten Person (Ausnahme: Unfallversicherung)	richtet sich nach Art und Höhe des versicherten Risikos
Leistungen	sind gesetzlich festgelegt	werden vertraglich vereinbart
Träger	staatliche Einrichtungen	private und öffentlich-rechtliche Versicherungsunternehmen

3 Menschliche Arbeit im Betrieb[1]

3.1 Berufsausbildungsvertrag

Vertragspartner

- Ausbilder und Auszubildender (bei Minderjährigen: gesetzlicher Vertreter)
- Eintragung in das Verzeichnis der Ausbildungsverhältnisse bei der zuständigen Kammer (z. B. IHK, HWK)

Inhalte nach § 11 BBiG

- Art, Gliederung und Ziel der Ausbildung
- Beginn und Dauer der Ausbildung
- Ausbildungsmaßnahmen außerhalb der Arbeitsstätte
- Dauer der täglichen Arbeitszeit
- Probezeit (ein bis max. vier Monate, siehe § 20 BBiG)
- Höhe der Ausbildungsvergütung
- Anzahl der Urlaubstage

Rechte/Pflichten der Ausbilder/-innen/Auszubildenden

Rechte der Auszubildenden = Pflichten der Ausbilder-/innen	Pflichten der Auszubildenden = Rechte der Ausbilder-/innen
--> Ausbildung gemäß Ausbildungsziel --> Vergütung --> Gewährung von Urlaub --> Fürsorgepflicht --> Freistellung für die Berufsschule --> Ausstellung eines Ausbildungszeugnisses --> Bereitstellung von Ausbildungs- und Prüfungsmitteln	--> Dienstleistungspflicht (Weisungen sind zu befolgen und sorgfältig auszuführen) --> Lernpflicht --> Berufsschulbesuch --> Schweigepflicht über Betriebsgeheimnisse --> Führen eines Berichtsheftes

3.2 Arbeitsvertrag

Der Arbeitsvertrag ist ein Dienstvertrag (siehe § 611 BGB), durch den sich Arbeitnehmer/-innen gegenüber ihrer Arbeitgeber zur entgeltlichen Arbeitsleistung verpflichten.

[1] *siehe dazu auch Kapitel B 4 Personalwirtschaft*

Inhalte

- --> Name und Anschrift der Vertragsparteien
- --> Beginn und evtl. Dauer des Arbeitsverhältnisses
- --> Arbeitsort
- --> Bezeichnung der Tätigkeit
- --> Höhe des Arbeitsentgeltes
- --> Arbeitszeit
- --> Anzahl der Urlaubstage
- --> Kündigungsfristen
- --> Hinweise auf Tarifverträge bzw. Betriebsvereinbarungen

Rechte/Pflichten der Arbeitgeber/-innen/Arbeitnehmer/-innen

Pflichten der Arbeitnehmer/-innen = Rechte der Arbeitgeber	Rechte der Arbeitnehmer/-innen = Pflichten der Arbeitgeber
--> Dienstleistungspflicht (Erfüllung der Leistungen aus dem Arbeitsvertrag) --> Treuepflicht (Wahrung der Betriebsgeheimnisse, Unterstützung der Unternehmensziele) --> Wettbewerbsverbot (keine Konkurrenz für eigenen Arbeitgeber)	--> Entgeltzahlung --> Gewährung von Urlaub --> Fürsorgepflicht --> Ausstellen eines Zeugnisses

3.3 Tarifrecht

Arbeitgeber	---->	Arbeitsvertrag	<----	Arbeitnehmer/-in
Arbeitgeber	---->	Betriebsvereinbarung	<----	Betriebsrat
Arbeitgeberverband	---->	Tarifvertrag	<----	Arbeitnehmerverband (Gewerkschaften)

Tarifvertrag

- Der Tarifvertrag ist eine Kollektivvereinbarung für die ganze Berufsgruppe einer Branche.

Lohn- und Gehaltstarifverträge

--> Regelungen bezüglich des Arbeitsentgelts
--> meist kurze Laufzeit (max. zwei Jahre)

Manteltarifverträge

--> regeln allgemeine Arbeitsbedingungen (z. B. über die Arbeitszeit, Anzahl der Urlaubstage u. Ä.)
--> haben i. d. R. eine längere Laufzeit von mehreren Jahren

Koalitionsfreiheit

Das Grundgesetz (Art. 9) garantiert Arbeitgebenden und Arbeitnehmenden die Möglichkeit, sich in Interessenverbänden zusammenzuschließen.

Tarifautonomie

Die Tarifparteien (Arbeitgeberverband und Gewerkschaft) entscheiden bei dem Abschluss eines Tarifvertrages autonom, d. h., eine Einmischung von außen seitens der Politik ist untersagt.

Tarifbindung

Die im Tarifvertrag getroffenen Regelungen gelten als Mindestbedingungen für Arbeitsverträge und Betriebsvereinbarungen.

Allgemeinverbindlichkeitserklärung

Der Tarifvertrag gilt für alle Arbeitgeber/-innen und Arbeitnehmer/-innen seines Geltungsbereiches, also auch für Nichtmitglieder, wenn er vom Bundesarbeitsminister auf Antrag einer Tarifvertragspartei für allgemein verbindlich erklärt wurde.

Friedenspflicht

Während der Laufzeit eines Tarifvertrages sind keine Arbeitskampfmaßnahmen erlaubt.

Ablauf der Tarifverhandlungen

Kommt es zwischen den Tarifparteien zu keiner Einigung, kann ein Schlichter eingeschaltet werden. Wird der Schlichterspruch nicht angenommen, kommt es zu Arbeitskampfmaßnahmen (Streik, Aussperrung).

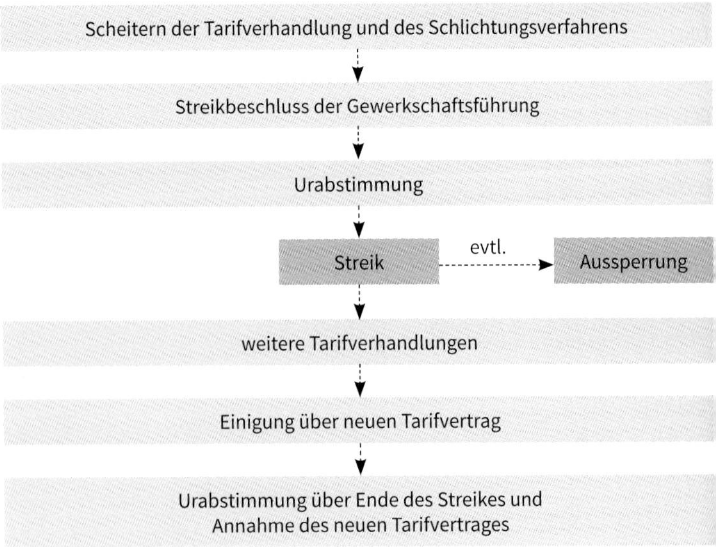

- Die **Schlichtung** ist ein Verfahren zur Verhinderung bzw. Beilegung von Streitigkeiten, ohne dass es zu Arbeitskampfmaßnahmen kommt. Das Schlichtungsverfahren endet mit dem Einigungsvorschlag des Schlichters (Schiedsspruch). Dieser kann, muss aber nicht akzeptiert werden.

- Der **Streik** ist eine planmäßig durchgeführte, vorübergehende Arbeitsniederlegung einer größeren Zahl von Beschäftigten mit dem Ziel, die eigenen Forderungen in den Tarifverhandlungen durchzusetzen. Voraussetzung für einen Streik ist es, dass in einer **Urabstimmung** mindestens 75 % der abstimmungsberechtigten Gewerkschaftsmitglieder einem Streik zustimmen.

- Die **Aussperrung** ist das Gegenmittel der Arbeitgeber gegen einen Streik. Hier werden die Arbeitsverhältnisse einer größeren Zahl von streikenden Beschäftigten aufgehoben. Für diese Zeit entfällt die Lohnzahlungspflicht.

3.4 Arbeitsschutzbestimmungen

3.4.1 Jugendarbeitsschutzgesetz

Geltungsbereich: für alle Personen, die noch nicht 18 Jahre alt sind. Ab Volljährigkeit gilt das Jugendarbeitsschutzgesetz (auch für Auszubildende) nicht mehr!

Ziel: Schutz der Jugendlichen (unter 18 Jahren) vor Gefährdungen am Arbeitsplatz
Überwachung: durch Gewerbeaufsichtsämter, Jugendvertreter, Betriebsrat

Regelungen

Verbot von Kinderarbeit	→ Für Kinder (Personen unter 15 Jahren) ist die Beschäftigung verboten.
Ärztliche Untersuchung (§§ 32, 33 JArbSchG)	→ Bescheinigung über Erstuntersuchung → Nachuntersuchung (nach einem Jahr)
Frühester Arbeitsbeginn	→ normalerweise: 06:00 Uhr → Ausnahmen (Bäcker eien): • ab 16 Jahre: 05:00 Uhr • ab 17 Jahre: 04:00 Uhr
Spätestes Arbeitsende	→ normalerweise: 20:00 Uhr → Ausnahmen: • Gaststätten: 22:00 Uhr • Mehrschichtbetriebe: 23:00 Uhr
Wochenarbeitszeit (§§ 8, 15 JArbSchG)	→ Fünftagewoche → 40 Stunden → täglich 8 Std., bei früherem Arbeitsschluss an anderen Tagen (z. B. Freitag) auch 8,5 Std.
Freizeit und Pausen (§ 11 JArbSchG)	→ 12 Std. ununterbrochene Freizeit (keine Ausnahmen!) → Pausen: • 30 Min. (bei 4,5–6 Std. Arbeit) • 60 Min. (bei mehr als 6 Std. Arbeit)
Höchstschichtzeit	→ grundsätzlich: 10 Std. → Ausnahmen: • Bergbau: 8 Stunden • Landwirtschaft, Bau, Montage: 11 Std.
Urlaub (§ 19 JArbSchG)	→ 15-Jährige: mind. 30 Tage Urlaub (Ausnahme Bergbau: 33 Tage) → 16-Jährige: mind. 27 Tage Urlaub (Bergbau: 30 Tage) → 17-Jährige: mind. 25 Tage Urlaub (Bergbau: 28 Tage)

Verbote (§§ 16, 17, 22–24 JArbSchG)	--> Samstagsarbeit (Ausnahmen: Einzelhandel, Friseurbetriebe, Bäckereien, Krankenhäuser, Gaststätten etc.) --> Sonntagsarbeit (Ausnahmen: Krankenhäuser, Gaststätten) --> Akkordarbeit --> Nachtarbeit --> gefährliche Arbeiten
Berufsschule, Prüfungen	--> Freistellung von der Arbeit zum Zwecke des regelmäßigen Besuchs der Berufsschule --> Anrechnung auf Arbeitszeit --> Beschäftigungsverbot an einem Tag in der Woche bei Berufsschulunterricht von mehr als fünf Stunden --> Beschäftigungsverbot in Berufsschulwochen mit einem planmäßigen Blockunterricht von 25 oder mehr Stunden an mindestens fünf Tagen --> Freistellung für Berufsabschlussprüfungen (bei Einzelhandelskaufleuten für die IHK-Prüfungen) --> ein freier Tag unmittelbar vor der Berufsabschlussprüfung --> die Regelungen zur Freistellung für Berufsschule und Prüfungen gelten auch für volljährige Auszubildende

3.4.2 Kündigungsschutzgesetz

Grundsätzlich gilt für alle Kündigungen:

- Kündigungen bedürfen der Schriftform (siehe § 623 BGB).
- Vor jeder Kündigung ist der Betriebsrat zu hören, ansonsten ist die Kündigung unwirksam (BetrVerfG).

Ordentliche (= fristgerechte) Kündigung

Die gesetzlichen Kündigungsfristen sind als Mindestregelungen zu verstehen. Durch Tarifvertrag oder im Arbeitsvertrag kann eine längere Kündigungsfrist vereinbart werden (siehe § 622 Abs. 4, 5 BGB).

Gesetzliche Kündigungsfristen (§ 622 BGB)

- Grundkündigungsfrist für Angestellte und Arbeiter/-innen:
  vier Wochen zum **15. eines Monats** oder zum **Monatsende**
- verlängerte Kündigungsfristen (§ 622 Abs. 2 BGB):
  Die verlängerten Kündigungsfristen gelten **nur bei Kündigungen durch den Arbeitgeber**. Aufgrund eines Urteils des Europäischen Gerichtshofs sind auch Zeiten vor dem 25. Lebensjahr anzurechnen.

Die verlängerten Kündigungsfristen betragen:

- **einen Monat** zum Ende des Kalendermonats, wenn das **Arbeitsverhältnis** mind. **zwei Jahre** bestanden hat
- **zwei Monate** zum Ende des Kalendermonats, wenn das **Arbeitsverhältnis** mind. **fünf Jahre** bestanden hat
- **drei Monate** zum Ende des Kalendermonats, wenn das **Arbeitsverhältnis** mind. **acht Jahre** bestanden hat
- **vier Monate** zum Ende des Kalendermonats, wenn das **Arbeitsverhältnis** mind. **zehn Jahre** bestanden hat
- **fünf Monate** zum Ende des Kalendermonats, wenn das **Arbeitsverhältnis** mind. **zwölf Jahre** bestanden hat
- **sechs Monate** zum Ende des Kalendermonats, wenn das **Arbeitsverhältnis** mind. **fünfzehn Jahre** bestanden hat
- **sieben Monate** zum Ende des Kalendermonats, wenn das **Arbeitsverhältnis** mind. **zwanzig Jahre** bestanden hat

Kündigungsfrist bei Kleinbetrieben

Für Betriebe mit nicht mehr als 20 Vollzeitbeschäftigten (ohne Auszubildende) kann einzelvertraglich eine Grundkündigungsfrist von vier Wochen zu jedem Zeitpunkt vereinbart werden.

Kündigungsfrist bei Aushilfsverträgen

Mit diesen Beschäftigten kann eine beliebige Frist für die beiderseitige Kündigung vereinbart werden (§ 622 Abs. 5 Nr. 1 BGB). Voraussetzung ist, dass das Arbeitsverhältnis auf höchstens drei Monate begrenzt ist. Besteht das Aushilfsarbeitsverhältnis länger als drei Monate, gelten die gesetzlichen Kündigungsfristen.

Kündigungsfrist in der Probezeit

→ **Arbeitsverträge**
Kündigungsfrist: zwei Wochen (siehe § 622 Abs. 3 BGB); Probezeit: maximal sechs Monate

→ **Ausbildungsverhältnisse**
Probezeit: keine Kündigungsfrist; Probezeit: maximal vier Monate (siehe § 20 BBiG)

Die Kündigung kann bis zum letzten Tag der Probezeit ausgesprochen werden. Die Kündigung kann ohne Angabe von Gründen erfolgen.

Außerordentliche Kündigung

Voraussetzung (§ 626 BGB): Ein wichtiger Grund liegt vor, d.h. ein schwerwiegender Verstoß gegen die Hauptpflichten aus dem Arbeitsvertrag, mit der Folge, dass die Fortsetzung des Arbeitsverhältnisses unzumutbar ist.

Beispiele: *grobe Beleidigung, Diebstahl, Betrug, Verrat von Betriebsgeheimnissen, Tätlichkeit, ausbleibendes Arbeitsentgelt, fehlende Arbeitsschutzmaßnahmen, sexuelle Belästigung*

Je nach Kündigungsgrund ist für die außerordentliche Kündigung aber **evtl. eine vorherige Abmahnung notwendig**, um einer Überprüfung vor dem Arbeitsgericht standzuhalten. Dies wäre beispielsweise der Fall bei einer Kündigung wegen häufiger Unpünktlichkeit, der Weigerung, Arbeitsschutzvorschriften zu beachten, der Weigerung, die vertraglich übernommene Arbeit zu erbringen u. Ä.

Die Kündigung muss **spätestens zwei Wochen nach Bekanntwerden des wichtigen Grundes** erfolgen. Der Kündigungsgrund kann also nicht für eine spätere Kündigung „aufgespart" werden.

Das Kündigungsschutzgesetz (KSchG)

- --> schützt die Arbeitnehmer/-innen vor ungerechtfertigten Kündigungen und Willkür der Arbeitgeber
- --> greift nur bei ordentlichen Kündigungen, nicht bei außerordentlichen Kündigungen
- --> unterscheidet zwischen dem allgemeinen Kündigungsschutz und dem besonderen Kündigungsschutz
- --> gilt erst ab einer Beschäftigungsdauer von mehr als sechs Monaten
- --> wird nicht bei Kleinbetrieben mit bis zu zehn vollzeitbeschäftigten Arbeitnehmer/-innen (ohne Auszubildende) angewandt

Allgemeiner Kündigungsschutz

Nach dem Kündigungsschutzgesetz (KSchG) muss jede Kündigung **sozial gerechtfertigt** sein, d. h., es muss **entweder**

- --> ein Grund in der **Person** oder im **Verhalten** der Arbeitnehmer/-innen vorliegen

  Beispiele: *unzureichende Arbeitsleistung, Weigerung, gesetzlich erlaubte und zumutbare Mehrarbeit zu leisten, Verletzung der Anzeige- und Nachweispflichten im Krankheitsfall, unerlaubter Alkoholgenuss während der Arbeitszeit, häufige Krankheiten; je nach Sachlage ist evtl. eine vorherige* ***Abmahnung*** *erforderlich!*

oder

- --> es müssen **dringende betriebliche Erfordernisse** (z. B. Auftragsmangel) gegeben **und soziale Gesichtspunkte** (Betriebszugehörigkeit, Alter, Unterhaltspflichten) ausreichend berücksichtigt worden sein (Arbeitgeber kann von der Sozialauswahl Beschäftigte ausnehmen, die wegen ihrer Kenntnisse und Leistungen für das Unternehmen besonders wichtig sind)

und
--> die Beschäftigung an einem anderen Arbeitsplatz darf nicht möglich sein

und
--> der Betriebsrat darf der Kündigung nicht schriftlich widersprochen haben.

Besonderer Kündigungsschutz

Schutz folgender Personengruppen:

--> Betriebsräte, Jugend- und Auszubildendenvertreter (Zustimmung des Betriebsrats erforderlich, ersatzweise Arbeitsgericht)
--> Schwerbehinderte (Zustimmung des Integrationsamtes erforderlich)
--> Schwangere: während der Schwangerschaft und vier Monate nach der Geburt unkündbar
--> Personen im Erziehungsurlaub: unkündbar
--> Auszubildende: nach der Probezeit unkündbar

3.4.3 Mutterschutzgesetz

Beschäftigungsverbot

--> sechs Wochen vor bis acht Wochen nach der Entbindung
--> Beschäftigungsverbot bei Gefahr für Mutter und Kind

Kündigungsschutz

--> während der Schwangerschaft bis vier Monate nach der Entbindung
--> während des Erziehungsurlaubs (bis drei Jahre nach der Geburt)

Sonstige Verbote

--> schwere körperliche Arbeiten
--> gesundheitsgefährdende Arbeiten
--> Fließbandarbeit
--> Akkordarbeit
--> Nacht-, Sonn- und Feiertagsarbeit

3.4.4 Arbeitsschutzgesetz und Arbeitszeitgesetz

--> Arbeitszeit maximal zehn Stunden pro Tag
Das Arbeitsschutzgesetz (ArbSchG) erlaubt acht Stunden. Diese können aber auch verlängert werden, wenn innerhalb von sechs Kalendermonaten im Durchschnitt acht Stunden pro Werktag nicht überschritten werden. Verlängerungen sind laut

Arbeitszeitgesetz (ArbZG) nur mit schriftlicher Zustimmung der/des Arbeitnehmenden möglich (→ § 3 ArbZG).

- ausreichende Pausenzeiten (→ § 4 ArbZG)
  - bei sechs bis neun Stunden Arbeitszeit: mindestens 30 Minuten Pause
  - bei mehr als neun Stunden Arbeitszeit: mindestens 45 Minuten Pause
  - Pausen dürfen nicht am Anfang oder am Ende der Arbeitszeit liegen, sondern müssen die Tätigkeit unterbrechen.
- Ruhezeiten von mindestens elf Stunden zwischen den Diensten (→ § 5 ArbZG)
- Nachtarbeitszeit maximal zehn Stunden (→ § 6 ArbZG)

3.5 Mitwirkung und Mitbestimmung der Arbeitnehmer/-innen

Betriebsverfassungsgesetz (BetrVG)

▶ Das Betriebsverfassungsgesetz beinhaltet die wichtigsten Regelungen zur Mitwirkung und Mitbestimmung der Beschäftigten.

Betriebsrat

▶ Der Betriebsrat ist die Vertretung der Beschäftigten gegenüber dem Arbeitgeber.

Jugend- und Auszubildendenvertretung

▶ Sie vertritt die Belange der Jugendlichen und Auszubildenden (§ 60 ff. BetrVG).

Betriebsversammlung

▶ Versammlung aller Beschäftigten eines Betriebes. Sie ist vom Betriebsrat einzuberufen und wird vom Betriebsratsvorsitzenden geleitet. Auch die/der Arbeitgebende hat ein Teilnahme- und Rederecht.

Betriebsausschuss

▶ Dieser wird gebildet, wenn der Betriebsrat mindestens neun Mitglieder umfasst (§ 27 BetrVG).

Betriebvereinbarung

▶ Vereinbarung auf betrieblicher Ebene zwischen Arbeitgeber und Betriebsrat.

Einigungsstelle

▶ Diese wird bei Bedarf zur Beilegung von Meinungsverschiedenheiten zwischen Arbeitgeber und Betriebsrat (§ 76 BetrVG) gebildet.

Rechte des Betriebsrates

- **Informationsrecht:** Der **Betriebsrat hat das Recht**, über die wirtschaftliche Lage des Betriebes, die Personalplanung sowie geplante betriebliche Veränderungen (z. B. Betriebsstilllegungen, Betriebsverlagerungen, Zusammenschlüsse oder Rationalisierungsmaßnahmen) rechtzeitig **informiert zu werden**.
- **Mitwirkungsrecht:** Der **Betriebsrat kann unter bestimmten Voraussetzungen die Zustimmung** bei bestimmten personellen Einzelmaßnahmen (z. B. Einstellung, Kündigung, Versetzung, Eingruppierung) **verweigern bzw. Widerspruch einlegen**. Bei Nichteinigung zwischen Betriebsrat und Unternehmensleitung entscheidet das Arbeitsgericht.
- **Mitbestimmungsrecht:** Bei einer Reihe von Maßnahmen (z. B. soziale Angelegenheiten wie Betriebsordnung, Arbeitszeiten, Pausenregelungen, Urlaubsplan u. Ä., betriebliche Bildungsmaßnahmen, Personalfragebögen und Beurteilungsgrundsätze, Sozialplan bei geplanten Betriebsänderungen) ist die **Zustimmung des Betriebsrates notwendig**. Der Betriebsrat ist hier gleichberechtigt zur Unternehmensleitung.

3.6 Handlungsvollmacht und Prokura

Handlungsvollmacht (siehe § 54 HGB)

- Zeichnungsberechtigung für alle gewöhnlichen Rechtshandlungen eines Handelsgewerbes
- Erteilung durch Kaufleute i. S. d. HGB, Nichtkaufleute oder Prokuristen/Prokuristinnen, mündlich, schriftlich oder stillschweigend
- kein Eintrag ins Handelsregister
- Zeichnung mit i. A. (= „im Auftrag“, Unterzeichner/-in tritt als Übermittler/-in der Information auf) und i. V. (= „in Vollmacht“, Unterzeichner/-in ist Inhaber/-in einer Vollmacht, die durch die Geschäftsführung bzw. einen Vorgesetzten ausdrücklich erteilt wurde)
- Beendigung durch Auflösung des Arbeitsvertrages, Widerruf der Vollmacht, Geschäftsauflösung
- Arten:

Allgemeine Handlungsvollmacht (Gesamtvollmacht)	Artvollmacht	Einzelvollmacht
Vollmacht für alle gewöhnlichen Rechtshandlungen der Branche	Vollmacht für bestimmte Arten wiederkehrender, gewöhnlicher Rechtsgeschäfte (z. B. Einkäufer, Verkäuferin, Buchhalter)	Vollmacht für ein einzelnes Rechtsgeschäft (z. B. Vollmacht, einmalig Geld auf der Bank abzuheben)

Prokura (siehe § 48 ff. HGB)

- Zeichnungsberechtigung für alle gewöhnlichen und außergewöhnlichen Rechtshandlungen eines Unternehmens (Ausnahmen: Aufnahme neuer Gesellschafter, Auflösen der Gesellschaft, Unterzeichnung von Bilanz und Steuererklärung ⇒ nur durch Geschäftsinhaber)
- Einschränkungen der Prokura gegenüber Dritten sind grundsätzlich nicht möglich.
- Erteilung nur durch Kaufleute i. S. d. HGB, mündlich oder schriftlich mittels ausdrücklicher Erklärung
- Eintragung ins Handelsregister ist notwendig (deklaratorische Wirkung)
- Zeichnung mit ppa = „per procura"
- Beendigung durch Auflösung des Arbeitsvertrages, Widerruf der Vollmacht, Geschäftsauflösung, allerdings nicht bei Tod des Geschäftsinhabers
- Arten:

Einzelprokura	Gesamtprokura	Filialprokura
Prokuristinnen und Prokuristen sind allein vertretungsberechtigt.	gemeinsame Vertretung von mehreren Prokuristinnen und Prokuristen	Die Prokura ist auf eine Filiale oder einen abgegrenzten Bereich des Unternehmens begrenzt.

3.7 Sozialversicherungen[1]

Versicherungsart	Träger	Leistungsfall	Leistungen
Krankenversicherung	Krankenkassen	Krankheit, Schwangerschaft	ärztliche und zahnärztliche Behandlung, Krankengeld, Rehabilitation, Arzneimittel, Mutterschaftsgeld, stationäre Behandlung (Krankenhaus)
Pflegeversicherung	Pflegekasse der jeweiligen Krankenkasse	Pflegebedürftigkeit (Pflegegrade 1–5)	Pflegegeld, stationäre Pflege
Unfallversicherung	Berufsgenossenschaft, Gemeindeunfallversicherungsverbände	Arbeitsunfall, Wegeunfall, Berufserkrankung	Arbeitsschutzmaßnahmen, Rehabilitation, BU-Renten, Witwer/Witwen- und Waisenrente

[1] *siehe dazu auch Kapitel B 4.6 Gehaltsabrechnung*

Versicherungsart	Träger	Leistungsfall	Leistungen
Arbeitslosen-versicherung	Bundesagentur für Arbeit	Berufslosigkeit, Arbeitslosigkeit	Berufsberatung, Arbeitsvermittlung, Insolvenzausfallgeld, Kurzarbeitergeld, Arbeitslosengeld I und II
Renten-versicherung	Deutsche Rentenversicherung Bund	Alter, Erwerbsunfähigkeit	Altersrente, Witwer/Witwen- und Waisenrente

Alle Sozialversicherungen mit Ausnahme der gesetzlichen Unfallversicherung werden grundsätzlich von Arbeitgeber und Arbeitnehmer/-in zu je 50 % getragen. Die genaue Berechnung der Sozialversicherungsbeiträge entnehmen Sie bitte dem Kapitel B 5.6.

4 Arbeitssicherheit und Umweltschutz

4.1 Sicherheit und Gesundheitsschutz bei der Arbeit

Arbeitsschutz

▶ Unter Arbeitsschutz sind Bestimmungen, Vorschriften, Maßnahmen zu verstehen, welche dem Schutz der Arbeitskraft dienen.

Der arbeitende Mensch ist bestimmten Gefahren ausgesetzt. Diese liegen in den

- **Arbeitsbedingungen**, denen der Mensch unterworfen ist (Monotonie, einseitige Belastung, Körperhaltung, Arbeitstempo)
- **Umgebungsbedingungen** (Lärm, Licht, Staub, Öl, Gase)
- **technischen Betriebseinrichtungen** (z. B. Förderband, Gabelstapler, Werkzeuge)
- **persönlichen Bedingungen** (Alter, Unerfahrenheit, gesundheitlicher Zustand, familiäre Belastung, Schwangerschaft, Müdigkeit)

Die aus dem Arbeitsvertrag resultierende Fürsorgepflicht des Arbeitgebers ist die umfassendste Rechtsgrundlage für eine risikomindernde Gestaltung des Arbeitsplatzes, der Arbeitsstätte und der Umgebung.

Gewerbeordnung

Nach § 120 GewO sind Arbeitgeber verpflichtet, Arbeitsräume, Betriebsvorrichtungen, Maschinen und Gerätschaften so zu unterhalten und den Betriebsablauf so zu regeln, dass die Beschäftigten weitestgehend geschützt sind. Für genügend Licht, Luft und Abfallbeseitigung ist zu sorgen.

§ 62 HGB enthält eine ähnliche Bestimmung zum Schutz von kaufmännischen Angestellten. Auch aus dem JArbSchG (§ 28) ergeben sich entsprechende Pflichten der Arbeitgeber.

Arbeitsstättenverordnung

Sie verfeinert die allgemein gehaltenen Bestimmungen der Gewerbeordnung und enthält Vorschriften über die Beschaffenheit von Arbeitsplätzen und -räumen, über Beleuchtung, Temperatur, Anforderungen an sanitäre Einrichtungen u. Ä., z. B.:

→ Temperatur in Büroräumen	20 °C
→ Temperatur in Verkaufsräumen	19 °C
→ Lärmpegel	höchstens 70 dB(A)
→ Fußböden	eben und rutschhemmend
→ Flächenbedarf für Büro-Arbeitsplatz	8–10 m^2
→ Beleuchtungsstärke	etwa 800 Lux

Die **Gewerbeaufsichtsämter** kontrollieren die Einhaltung der gesetzlichen Vorschriften über den sozialen Arbeitsschutz und die technischen Einrichtungen.

Unfallverhütungsvorschriften

--> werden von den **Berufsgenossenschaften** erlassen
--> werden über **technische Aufsichtsbeamte** der Berufsgenossenschaften kontrolliert,
--> sind branchenunabhängig ausgelegt
--> sind vom Unternehmen an geeigneter Stelle im Betrieb auszuhängen

Maßnahmen zur Unfallverhütung

--> Den größten Beitrag zur Unfallverhütung bringt die **Beachtung der Vorschriften** zum Arbeitsschutz und zur Unfallverhütung.
--> Weiterbildung von Beschäftigten zu **Fachkräften für Arbeitssicherheit**
--> Bestellung von **Sicherheitsbeauftragten** durch Arbeitgeber
--> Betriebsärztinnen/Betriebsärzte und staatliche Landesgewerbeärzte und -ärztinnen beraten die Betriebe bei der Verbesserung der Gesundheitsvorsorge **(Gewerbehygiene)**.
--> Einstellung eines **Betriebsarztes/einer Betriebsärztin** (ab einer bestimmten Unternehmensgröße)
- erste Anlaufstelle für Unfälle/Erkrankungen im Zusammenhang mit der Arbeit
- kein behandelnder Arzt/behandelnde Ärztin

--> Erstellung eines **Infoblattes mit allen wichtigen Daten** (nächster Verbandskasten, nächstes Krankenzimmer, Telefonnummer für Betriebsärztin/Betriebsarzt, Pförtner/-in [Anfahrt Krankenwagen], Fachkraft für Arbeitssicherheit). Dieses Blatt wird für jede Abteilung gesondert erstellt, an alle Beschäftigten ausgegeben und ausgehändigt.

Brandverhütungsvorschriften

Der Bundesverband der Unfallversicherungsträger der öffentlichen Hand e. V. (BAGUV), der Bundesverband der Deutschen Industrie (BDI) sowie der Verband der Sachversicherer (VdS) haben gemeinsam die Vorschriften zur Brandverhütung erarbeitet.

--> Im Rahmen von **Baugenehmigungsverfahren** wird sichergestellt, dass der Feuerwehr im Brandfall ein sicheres Arbeiten möglich ist.
--> Arbeitsstätten sind mit entsprechenden **Brandschutzeinrichtungen** zu versehen:
- Rauchmelder
- amtlich geprüfte und zugelassene Feuerlöschgeräte
- frei zugängliche Notausgänge

--> besondere gesetzliche Regelungen für gefährdete Bereiche wie z. B. Verordnung über brennbare Flüssigkeiten (VbF), Garagenverordnung u. Ä.

4.2 Umweltschutz

Prinzipien des Umweltschutzes

- **Vorsorgeprinzip:** Abfallvermeidung vor Abfallbeseitigung
- **Verursacherprinzip:** Verursacher der Umweltbelastung haftet für die entstehenden Kosten
- **Gemeinlastprinzip:** Verursacher der Umweltbelastung nicht ermittelbar ⇒ die Allgemeinheit haftet
- **Zukunftsprinzip:** Erschließung umweltverträglicher Wachstumsmöglichkeiten

Kreislaufwirtschafts- und Abfallgesetz

- **Zweck des Gesetzes** (§ 1): Förderung der Kreislaufwirtschaft zur Schonung der natürlichen Ressourcen und Sicherung der umweltverträglichen Beseitigung von Abfällen
- **Geltungsbereich** (§ 2): Vermeidung, Verwertung und Beseitigung von Abfällen
- **Grundsätze der Kreislaufwirtschaft** (§ 6 ff.): Vermeidung von Abfällen geht vor Verwertung, Verwertung von Abfällen geht vor Beseitigung
- **Ziel:** „Kreislaufwirtschaft“, d. h. „Wiederverwertungsgesellschaft“ statt „Wegwerfgesellschaft“

Recycling

▶ Unter Recycling versteht man eine möglichst lückenlose Rückführung von Materialien, Produkten und Abfällen als Güter oder Wertstoffe in den Produktions- und Verbrauchsprozess mit möglichst geringer Umweltbelastung.

Formen:

- **Wiederverwendung** (z. B. Pfandflaschen)
- **Wiederverwertung**, d. h. Auflösung des Materials und Herstellung des gleichen Produkts (z. B. werden aus dem zerbrochenen Glas in den Glascontainern wieder neue Flaschen hergestellt)
- **Weiterverwertung**, d. h. Auflösung des Materials und Herstellung eines anderen Produkts (z. B. werden aus dem Gummi von Altreifen Schuhsohlen produziert)

Rationelle Energieverwendung

- Erneuerung und richtige Anpassung der Licht-, Kraft- und Heizungsanlagen an den täglichen Bedarf
- energiesparende Baumaßnahmen (z. B. Wärmedämmung an Gebäuden)
- Energiepreise als Mittel zur Förderung des Energiesparwillens (z. B. „Öko-Steuer")
- langfristige, grundlegende Umstrukturierung der Energieverbrauchsgeräte und -anlagen (z. B. Umstellung der Heizungen von Öl auf Strom aus alternativen Energiequellen, z. B. aus gebündeltem Sonnenlicht, das ohne Verluste in einem Wasserstoff-Energie-Speicher gespeichert wird, oder Energie aus Biomasse u. Ä.)
- Installation von Ersatz- und Ergänzungsenergieverbrauchsgeräten (z. B. Solarzellen, Wärmepumpen, Windkraftanlagen), um den Verbrauch des natürlichen Rohstoffs so weit wie möglich zu senken
- Entwicklung von sicheren, preiswerten und umweltfreundlichen Ersatzenergieträgern

Umwelt-Controlling

Alle relevanten Informationen zur ökologischen Situation eines Unternehmens werden gesammelt. Hieraus werden Verbesserungen abgeleitet, die dem Umweltschutz dienen und die Akzeptanz des Unternehmens in der Öffentlichkeit erhöhen. Weiterhin soll das ökonomische Risiko wirtschaftlicher Sanktionen (Ordnungsgelder, Stilllegungsverfügungen) im Zusammenhang mit der Nichtbeachtung des geltenden Umweltrechts minimiert werden.

Öko-Audit

Mit dem Öko-Audit als Bestandteil einer Qualitätsmanagement-Zertifizierung wird festgestellt, ob das Managementsystem alle ökologischen Gefahrenquellen berücksichtigt, die notwendigen Anweisungen dokumentiert hat und die entsprechenden Umweltvorschriften in allen betroffenen Bereichen eingehalten werden.

Qualitatives statt quantitatives Wachstum

Durch qualitatives statt auf Verschwendung und Überfluss ausgerichtetes quantitatives Wachstum werden die Wachstumsgrenzen verändert. Neue, innovative, rohstoff- und energiesparendere Produkte und Verfahren lösen zunehmend minderwertige, umweltbelastende, nicht reparaturfähige Güter ab, weil die Verbraucher/-innen immer umweltbewusster kaufen.

B

GESCHÄFTSPROZESSE

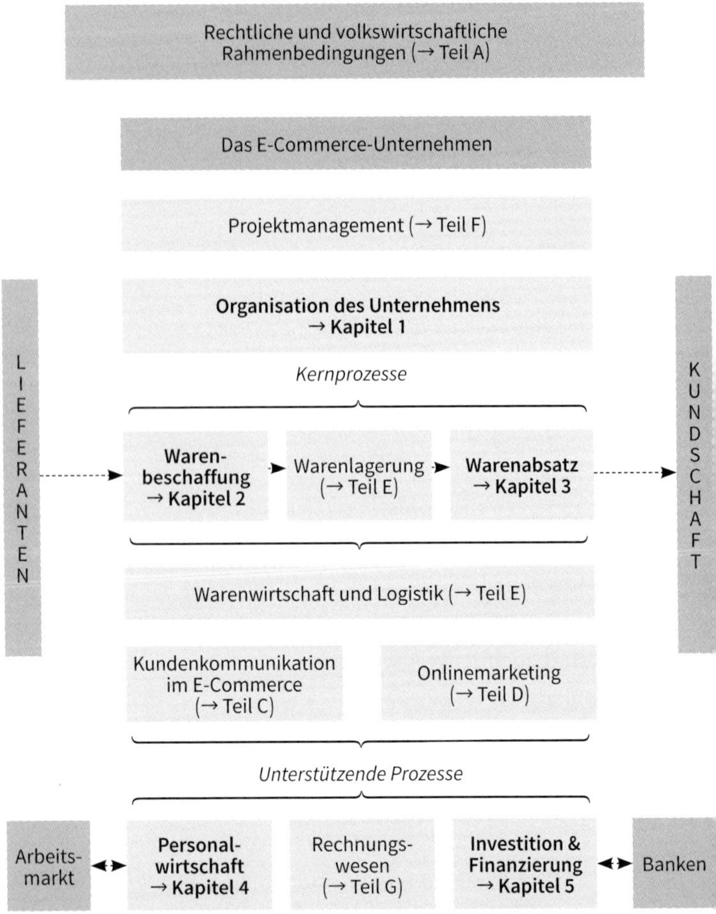

1 Organisation

1.1 Grundbegriffe

Improvisation: fallweise Regelungen, die ungeplant und spontan in plötzlich auftretenden Situationen getroffen werden

Disposition: fallweise Regelungen, die im Rahmen einer Dauerregelung getroffen werden

Organisation: zielorientiertes Gesamtsystem von Dauerregelungen im Hinblick auf den Aufbau des Unternehmens (Aufbauorganisation) und den Ablauf der Unternehmensprozesse (Ablauforganisation)

1.2 Aufbauorganisation

Grundfragen der Aufbauorganisation

--> Wie sind die Aufgaben gegliedert?
--> Welche Stellen sollen gebildet werden?
--> Wer kann wem Weisungen erteilen?
--> Wie ist die Unternehmenshierarchie aufgebaut? ⇒ Organigramm

Ablauf bei der Entwicklung einer Aufbauorganisation

1. Phase: Aufgabengliederung (Aufgabenanalyse)
   Die Gesamtaufgabe des Betriebes wird in sinnvolle Einzelaufgaben gegliedert.
2. Phase: Stellenbildung (Aufgabensynthese)
   Zusammengehörende Einzelaufgaben werden zu Tätigkeitsbereichen (Stellen) zusammengefasst, die von einer Person (Stelleninhaber) erfüllt werden können.
3. Phase: Abteilungsbildung
   Inhaltlich zusammengehörende Stellen werden unter einer Leitung zu einer Abteilung zusammengefasst.
4. Phase: Entwicklung einer Unternehmenshierarchie
   Für jede Stelle wird festgelegt, welche Stellen über- und untergeordnet sind (Leitungs- und Weisungssystem).

Stellenarten

- **ausführende Stellen:** Stellen, die keine Leitungsbefugnisse besitzen (z. B. Sachbearbeiter, Schreibkraft)
- **Instanzen (Weisungsstellen):** Stellen, die Anordnungs- und Entscheidungsbefugnisse gegenüber rangniedrigeren Stellen haben (z. B. Geschäftsführer/-innen, Abteilungsleiter/-innen)
- **Stabsstellen:** nicht weisungsberechtigte, beratende, meist von Experten besetzte Hilfsstellen der Instanzen, die Entscheidungen der Instanzen vorbereiten

Abteilungsgliederungsprinzipien

Abteilungsgliederung **nach Objekten** (**Beispiel:** *Abteilung Kleidung, Elektronik*)

Abteilungsgliederung **nach Verrichtungen** (**Beispiel:** *Einkauf, Lagerhaltung, Verkauf, Rechnungswesen*)

Leitungssysteme

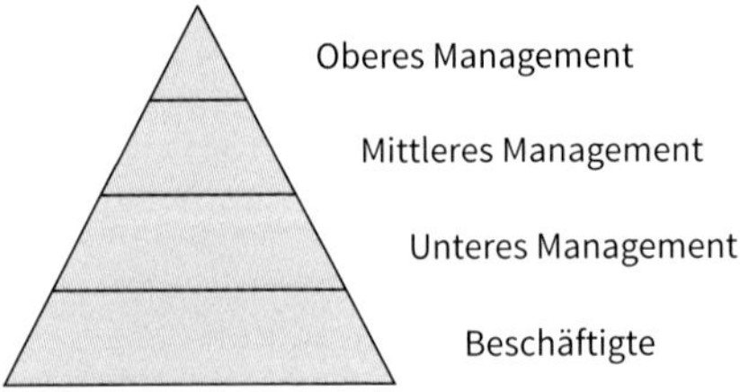

Einliniensystem

- Für jede Stelle gibt es nur eine übergeordnete Stelle, die Weisungen erteilt.
- Eine untergeordnete Stelle gibt Meldungen/Vorschläge nur an die unmittelbar übergeordnete Stelle weiter.

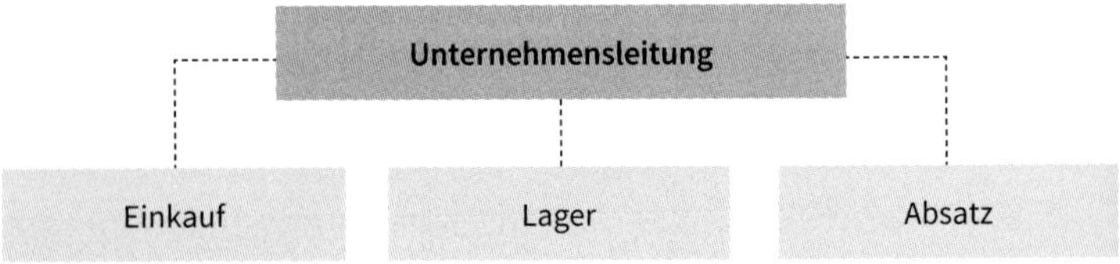

Mehrliniensystem

Mindestens eine untergeordnete Stelle erhält Weisungen von mehreren übergeordneten Stellen.

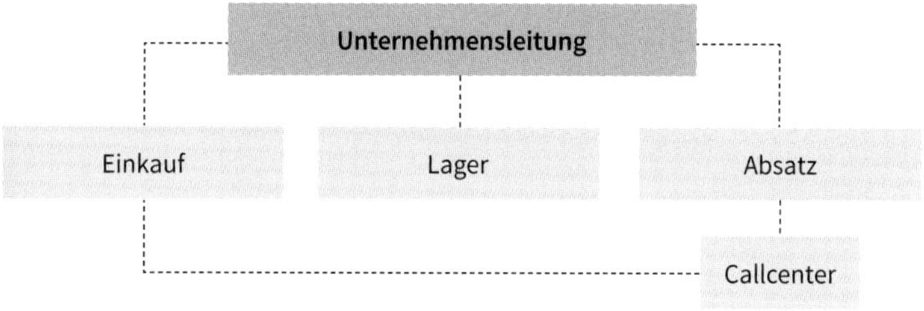

Stabliniensystem

Der Unternehmensaufbau beinhaltet Stabsstellen, die die Linienstellen entlasten.

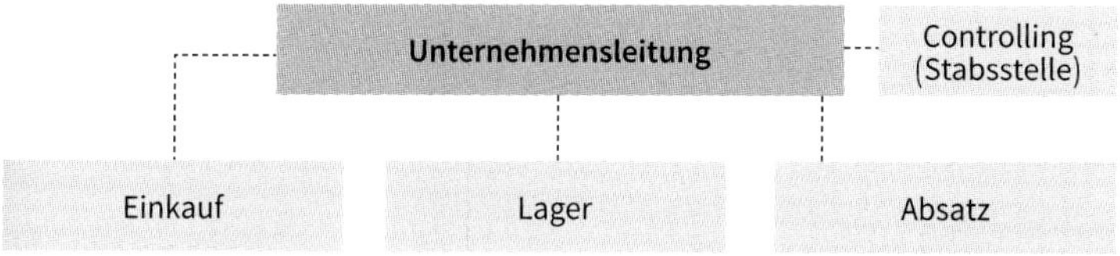

Matrixorganisation

- Kombination zweier gleichberechtigter Hierarchieebenen: funktionsorientierte Organisation (z. B. Abteilung Einkauf) und produktorientierte Organisation (z. B. Produktmanager)
- Weiterentwicklung des Mehrliniensystems, da jede Teilfunktion von zwei Entscheidungslinien beeinflusst wird

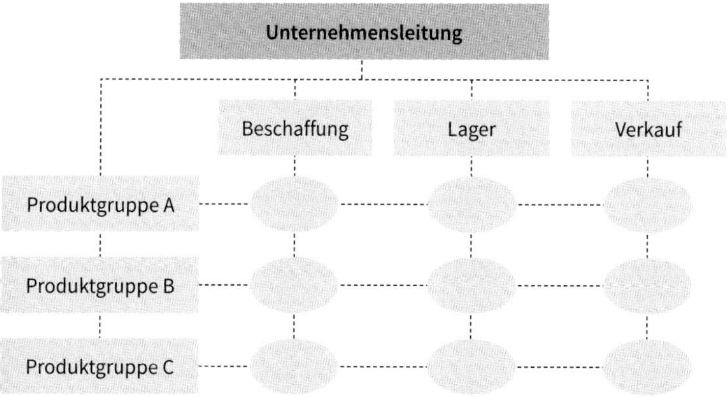

Vorteile	Nachteile
--> Förderung der Teamarbeit --> Entlastung der Unternehmensleitung --> Verbesserung der Qualität von Problemlösungen durch das Einbringen verschiedener Denkansätze	--> Gefahr von Kompetenzstreitigkeiten --> langwierige Abstimmungsprozesse notwendig

1.3 Ablauforganisation

Unter Ablauforganisation versteht man die Gestaltung der Arbeitsprozesse zur Erfüllung betrieblicher Teilaufgaben.

Ziele der Ablauforganisation

--> optimale Auslastung der Kapazitäten (Arbeitskräfte und Betriebsmittel)
--> Minimierung der Durchlaufzeiten (= Zeit zur Abwicklung der Arbeitsprozesse)

Dilemma der Ablauforganisation

Es ergeben sich Zielkonflikte bei dem Versuch, beide Ziele der Ablauforganisation gleichzeitig zu erreichen.

Aufgaben der Ablauforganisation

Die Ablauforganisation gestaltet die Arbeitsabläufe im Hinblick auf

--> den Arbeitsinhalt (Was ist im Einzelnen zu machen?),
--> die Arbeitszeit (Wie lange dauert es?),
--> den Arbeitsraum (Wo wird es gemacht?),
--> die Arbeitszuordnung (Wer macht was?).

2 Beschaffung[1]

2.1 Bedarfsermittlung und Planung des Sortiments

Der Bedarf der Kundschaft bildet die Grundlage für die Warenbeschaffung in Einzelhandelsbetrieben. Ein Einzelhandelsunternehmen steht also vor der Aufgabe, Art, Qualität

[1] *siehe dazu auch Kapitel E Warenwirtschaft und Logistik*

und Menge der von der Kundschaft zu einem bestimmten Zeitpunkt benötigten Waren zu bestimmen. Dazu stehen folgende Orientierungsmöglichkeiten zur Verfügung:

- Umsatz- und Absatzstatistiken vergangener Perioden aus dem Warenwirtschaftssystem
- Anfragen von Kundinnen und Kunden
- Berichte des Verkaufspersonals
- Verbandsmitteilungen und Berichte in Fachzeitschriften über neue technische Entwicklungen und Modetrends
- statistische Daten zu Alter, Geschlecht, Ausbildung, Einkommen, Kaufgewohnheiten von Nachfragenden
- Analyse von Verkaufsdaten

Moderne Kassensysteme ermöglichen es dem Einzelhandelsunternehmen, im Warenwirtschaftssystem Verkaufsdaten zu erfassen über:

Waren:	Verkaufszahlen eines Artikels oder von Warengruppen
Zahlungsmittel:	Anteil der Zahlungen mit Kundenkarte
Personal:	Bedienungszeiten, verkaufte Artikel pro Kunde, Umsätze
Kunden:	Einzugsgebiet des Geschäftes

2.2 Optimale Bestellmenge

Ein Grundproblem im Rahmen der Einkaufsplanung ist, einen Ausgleich zu finden zwischen den Kosten eines zu hohen Lagerbestandes und Problemen mit der Verkaufsbereitschaft, wenn die Lagerbestände zu gering sind.

Vorteile hoher Bestellmengen	Nachteile einer zu hohen Bestellmenge
- weniger Lieferungen, dadurch geringere Transportkosten - Mengenrabatte - hohe Verkaufsbereitschaft	- hohe Lagerkosten (Energiekosten, Raumkosten) - Kosten für das im Lager gebundene Kapital - höheres Lagerrisiko (Modewechsel, Verderb, Veraltern)

Unternehmen streben nach einer **optimalen Bestellmenge.** Hier sind die Nachteile eines zu hohen bzw. eines zu geringen Lagerbestandes ausgeglichen. Rein rechnerisch betrachtet ist die Bestellmenge dann optimal, wenn die Gesamtkosten (= Bestellkosten + Lagerkosten) am niedrigsten sind.

Lösungsschritte: Berechnung der optimalen Bestellmenge

1. **Schema erstellen**
   Jahresbedarf Bestellhäufigkeit 1 eintragen
2. **Bestellkosten ermitteln**
   ··→ Bestellhäufigkeit · Verwaltungskosten je Bestellung
3. **Lagerkosten ermitteln**
   3.1 durchschnittlicher Lagerbestand in Menge

$$\text{eiserner Bestand} + \frac{\text{Bestellmenge}}{2}$$

   3.2 Lagerkosten in Euro

entweder Variante a)	Ø Lagerbestand in Menge · Lagerkosten je Mengeneinheit
oder Variante b)	Ø Lagerbestand in Menge = Einkaufspreis, davon Lagerzinssatz berechnen

4. **Gesamtkosten ermitteln**
   Bestellkosten + Lagerkosten · Gesamtkosten
5. **optimale Bestellhäufigkeit ermitteln**
   Bestellhäufigkeit so oft variieren, bis die Gesamtkosten ein Minimum erreichen

Schwierigkeiten/Probleme bei der Verwirklichung der optimalen Bestellmenge

··→ Mindestmengenvorgaben des Lieferanten
··→ vorgeschriebene, feste Verpackungseinheiten
··→ beschränkte Lagerfähigkeit der Güter
··→ beschränkte Lagerkapazität
··→ beschränkte Liquidität
··→ bei Saisonartikeln
··→ bei Sonderangeboten
··→ bei großen Bedarfsschwankungen
··→ in Krisenzeiten
··→ vor Preiserhöhungen

Angaben zur tabellarischen Lösung

··→ Jahresbedarf 5 000 Stück
··→ eiserner Bestand = 200 Stück
··→ Lagerkosten je Mengeneinheit 0,50 €

- Bestellkosten je Bestellung 50,00 €
- Preis pro ME = 2,50 €
- Lagerzinssatz 20 %

Tabellarische Lösung

Bestell-häufigkeit	Bestell-menge	Bestell-kosten (in €)	Ø Lager-bestand	Lager-kosten (in €)	Gesamt-kosten (in €)
1	5000	50,00	2700	1350,00	14000,00
2	2500	100,00	1450	725,00	825,00
3	1667	150,00	1033	516,66	666,66
4	1250	200,00	825	412,50	612,50
5	**1000**	**250,00**	**700**	**350,00**	**600,00**
6	833	300,00	617	308,33	608,33
7	714	350,00	557	278,57	628,57
8	625	400,00	513	256,25	656,25
9	556	450,00	478	238,89	688,89
10	500	500,00	450	225,00	725,00

2.3 Limitrechnung

- Die Limitrechnung ist ein Instrument der Einkaufsplanung und kann zur Bestimmung der Einkaufsmenge angewandt werden.
- Ein Limit gibt an, für welchen Betrag bzw. bis zu welcher Menge in einem bestimmten Zeitabschnitt Waren einer Warengruppe eingekauft werden dürfen.
- Der Einsatz der Limitrechnung ermöglicht eine Planung und Kontrolle der finanziellen Verhältnisse im Beschaffungsbereich.
- Das Warenwirtschaftssystem stellt die notwendigen Daten für die Limitplanung zur Verfügung.

Durchführung der Limitrechnung

Bruttolimit	Planverkäufe einer Warengruppe zu Einkaufspreisen
+ Lageraufbau	geplante Erhöhung des Lagerbestandes
– Lagerabbau	geplante Senkung des Lagerbestandes
= **Nettolimit**	Limit ohne Sicherheitsreserve
– Limitreserve	geplant aus Sicherheitsgründen oder für Nachbestellungen
freies Limit	Betrag, für den im Rahmen vorhersehbarer Bestellungen eingekauft werden darf

Limitkontrolle

Die Limitkontrolle ist ein Hilfsmittel zur Eindämmung des Beschaffungsrisikos. Sie hat insbesondere folgende Aufgaben:

- Kontrolle, dass die vorgegebenen Limits eingehalten werden
- Anpassung der Limits bei Änderungen wie Nachfragesteigerungen

2.4 Optimaler Bestellzeitpunkt

Ziel der Zeitplanung ist es, Waren zum optimalen Zeitpunkt zu beschaffen, d. h., dass

a) die Waren nicht zu spät beschafft werden, damit es nicht zu Verkaufsengpässen und damit zu Gewinneinbußen oder Imageverlusten kommt.
b) die Waren nicht zu früh beschafft werden, um unnötige Lagerkosten zu vermeiden.

Methoden zur Ermittlung des Bestellzeitpunktes

Bestellrhythmusverfahren	Bestellpunktverfahren
Die Bestellung erfolgt in regelmäßigen Zeitabständen, insbesondere bei Waren mit einem annähernd gleichen Absatz.	Die Ware wird immer dann bestellt, wenn der **Meldebestand** erreicht ist.

Bestellrhythmusverfahren

Der Soll-Bestand wird nicht nach jeder Lagerentnahme, sondern in festen Zeitabständen, z. B. monatlich, überprüft ⇨ angewandt insbesondere für B- und C-Teile.

Bestellrhythmusverfahren	
Vorteile	**Nachteile**
→ systematische Erfassung aller Güter/ Soll-Bestände, d. h. auch wenig bewegte Teile und Ladenhüter	→ höhere Mindestbestände, da periodische Prüfungsspannen überbrückt werden müssen

Bestellpunktverfahren

Nach jeder Materialentnahme wird der Lagerbestand [= Soll-Bestand laut Lagerkartei) überprüft.

Erreicht der Lagerbestand einen festgelegten Bestand (= Meldebestand), so ist der interne Bestellzeitpunkt erreicht.

→ Folge: Bedarfsmeldung vom Lager an den Einkauf
→ angewandt insbesondere für A-Teile

Meldebestand = eiserner Bestand + (Tagesverbrauch · Wiederbeschaffungszeit)

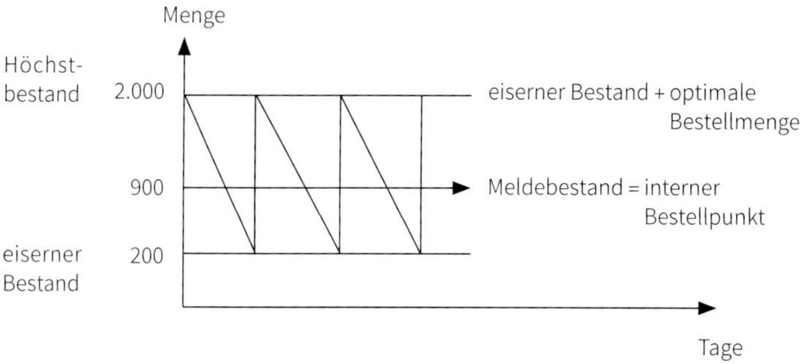

Hinweis: Der Zeitpunkt des Einkaufs ist nicht unbedingt immer an den Meldebestand gebunden.

--> Er ist evtl. abhängig von
- besonderen Angeboten,
- Preisentwicklungen,
- der Lagerfähigkeit der Güter.

Vorteile	Nachteile
--> niedrige Lagerbestände (da ständige Soll-Bestandskontrolle erfolgt, insbesondere bei A-Teilen) --> Minimierung der Lagerkosten	--> Lagerkontrolle des Soll-Bestandes erfasst nur Güter mit Lagerbewegung (Ladenhüter werden nicht erkannt).

Weitere Einflussgrößen zur Bestimmung des Bestellzeitpunktes:

- --> Haltbarkeit der Ware
- --> bisheriger Absatz
- --> Lieferzeiten
- --> Liquiditätssituation
- --> saisonale Bedingungen
- --> Preisentwicklungen
- --> Lagermöglichkeiten

2.5 ABC-Analyse

Die ABC-Analyse ist ein Verfahren zur Schwerpunktbildung (in Einkauf und Lager) durch Dreiteilung der zu beschaffenden und zu lagernden Güter hinsichtlich ihres Verbrauchswertes (Menge · Preis) in A-, B- und C-Teile:

Wichtiges Klassifizierungskriterium ist das **Mengen-Wert-Verhältnis der Materialien:**

Modell:

A-Teile = ca. **70 % des Einkaufsvolumens**, aber nur ca. 10 % des mengenmäßigen Produktanteils

B-Teile = ca. **20 % des Einkaufsvolumens** und ca. 20 % des mengenmäßigen Produktanteils

C-Teile = ca. **10 % des Einkaufsvolumens**, aber ca. 70 % des mengenmäßigen Produktanteils

Lösungsschritte zur Erstellung der ABC-Analyse:

1. rechnerisches Schema erstellen
2. Materialarten listen
3. Jahresverbrauchsmengen feststellen
4. Einzelpreise ermitteln
5. Verbrauchswerte ermitteln (Jahresverbrauchsmenge · Einkaufspreis = Jahresverbrauchswert)
6. Summe der Verbrauchswerte ermitteln = Einkaufsvolumen
7. Rangfolge der Verbrauchswerte erstellen
8. jeden Verbrauchswert prozentual ins Verhältnis setzen zum Einkaufsvolumen (= 100 %)
9. Addition der ermittelten Prozentsätze: ca. 70 % = A-Teile, 20 % = B-Teile, 10 % = C-Teile
10. evtl. Mengenprozentsätze ermitteln: jede Jahresverbrauchsmenge ins Verhältnis setzen zur Gesamtjahresverbrauchsmenge aller Teile

ABC-Analyse rechnerisch

Materialart	Jahresverbrauchs-mengen	Einkaufspreis (in €) pro Mengeneinheit	Einkaufsvolumen[1] (in €)
M1	5 000	4,00	20 000,00
M2	1 000	200,00	200 000,00
M3	500	30,00	15 000,00
M4	2 000	12,00	24 000,00
M5	4 000	3,00	12 000,00
M6	1 000	100,00	100 000,00
M7	300	150,00	45 000,00
M8	8 000	1,00	8 000,00
M9	1 500	4,00	6 000,00
	ges. 23 300		ges. 430 000,00

[1] *Einkaufsvolumen = Addition der Verbrauchswerte (Jahresmengen · Einkaufspreis je Mengeneinheit)*

Ordnung der Materialien nach ihrem Anteil am Einkaufsvolumen (in €)		Wertanteil: Prozentualer Anteil am Einkaufsvolumen[1]			Mengenanteil: Prozentualer Anteil an der Jahresverbrauchsmenge		
M2	200 000,00	46,51	A		4,29		
M6	100 000,00	23,26	A	69,77 %	4,29	A	8,58 %
M7	45 000,00	10,47	B		1,29		
M4	24 000,00	5,58	B		8,58		
M1	20 000,00	4,65	B	20,70 %	21,46	B	31,33 %
M3	15 000,00	3,49	C		2,15		
M5	12 000,00	2,79	C		17,17		
M8	8 000,00	1,86	C		34,33		
M9	6 000,00	1,40	C	9,54 %	6,44	C	60,09 %
				100,00 %			100,00 %

ABC-Analyse grafisch

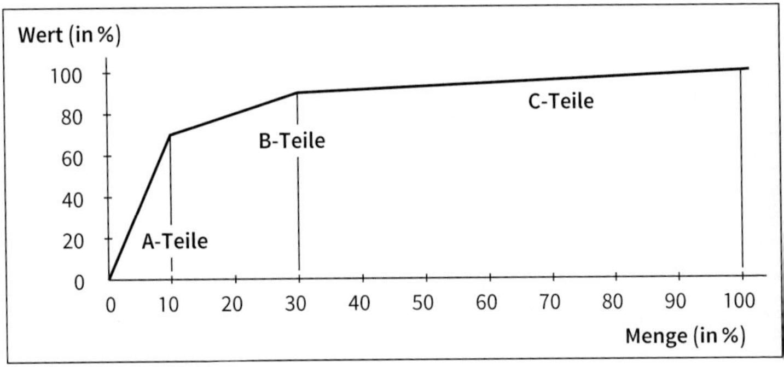

A-Teile 70 %/10 %
B-Teile 90 %/30 % (mit A-Teilen addiert)
C-Teile 100 %/100 % (mit A- und B-Teilen addiert)

Ziele und Auswirkungen der ABC-Analyse: zielgerichtete, effektive Konzentration der Einkaufs- und Lageraktivitäten auf die Materialien, die im Sinne der Kostensenkung besonders zu beachten sind

[1] *Einkaufsvolumen = Addition der Verbrauchswerte (Jahresmengen · Einkaufspreis je Mengeneinheit)*

A- und B-Teile = 90 % des Einkaufsvolumens

Folgen:
- sorgfältiger Angebotsvergleich
- langfristige Lieferverträge (günstige Festpreise)
- optimale (niedrige) Bestellmengen
- minimale Risikobestände (eiserne Bestände)
- genaue Kontrolle der Materialentnahmen
- Kauf auf Abruf
- Substitution (Materialersatz)

C-Teile = 10 % des Einkaufsvolumens

Folgen:
- höhere Bestellmengen/Lagermengen, um Produktionsstockungen zu verhindern
- i. d. R. keine Angebotsvergleiche
- keine kostenintensiven Kontrollen von Materialentnahmen und Lagerbeständen
- evtl. Lagerselbstbedienung

2.6 Bezugsquellenermittlung

Die Frage „Wo soll bestellt werden?" bildet einen wichtigen Bestandteil der Beschaffungsplanung. Man unterscheidet:

Interne Informationsmöglichkeiten für Bezugsquellen	Externe Informationsmöglichkeiten für Bezugsquellen
--> Lieferantendatei des Warenwirtschaftssystems --> Artikeldatei des Warenwirtschaftssystems --> Berichtswesen im Rahmen des betrieblichen Controllings	--> Internet --> Fachzeitschriften, Kataloge, Prospekte --> Ausstellungen und Messen --> Institutionen wie die IHK, Wirtschaftsverbände, Großhändler, Kreditinstitute --> „Gelbe Seiten" --> „Wer liefert was?" --> „ABC der Deutschen Wirtschaft"

2.7 Anfrage

Wirtschaftliche und rechtliche Bedeutung

▶ Eine Anfrage dient der Anbahnung von Geschäften und ist **rechtlich unverbindlich**.

Formen der Anfrage

Allgemeine Anfragen	Spezielle Anfragen
Anfragen nach allgemeinen Informationsmaterialien wie Katalogen, Mustern, Preislisten	Bitte um genaue Informationen über konkrete Artikel, Liefertermine, Liefer- und Zahlungsbedingungen etc.

2.8 Angebot und Angebotsvergleich

Wirtschaftliche und rechtliche Bedeutung

▶ Angebote richten sich an eine bestimmte Person oder Gruppe von Personen (z. B. Schulklasse) bzw. konkrete Unternehmen. Sie sind **rechtlich bindend**.

Angebote richten sich an eine bestimmte natürliche oder juristische Person oder an eine Gruppe von Personen (z. B. Schulklassen). Sie sind rechtlich bindend. Durch sogenannte Freizeichnungsklauseln im Angebot (z. B. „unverbindliches Angebot", „freibleibend", „nur solange der Vorrat reicht") kann die rechtliche Verbindlichkeit des Angebots wieder aufgehoben werden.

Inhalte eines Angebots
- Art und Qualität der angebotenen Produkte
- Menge
- Preis/Preisnachlässe
- Lieferzeit
- Verpackungskosten
- Beförderungsbedingungen
- Zahlungsbedingungen
- Erfüllungsort
- Gerichtsstand

Kriterien des Angebotsvergleiches

Angebotsvergleiche dienen der Auswahl geeigneter Lieferanten. Wichtige Beurteilungskriterien sind:

Bezugs-/Einstandspreis; dieser wird mit dem folgenden Schema berechnet: **Listeneinkaufspreis** – Liefererrabatt = **Zieleinkaufspreis** – Liefererskonto = **Bareinkaufspreis** + Bezugskosten (Verpackungskosten, Transportkosten, Transportversicherung, Zölle u. Ä.) = **Bezugspreis**	**qualitative Kriterien wie:** Qualität der angebotenen Ware → Mindestabnahmemengen → mögliche Liefermengen → Liefertermin und Lieferzeit → Zuverlässigkeit des Lieferanten → Kundendienst und Serviceleistungen → Verhalten bei Reklamationen → Flexibilität (z. B. bei Änderungen der Bestellmenge)

2.9 Bestellung

Eine Bestellung ist wie ein Angebot **rechtlich bindend**. Im Hinblick auf das Zustandekommen von Kaufverträgen unterscheidet man folgende Möglichkeiten:

1. Entspricht eine Bestellung dem vorausgegangenen Angebot, kommt ein Kaufvertrag zustande.
2. Weicht die Bestellung von einem vorausgegangenen Angebot ab, gilt die Bestellung als neuer Antrag, der erst vom Lieferanten angenommen werden muss.
3. Eine verspätete Bestellung oder eine Bestellung ohne vorausgehendes Angebot stellt einen Antrag zum Abschluss eines Kaufvertrages dar.

2.10 Terminüberwachung

Einzelhandelsbetriebe müssen ständig überprüfen, ob die vereinbarten Liefertermine von den Lieferanten eingehalten werden, um

→ ihre Verkaufsbereitschaft zu sichern,
→ die Rechte aus dem Lieferungsverzug zu wahren.

Eine wichtige Hilfe zur Überwachung der Liefertermine ist das Warenwirtschaftssystem.

2.11 Zentraler und dezentraler Einkauf

Zentraler Einkauf

Beschaffung für ein Unternehmen durch eine zentrale Einkaufsabteilung

Vorteile

- Preisvorteil durch Großeinkauf
- besserer Überblick über den Gesamtbedarf
- verstärkte Einkäuferposition
- weniger, dafür qualifiziertere Einkäufer (Facheinkäufer)
  - Personalkostenersparnis
  - bessere Markttransparenz

Nachteile

- Überlastung der Zentralstelle
- umständliche Informations- und Entscheidungswege, insbesondere bei dringendem Bedarf

Dezentraler Einkauf

Beschaffung innerhalb eines Unternehmens durch selbstständige Einkaufsabteilungen der Zweigstellen

Vorteile dezentraler Einkauf

siehe Nachteile zentraler Einkauf

Nachteile dezentraler Einkauf

siehe Vorteile zentraler Einkauf

3 Absatz[1]

3.1 Grundbegriffe

Bevor ein Marketingkonzept entwickelt werden kann, sollten zunächst Informationen über den Markt und die Kunden erhoben werden. Geschieht dies systematisch, spricht man von Marktforschung.

Unter Marketing versteht man die Summe aller absatzfördernden Maßnahmen. Es handelt sich dabei um einen Mix von verschiedenen Maßnahmen. Deshalb wird auch vom Marketing-Mix gesprochen. Der Marketing-Mix besteht aus den Elementen Produkt- und Sortimentspolitik, Preis- und Konditionenpolitik, Kommunikationspolitik und Distributionspolitik.

[1] *siehe dazu auch Kapitel D Onlinemarketing*

Ein wichtiges Ziel eines erfolgreichen Marketings ist z. B. die Erhöhung des eigenen Marktanteils.

Marktvolumen und Marktanteil

- Marktvolumen (s. u., gesamter Kreis): Gesamtumsatz des Lebensmitteleinzelhandels (z. B. ca. 183,6 Mrd. im Jahr 2022)
- Marktanteil (s. u. Kreissegment): z. B. Umsatzanteil der EDEKA-Gruppe (25,3 % vom Marktvolumen im Jahr 2022)

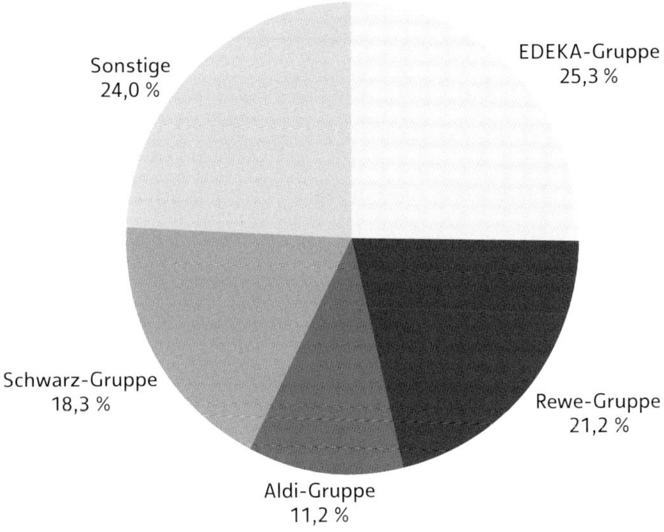

Basierend auf: *https://lebensmittelpraxis.de/top-30-unternehmen-im-leh.html, zuletzt abgerufen am 15.06.2023*

Entwicklungstrends im Einzelhandel

Die jüngere Generation bestellt häufiger als die Altersgruppe 39+ Lebensmittel online. Jüngere Käufer/-innen nutzen das Smartphone, um sich in der Filiale Einkaufslisten anzeigen zu lassen oder mobil zu bezahlen. Dafür suchen sie aktiv nach kostenlosem WLAN im Supermarkt. Das Internet ist mittlerweile insbesondere bei den unter 40-jährigen die wichtigste Informationsquelle bei Kaufentscheidungen.

3.2 Marktforschung

Markterkundung
unsystematische Erfassung und Analyse von Marktdaten

z. B. Gespräche mit Kundschaft und Vertretern/Vertreterinnen,
Sichtung von Internetseiten,
Prospektmaterial und Fachartikeln

Marktforschung
systematische Gewinnung und Auswertung von Informationen

Unterscheidung nach dem Beobachtungszeitraum

Marktanalyse	Marktbeobachtung
Ermittlung der Marktverhältnisse zu einem bestimmten Zeitpunkt	Ermittlung der Marktverhältnisse über einen längeren Zeitraum hinweg

Unterscheidung nach dem Beobachtungszeitraum

Primärforschung	Sekundärforschung
Ersterhebung der gewünschten Informationen	Auswertung bereits vorhandener Informationsquellen
z. B. durch Fragebögen, Interviews, Experimente	z. B. Auswertung von unternehmensinternen und externen Statistiken und Marktforschungsergebnissen

Marktprognose
Abschätzung der Entwicklung der Marktverhältnisse

3.3 Marketing-Mix[1]

3.3.1 Produkt- und Sortimentspolitik

Produktpolitik

- **Produktgestaltung:** Die Produkte sollen den Verbraucherwünschen bestmöglich entsprechen, z. B. hinsichtlich Farbe, Form, Qualität, Material, Komfort, Verpackung, Produktname, Service, Kundendienst, Garantieleistungen u. Ä.
- **Produktinnovation:** Konzeption eines völlig neuartigen Produkts (Produktentwicklung) oder neuer Produkteigenschaften für ein bereits existierendes Produkt (Produktverbesserung)
- **Produktvariation:** Anbieten von verschiedenen Produktvarianten z. B. hinsichtlich Qualität, Ausstattung, Material, Design, um möglichst individuell auf die Kundschaft eingehen zu können
- **Produktelimination:** Aus Kosten- und/oder Absatzgründen wird ein Produkt nicht mehr angeboten.

Sortimentspolitik

Sortimentspolitik bezeichnet die Gestaltung des Warenangebots im Hinblick auf die Sortimentsbreite und die Sortimentstiefe (siehe Kapitel E 1).

Produktlebenszyklus

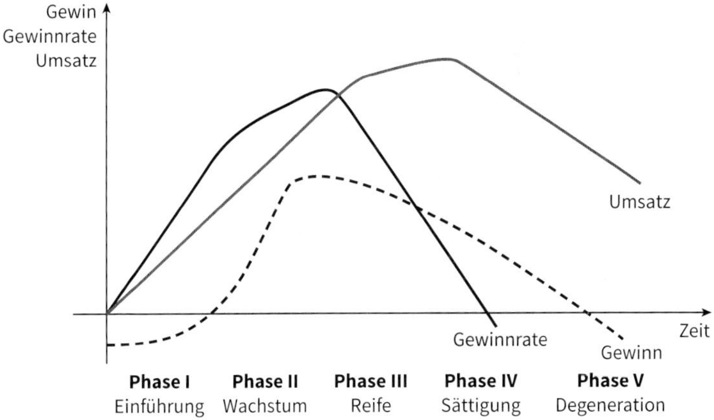

[1] *siehe dazu auch Kapitel D Onlinemarketing*

Portfoliomatrix

Der Versuch eines Unternehmens, mindestens ein Produkt in jeder Phase des Produktlebenszyklus zu führen, führt zum Konzept der Portfolio-Technik. Sie unterscheidet nach den Kriterien des Marktwachstums und des Marktanteils zwischen relativ neuen Produkten („Question Marks"), „Stars", Problemfällen („poor dogs") und „Cash-Kühen" („Cash Cows"). Ziel der Sortimentspolitik ist eine ausgewogene Mischung.

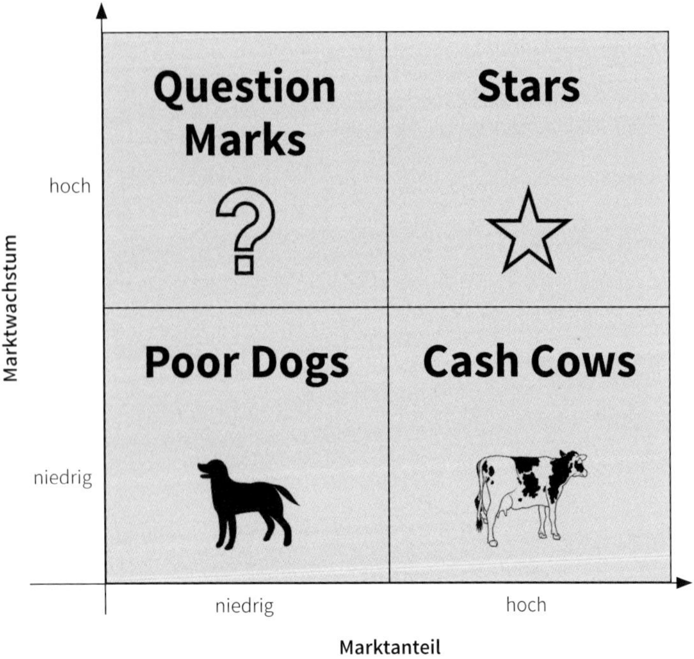

Grundlegende Strategien		
	Beibehaltung der alten Produkte	**Entwicklung/Aufnahme neuer Produkte**
Weiterbearbeitung der bisherigen Märkte	**Marktdurchdringung** --> neue Kunden gewinnen --> Marktanteil erhöhen --> Konkurrenten abwehren --> Markenimage entwickeln	**Produktentwicklung:** Innovationen entwickeln --> Ersatzprodukte --> Systemlösungen (aufeinander abgestimmte Produkte, z. B. Bausätze, Kollektionen)
Erschließung neuer Märkte	**Marktentwicklung:** neue Zielgruppen finden, dabei ggf. die vorhandenen Produkte variieren	**Diversifikation:** völlig neue, andersartige Leistungsbereiche erschließen

3.3.2 Preis- und Konditionenpolitik

- **Preissetzung:** Die Festlegung des Absatzpreises erfolgt kostenorientiert (Welche Kosten habe ich? Welchen Gewinnzuschlag setze ich an? ⇒ Rechnungswesen, Handelskalkulation), konkurrenzorientiert (Welche Preise verlangt die Konkurrenz?) und nachfrageorientiert (Welchen Preis ist die Kundschaft bereit zu zahlen?).
- **Preisdifferenzierung:** Sie kann räumlich (z. B. unterschiedliche Preise in unterschiedlichen Ländern), zeitlich (z. B. Winterschlussverkauf), personenorientiert (z. B. günstigere Preise für besonders gute Kundinnen und Kunden) oder mengenorientiert (z. B. 500-Gramm-Packung günstiger als fünf 100-Gramm-Packungen) erfolgen.
- **Konditionen:** Regelungen im Hinblick auf Preisnachlässe (Rabatt, Skonto, Bonus), Lieferbedingungen (z. B. Lieferung frei Haus) und sonstige Zahlungsbedingungen (z. B. Zahlungsziel)

3.3.3 Kommunikationspolitik

Werbung verfolgt das Ziel, die Kaufentscheidung der Kunden für ein Produkt herbeizuführen.

Grundsätze der Werbung

- **Wirksamkeit:** Mit Werbung soll eine Wirkung bei den Kundinnen und Kunden erzielt werden.
- **Wirtschaftlichkeit:** Das Kosten-Nutzen-Verhältnis der Werbung soll stimmen (siehe Werbeerfolgskontrolle).
- **Klarheit:** Den Kundinnen und Kunden soll eine klare Werbebotschaft vermittelt werden.
- **Wahrheit:** Die Werbung soll in ihrer Sachaussage der Wahrheit entsprechen.

AIDA-Formel der Werbewirksamkeit

A	=	Attention	⇒	Aufmerksamkeit wecken
I	=	Interest	⇒	für Produkt interessieren
D	=	Desire	⇒	Besitzwünsche der Kundinnen und Kunden wecken
A	=	Action	⇒	zur Kaufhandlung aktivieren

Werbeplanung

- **Werbeziel:** Was will man mit der Werbeaktion erreichen?
- **Werbeetat:** Wie viel Geld steht für die Werbung zur Verfügung?
- **Zielgruppe:** Welcher Kundenkreis soll angesprochen werden?
- **Werbeobjekt:** Für welches Produkt soll geworben werden?
- **Werbemittel:** Mit welchen Mitteln (verkörperte Werbebotschaften wie Anzeigen, Fernsehspots, Flugblätter, Prospekte, Plakate, Warenproben usw.) soll geworben werden?
- **Werbeträger:** Über welche Medien (z. B. Zeitungen, Zeitschriften, Fernseher, Hörfunk, Litfaßsäulen, Messen etc.) soll die Werbung übermittelt werden?
- **Streugebiet:** In welchem Gebiet soll geworben werden?
- **Streuzeit:** Zu welchen Terminen und wie lange soll geworben werden?
- **Werbeerfolgskontrolle:** Wie viel zusätzlicher Umsatz steht welchen Kosten gegenüber? Wichtig hierbei: Auch der außerökonomische und nicht messbare Werbeerfolg wie etwa Imagegewinn u. Ä. ist zu berücksichtigen.

Werbearten

- **Herstellerwerbung:** Ein Hersteller wirbt für sein Produkt.
- **Einzelhandelswerbung:** Ein Einzelhandelsunternehmen betreibt Werbung für Produkte seines Sortiments.
- **Produktwerbung:** Werbung für ein Produkt
- **Sortimentswerbung:** Werbung für ein ganzes Sortiment oder eine Warengruppe
- **Einführungswerbung:** Werbung bei Neueinführung eines Produkts
- **Expansionswerbung:** Werbung mit dem Ziel, Umsatz für das Produkt zu steigern
- **Erhaltungs- bzw. Erinnerungswerbung:** Werbung mit dem Ziel, die bisherigen Umsätze beizubehalten

- **Einzelwerbung:** Ein Anbieter wirbt für seine Produkte.
- **Sammelwerbung:** Mehrere Anbieter, deren Firmennamen einzeln aufgeführt werden, werben gemeinsam für ihre Produkte.
- **Gemeinschaftswerbung:** Mehrere Anbieter, deren Firmennamen nicht aufgeführt werden, werben für ihre Produkte bzw. ihre Branche.

Public Relations

Public Relations (PR) verfolgt das Ziel, das Image des Unternehmens in der Öffentlichkeit zu verbessern bzw. den guten Ruf und das Ansehen zu erhalten. Hier steht das Unternehmen als Ganzes im Vordergrund und nicht die Absatzsteigerung einzelner Produkte. Maßnahmen im Rahmen der PR eines Unternehmens sind beispielsweise Tage der offenen Tür, Spenden, Sponsoring von Kunst, Kultur und Sportveranstaltungen u. Ä. Wichtig ist dabei, dass die Ereignisse über die Medien verbreitet werden (Motto: „Tue Gutes – und sorge dafür, dass andere darüber reden!“).

Sales Promotion (Verkaufsförderung)

Unter Sales Promotion (Verkaufsförderung) versteht man gezielte Maßnahmen des Herstellers, die unmittelbar an der Käuferin/am Käufer bzw. Verkäufer/-in direkt am Verkaufsort ansetzen, um den Absatz seiner Produkte zu unterstützen.

Maßnahmen der Verkaufsförderung sind z. B. Preisausschreiben, Gutscheinaktionen, Geschmacksproben, günstige Warenplatzierung, Einsatz von Verkaufspropagandisten, Verkäuferschulungen u. Ä.

3.3.4 Distributionspolitik

Unter den Begriff Distributionspolitik (lat. distribuere = verteilen) fallen alle Aspekte der Frage, wie das Produkt physisch, also körperlich, vom Hersteller bzw. Händler zu den Kunden gelangt. Damit sind vor allem die organisatorische Ausgestaltung des Absatzsystems und die Auswahl der geeigneten Absatzwege gemeint.

- **direkter Absatz:** Hersteller übernimmt sämtliche Verteilungsfunktionen bis zu den Endverbrauchern
- **indirekter Absatz:** Hersteller verkauft seine Produkte über Absatzmittler wie den Großhandel und den Einzelhandel
- **E-Commerce:** elektronischer Handel, also Anbieten der Ware über Onlineshops bzw. im Internet (siehe dazu insbesondere die Kapitel C und Kapitel D)
- **E-Business:** elektronische Abwicklung von Geschäftsprozessen wie Beschaffung und Absatz; E-Business kann also auch E-Commerce beinhalten, E-Commerce ist jedoch nur ein Teilbereich des E-Business

3.4 Rechtliche Vorgaben

3.4.1 Preisangabenverordnung (PAngV)

Die **Preisangabenverordnung** (PAngV) verpflichtet Unternehmen, die Ware oder Dienstleistungen an Endverbraucher anbieten, zur Preisauszeichnung. Dadurch soll für die Kunden die Möglichkeit eines klaren Preisvergleichs geschaffen werden.

Preisauszeichnungspflicht besteht für Waren im Verkaufsraum und Waren, die von Kunden unmittelbar entnommen werden können. Ware in Schaufenstern und Schaukästen muss nach einem Urteil des BGH vom 10.11.2016 nicht mehr mit einem Preis ausgezeichnet werden.

Preisangaben

Gesetzlich vorgeschriebene Angaben	Freiwillige Angaben
--> Bruttoverkaufspreis einschließlich Umsatzsteuer --> Mengeneinheit --> Grundpreis je Mengeneinheit --> Endpreis für die gesamte Verpackungseinheit --> handelsübliche Gütebezeichnung	--> Eingangsdatum – zur Kontrolle der Lagerdauer --> Lieferantennummer – für leichtere Nachbestellungen und Mängelrügen --> Artikelnummer – zur Hilfe bei der Inventur --> verschlüsselter Einkaufspreis – zeigt Spielräume bei Preisverhandlungen an

Verstöße gegen die Preisangabenverordnung werden vom Gewerbeaufsichtsamt überwacht und können mit Bußgeldern geahndet werden.

3.4.2 Gesetz gegen unlauteren Wettbewerb (UWG)

Das Gesetz dient dem Schutz von Verbrauchern und Mitbewerbern sowie sonstigen Marktteilnehmern, indem es nachteilige Wettbewerbshandlungen verbietet. Verstöße gegen das UWG sind strafbar, z. B. in Form von Geld- und Freiheitsstrafen.

Beispiele für verbotene Wettbewerbshandlungen

Unlauterer Wettbewerb	→ **psychologischer Kaufzwang:** Ausnutzung von Zwangslagen oder geschäftlicher Unerfahrenheit der Kundinnen und Kunden, Drohungen → **üble Nachrede:** Verbreitung von geschäftsschädigenden Behauptungen über Konkurrenten → **Schleichwerbung:** Kundinnen und Kunden können nicht erkennen, dass es sich um eine Werbebotschaft handelt → **Anlocken von Kundschaft:** Kundinnen und Kunden werden durch geschmacklose, aufdringliche oder lästige Werbung in das Geschäft gelockt
Irreführende Werbung	→ **irreführende Preise:** wie überhöhte Ausgangspreise (Mondpreise), die den Verbrauchern hohe Preisnachlässe vortäuschen → **Lockvogelwerbung:** Sonderangebote sind nicht in ausreichenden Mengen vorhanden und dienen nur dazu, die Kunden in das Geschäft zu locken → **Mogelpackungen:** Verpackungen mit übertriebenen Abmessungen
Vergleichende Werbung	Ein Vergleich der eigenen Produkte mit denen von Mitbewerbern in der Werbung ist erlaubt, wenn objektive und nachprüfbare Eigenschaften herangezogen werden und der Konkurrent nicht herabgesetzt oder verunglimpft wird.
Unzumutbare Belästigung	durch Werbung per Telefon, Fax oder E-Mail, wenn die Empfängerinnen und Empfänger zuvor nicht zugestimmt haben

3.5 Kooperationsmöglichkeiten

3.5.1 Rackjobber

Rackjobbing ist eine Form der Zusammenarbeit zwischen Einzelhändler und Großhändler, um den Warenabsatz zu sichern und zu steigern.

Der Regalgroßhändler (Rackjobber) mietet einen Teil der Verkaufsregale des Einzelhändlers an und übernimmt die Betreuung der Regale (Preisauszeichnung, Auffüllen). Nicht verkaufte Ware wird vom Rackjobber zurückgenommen und der Einzelhändler erhält vom Regalgroßhändler eine Umsatzprovision.
Beispiele: *Tchibo, Wenco*

3.5.2 Franchising

Franchising ist eine Form der Zusammenarbeit von Unternehmen verschiedener Wirtschaftsstufen (**vertikale Kooperation**).

Der Franchisegeber (Hersteller, Händler) räumt den Franchisenehmern das Recht ein, Waren oder Dienstleistungen und Verwendung seines Markennamens und Beschaffungs-, Vertriebs- bzw. Organisationskonzeptes anzubieten.

Beispiele: *McDonald's, OBI, Nordsee, Benetton*

Vorteile für den Franchisenehmer	Nachteile für den Franchisenehmer
→ weitgehende Selbstständigkeit im Rahmen der vertraglichen Vereinbarungen → Nutzung des Marketing-Konzeptes des Franchisegebers → Absatzförderung durch einheitliche Werbung, Verkaufsraumgestaltung, Sortiment → Dienstleistungen des Franchisegebers wie Schulungen, zentrales Rechnungswesen, Werbung	→ Übernahme der Vertriebskosten und des Absatzrisikos → langfristige Bindung an das Konzept des Franchisegebers → hohe Kosten beim Eintritt und laufende Franchisingentgelte → keine selbstständigen sortimentspolitischen Entscheidungen

3.5.3 Verkauf von Kommissionsware

- → Kaufen Einzelhändler Ware auf Kommission, werden sie nur Besitzer der Ware, nicht Eigentümer.
- → Sie verkaufen die Produkte im Auftrag der Lieferanten und können nicht verkaufte Ware wieder zurückgeben.
- → Der Verkauf der Kommissionsware erfolgt im Namen des Einzelhandelsunternehmens (**Kommissionärs**), aber auf Rechnung des Lieferanten (**Kommittenten**).
- → Nach dem erfolgten Verkauf der Ware führt das Einzelhandelsunternehmen den erhaltenen Rechnungsbetrag abzüglich einer Provision an den Lieferanten ab.
- → Vorteile für das Einzelhandelsunternehmen sind:
  - eine risikolose Einführung neuer Waren
  - geringere Kapitalbindung im Einkauf
  - Absatzrisiko liegt beim Lieferanten

4 Personalwirtschaft

4.1 Ziele und Aufgaben

Ziele der Personalwirtschaft

⇢ **Oberziel:** optimale Nutzung der Ressource Mitarbeitende (⇒ Optimierung der Arbeitsleistung)
⇢ **Unterziele:**
- Optimierung der Mitarbeitermotivation und Arbeitszufriedenheit
- effizienter Einsatz der Mitarbeitenden durch Optimierung der Leistungsfähigkeit im Verhältnis zu den Personalkosten

Aufgaben der Personalwirtschaft

⇢ Personalbedarfsplanung
⇢ Personalbeschaffung
⇢ Personaleinsatzplanung (Einsatz des Personals nach Qualifikation und Bedarf)
⇢ Personalverwaltung
⇢ Personalführung und -entwicklung
⇢ Arbeitsbewertung und Entlohnung
⇢ Lohn- und Gehaltsabrechnung
⇢ Personalfreisetzung

4.2 Personalbedarfsplanung

Die Personalbedarfsplanung hat die Aufgabe, die Zahl (= quantitative Personalplanung) sowie die Anforderungen und den Einsatzort/-zeitpunkt für jetzige und künftige Mitarbeitende (= qualitative Personalplanung) festzulegen. Dabei ist sie von einer Vielzahl von unternehmensinternen und unternehmensexternen Einflussfaktoren abhängig.

Unternehmensinterne Einflussfaktoren	Unternehmensexterne Einflussfaktoren
⇢ jetziger Personalbestand ⇢ Gewinnerwartungen ⇢ Absatzplanung ⇢ Rationalisierungsmaßnahmen ⇢ Unternehmenspolitik ⇢ Fehlzeiten und Fluktuation	⇢ technischer Fortschritt ⇢ gesamtwirtschaftliche Entwicklungen (Konjunktur, Inflation, Arbeitslosigkeit etc.) ⇢ staatliche Wirtschafts- und Sozialpolitik (z. B. Steuerrecht, Arbeitsrecht) ⇢ Tarifvertragsänderungen ⇢ Nachfrage- und Branchenentwicklung ⇢ Konkurrenzsituation

Arten des Personalbedarfs

- **Ersatzbedarf** für ausscheidende Mitarbeitende (Fluktuation)
- **Zusatzbedarf** für die Verwirklichung von Kapazitätserweiterungen, z. B. durch neue Ladenflächen
- **Nachholbedarf** für Stellen, die bis zum Zeitpunkt der Personalbeschaffung zwar vorgesehen, aber nicht besetzt sind

Beispiel für eine Personalbedarfsrechnung:

Soll-Personalbestand:	**50**
Abgänge aus Altersgründen:	4
Abgänge durch Schwangerschaften bzw. Elternzeit:	3
sonstige Abgänge (z. B. Kündigungen):	1
Personalbestand nach Abgängen:	**42**
Ersatzbedarf:	**8**
– Übernahme von Auszubildenden:	2
+ Zusatzbedarf wegen neuer Filiale:	3
Netto-Personalbedarf (gesamt):	**9**

4.3 Personalbeschaffung

Unter **Personalbeschaffung** versteht man die Aufgabe des Personalmanagements, die von einem Unternehmen benötigten Arbeitskräfte in qualitativer, quantitativer, zeitlicher und räumlicher Hinsicht zu beschaffen.

Hierbei ist zwischen der **unternehmensinternen** und der **unternehmensexternen Personalbeschaffung** zu unterscheiden.

Unternehmensinterne Personalbeschaffung	Unternehmensexterne Personalbeschaffung
Die frei werdende Stelle wird mithilfe einer internen Stellenausschreibung durch eine Arbeitskraft aus dem eigenen Unternehmen besetzt. Vorteile (= Nachteile der externen Personalbeschaffung): → Mitarbeitende sind dem Unternehmen bereits bekannt → höhere Identifikation mit dem Unternehmen → geringerer Einarbeitungsaufwand → Motivation für Kolleginnen und Kollegen durch innerbetriebliche Aufstiegsmöglichkeiten	Die frei werdende Stelle wird mit einem externen Bewerber besetzt. Dazu wird eine Stellenanzeige veröffentlicht (z. B. Stellenbörse im Internet, Arbeitsagentur). Vorteile (= Nachteile der internen Personalbeschaffung): → große Auswahlmöglichkeit → neue Ideen und Impulse für das Unternehmen → keine innerbetrieblichen Konflikte, wenn mehrere interne Interessenten für eine Stelle da sind

Ablauf des Auswahlverfahrens

Personalbedarf

▼

Personalanforderung

▼

interne Stellenausschreibung bzw. Stellenanzeige (bei externer Personalbeschaffung) auf der Basis der Stellenbeschreibung (= internes Papier, das den Aufgabenbereich und die damit verbundenen Anforderungen an die Stelle dokumentiert)

▼

Bewerbungseingang und erste Vorauswahl

▼

Einladung zum Vorstellungsgespräch (ggf. auch zum Einstellungstest, Assessment-Center)

▼

Entscheidung und Einstellung

Personalleasing (Zeitarbeit) als Alternative zur Festanstellung

Personalleasing Unternehmen verleihen bei ihnen beschäftigte Arbeitnehmer/-innen an ein Unternehmen und schließen mit diesem einen Arbeitnehmerüberlassungsvertrag. Zeitarbeitskräfte bleiben Mitarbeitende des Personalleasing-Unternehmens, arbeiten aber für und auf Anweisung des Entleihers.

4.4 Personalverwaltung

Als Personalverwaltung bezeichnet man die Abwicklung aller routinemäßigen Aufgaben des Personalbereichs:

- **Führen der Personalakte:** Über alle Mitarbeiterinnen und Mitarbeiter ist eine Akte zu führen, in der alle Unterlagen, die mit dem Arbeitsverhältnis im Zusammenhang stehen (z. B. Arbeitsvertrag, Vertragsänderungen, Abmahnungen, Beurteilungen, Zeugnisse, Fortbildungen etc.) aufbewahrt werden. Jede beschäftigte Person hat jederzeit das Recht, die eigene Personalakte einzusehen.
- **Personaldatenverwaltung:** Die Personaldaten werden z. B. mittels computerunterstützter Personalinformationssysteme (wobei der Datenschutz stets gesichert sein muss) aufbereitet.
- **Personalstatistik:** Sie dient der Ermittlung von Kennzahlen für den Personalbereich (z. B. Mitarbeiterstruktur geordnet nach Geschlecht, Alter, Gehalts- und Lohnsummen, Fehlzeiten, Fluktuation etc.).
- **Datenschutz:** Nach der europäischen Datenschutzgrundverordnung (DSGVO) hat jede beschäftigte Person das Recht, über eine Speicherung und Weitergabe der eigenen persönlichen Daten benachrichtigt zu werden. Unzulässig gespeicherte Daten müssen gelöscht, falsche Daten korrigiert werden.

4.5 Personalentwicklung

- **Berufsausbildung:** Die **berufliche Erstausbildung** findet in der Regel im Rahmen des dualen Systems statt (Betrieb und Berufsschule).
- **Weiterbildung**
  - **Anpassungsweiterbildung:** Die Mitarbeitenden werden qualifiziert, damit sie trotz veränderter Anforderungen, z. B. neuer Technologien, im Arbeitsprozess bleiben können.
  - **Aufstiegsweiterbildung:** Mitarbeitende, die für höherwertige Tätigkeiten vorgesehen sind, erwerben zusätzliche Fähigkeiten
  - **Umschulung:** Qualifizierungsmaßnahmen, die zu einer anderen beruflichen Tätigkeit befähigen sollen
- **Laufbahnplanung:** Sie ist sinnvoll, wenn höhere Positionen nicht nur durch außerbetriebliche Bewerberinnen und Bewerber, sondern durch Betriebsangehörige besetzt werden sollen. Ein wichtiger Bestandteil ist hierbei das Instrument der Personalbeurteilung.
- **betriebliche Beförderung:** Sie liegt vor, wenn eine Mitarbeiterin oder ein Mitarbeiter in der Unternehmenshierarchie aufgestiegen ist. Die Möglichkeit einer betrieblichen Beförderung ist u. a. wichtig für die Arbeitsmotivation der Beschäftigen. Der Beförderung geht im Allgemeinen eine Laufbahnplanung voraus.
- **Personalentwicklung on the job** erfolgt durch Maßnahmen direkt am Arbeitsplatz. **Personalentwicklung off the job** erfolgt durch Maßnahmen außerhalb des Betriebes (z. B. Seminare).

4.6 Gehaltsabrechnung[1]

Stand: 2023

Beispiel: Arbeitnehmer, 30 Jahre, rk, ledig, keine Kinder

	Bruttogehalt (z. B. lt. Tarifvertrag)	3.000,00
+	**VL Zulage** Zuschuss des Arbeitgebers zu den vermögens- wirksamen Leistungen	20,00
=	**steuer- und sozialversicherungspflichtiges Gehalt**	3.020,00
–	**Lohnsteuer** (hier: Steuerklasse I) wird mithilfe der Lohnsteuertabelle ermittelt und richtet sich nach der Steuerklasse und den Kinderfreibeträgen	345,66
–	**Solidaritätszuschlag** wird bei Steuerklasse I seit 2021 erst ab einem Bruttoeinkommen von 73.000 €/Jahr erhoben	0,00
–	**Kirchensteuer** (hier: Bayern) Bad.-Württ., Bayern jeweils 8 % der Lohn- bzw. Einkommensteuer, restl. Länder 9 %	27,65
–	**Rentenversicherung** Beitragssatz: 18,6 %: Arbeitnehmeranteil: 9,3 % Beitragsbemessungsgrenze: 7.300,00 € (West); 7.100,00 € (Ost)	280,86
–	**Arbeitslosenversicherung** Beitragssatz: 2,6 %: Arbeitnehmeranteil: 1,3 % Beitragsbemessungsgrenze: 7.300,00 € (West); 7.100,00 € (Ost)	39,26
–	**Krankenversicherung** einheitlicher Beitragssatz: 14,6 % des sozialversicherungspflichtigen Gehalts (Allgemeiner Beitragssatz) + Zusatzbeitrag 1,6 % (Durchschnittswert, kann je nach Krankenkasse abweichen) → AN-Teil: 8,1 % Beitragsbemessungsgrenze: 4.987,50 € (West + Ost) Versicherungspflichtgrenze: 5.550,00 € (West + Ost)	244,62
–	**Pflegeversicherung** Beitragssatz: 3,4 %: Arbeitnehmeranteil 1,7 % Kinderlose ab 23 Jahren zahlen Zuschlag von 0,6 % ohne Arbeitgeberanteil	69,46

[1] *siehe dazu auch Kapitel A 3.7 Sozialversicherungen*

Beitragsbemessungsgrenze: 4.987,50 € (West + Ost)
Versicherungspflichtgrenze: 5.550,00 € (West + Ost)

=	**Nettogehalt**	**2.012,49**
–	**vermögenswirksame Leistungen** (Sparbeträge des Arbeitnehmers/der Arbeitnehmerin, die vermögenswirksam angelegt werden und z. B. direkt dem Bausparvertrag gutgeschrieben werden)	**40,00**
=	**Überweisungsbetrag**	**1.972,49**

Lohnsteuerklassen

I	ledige, verwitwete, geschiedene, dauernd getrennt lebende Arbeitnehmer/-innen
II	wie Steuerklasse I, aber mind. ein Kind im Haushalt
III	verheiratet, Ehegatte nicht berufstätig oder in Steuerklasse V, Verwitwete im Kalenderjahr, das dem Todesjahr des Gatten folgt
IV	verheiratet, beide berufstätig
V	verheiratet, beide berufstätig, Ehegatte in Steuerklasse III
VI	für zweite und weitere Lohnsteuerkarte bei mehreren Arbeitsverhältnissen oder wenn die Lohnsteuerkarte dem Arbeitgeber schuldhaft nicht vorgelegt wird

4.7 Personalfreisetzung[1]

Mitarbeitenden sind beim Ausscheiden folgende **Unterlagen** auszuhändigen:

- Lohnsteuerkarte
- Urlaubsbescheinigung über den erhaltenen Urlaub
- Nachweis über Bezüge und darauf abgeführte Beiträge zur Sozialversicherung
- Arbeitsbescheinigung zur Vorlage bei der Bundesagentur für Arbeit (auf Verlangen der/des Arbeitnehmenden)
- Arbeitszeugnis (auf Verlangen der/des Arbeitnehmenden ein qualifiziertes Arbeitszeugnis)

Arten des Arbeitszeugnisses

- **einfaches Arbeitszeugnis:** enthält Angaben über Art und Dauer der Beschäftigung
- **qualifiziertes Arbeitszeugnis:** enthält zusätzliche Aussagen über die Leistung der Mitarbeiterin oder des Mitarbeiters (z. B. „… hat die ihr übertragenen Arbeiten stets zu unserer vollsten Zufriedenheit erledigt.“) und des Verhaltens (z. B. „Sein Verhalten gegenüber Mitarbeitern und Vorgesetzten war stets tadellos.“)

[1] *siehe dazu auch Kapitel A 3.4.2 Kündigungsschutzgesetz*

5 Investition und Finanzierung

5.1 Außen-, Innen-, Fremd- und Eigenfinanzierung

Außenfinanzierung	Form der Finanzierung, bei der Kapital von außen in ein Unternehmen fließt (z. B. Aufnahme eines Darlehens, Ausgabe von Aktien)
Innenfinanzierung	Form der Finanzierung, bei der die Kapitalmittel durch den betrieblichen Umsetzungsprozess erschlossen werden (z. B. Einbehalten von erwirtschaftetem Gewinn)
Eigenfinanzierung	Die Finanzierung erfolgt mit Eigenkapital (z. B. Einbehaltung des Gewinns, Ausgabe von Aktien).
Fremdfinanzierung	Die Finanzierung erfolgt mit Fremdkapital (z. B. Darlehen).

Kapitalherkunft	**Außenfinanzierung (Das Kapital wird von außerhalb zugeführt.)**		**Innenfinanzierung (Das Unternehmen stellt selbst finanzielle Mittel bereit.)**	
	Kredite	--> Einlagen/ Beteiligungen --> Ausgabe von Aktien	Selbstfinanzierung: Gewinne werden nicht ausgeschüttet, sondern einbehalten	Abschreibungsfinanzierung: Abschreibungen werden als Kosten in die Preise einkalkuliert. ⇒ Kapitalfreisetzung durch Verkauf der Erzeugnisse
Kapitalzuführung	**Fremdfinanzierung** (durch Fremdkapital)	**Eigenfinanzierung** (durch Eigenkapital)		
		extern	intern	

5.2 Kredite, Effektivzinsberechnung

Kredite (im allgemeinen Sprachgebrauch)

- **Geldkredit:** Bankkredit (Darlehen, Kontokorrentkredit)
- **Sachkredit:** Lieferung von Waren und Einrichtungen
- **Liefererkredit:** Der Lieferant gewährt Zahlungsaufschub und gewährt bei vorzeitiger Zahlung Skonto.
- **Kundenkredit:** absatzfördernde Maßnahme des Einzelhändlers (z. B. „anschreiben lassen", Kundenkarte, Abzahlungs- und Ratenkauf)

Darlehen

- einmalige Auszahlung einer bestimmten Kreditsumme
- in der Regel befristeter Kredit
- Tilgung nach Tilgungsplan laut Kreditvertrag
- relativ niedriger Zinssatz (niedriger als bei Kontokorrentkredit)

Darlehensarten

- **Fälligkeitsdarlehen:** Tilgung Gesamtbetrag auf einmal bei Fälligkeit
- **Kündigungsdarlehen:** Tilgung Gesamtbetrag auf einmal nach Kündigung
- **Abzahlungsdarlehen (Ratendarlehen):** Tilgung in Raten
- **Annuitätendarlehen:** Tilgung in Annuitäten (Annuität = gleichbleibende Summe aus Zins und Tilgung, wobei Zinsanteil kontinuierlich sinkt und der Tilgungsanteil kontinuierlich steigt)

Kontokorrentkredit

- Kredit kann bis zur vereinbarten Höhe beansprucht werden
- in der Regel unbefristeter Kredit
- schwankender Kreditbetrag
- relativ hoher Soll-Zinssatz

Beispiel zur Berechnung der Effektivverzinsung bei Darlehen

Berechnen Sie den Effektivzinssatz für folgendes Kreditangebot über 1.000.000,00 €.

Laufzeit 5 Jahre, Disagio 2 % (Auszahlung somit 98 %), 1,5 % Bearbeitungsgebühr von der Darlehenssumme, jährliche Zinszahlungen, Rückzahlung in einer Summe nach sechs Jahren, 6 % p. a. Zinsen.

$$\text{Zinsen (6 J.): } z = \frac{K \cdot p \cdot t}{100 \cdot 360} = \frac{1.000.000 \cdot 6 \cdot (5 \cdot 360)}{100 \cdot 360} = 300.000{,}00\ €$$

Damnum (Abzug vom Nettowert eines Darlehens) = 2 % von 1.000.000,00 € =	20.000,00 €
Bearbeitungsgebühr = 1,5 % v. 1.000.000,00 € =	15.000,00 €
Kosten insgesamt = z =	335.000,00 €

$$\text{effektiver Zinssatz: } p = \frac{z \cdot 100 \cdot 360}{K \cdot t} = \frac{335.000 \cdot 100 \cdot 360}{(1.000.000 - 35.000) \cdot (5 \cdot 360)}$$

= **<u>6,94 %</u>** eff. Zinssatz

5.3 Kreditsicherung

Neben dem Kreditnehmer als Hauptschuldner können weitere Personen oder Sachen als Sicherheit dienen.

Personalsicherheiten (Absicherung durch andere Personen)

- Bürgschaft: Ein Dritter haftet durch die Abgabe eines Bürgschaftsversprechens für die Verbindlichkeiten eines Kreditnehmers.
- Garantie: Zusätzlich zur Person des Kreditnehmers übernimmt eine andere Person (Garant) unabhängig vom Bestehen einer Zahlungsverpflichtung die Gewährleistung für einen zukünftigen Erfolg.
- Schuldübernahme: Eine weitere Person neben dem Kreditnehmer tritt als Gesamtschuldner auf. Die Haftungsverpflichtung ist stärker als bei einer Bürgschaft, da der Kreditgeber im Außenverhältnis sich den Schuldner aussuchen kann.

Realsicherheiten (Absicherung in Form von Sachen)

- Eigentumsvorbehalt: Die Vertragsklausel „Die Ware bleibt bis zur vollständigen Bezahlung unser Eigentum“ soll die Verkäufer schützen. Der Käufer wird Besitzer, der Verkäufer bleibt Eigentümer, bis die Ware vollständig bezahlt ist.
- Grundpfandrecht: Durch Einigung und Eintragung einer Grundschuld in das Grundbuch wird zugunsten des Gläubigers ein Pfandrecht an einer unbeweglichen Sache bestellt. Dies gibt dem Gläubiger das Recht, auf Zwangsvollstreckung des verpfändeten Grundstücks zu klagen, wenn der Kredit nicht fristgerecht zurückgezahlt wird.
- Faustpfand (Lombardkredit): Verfügt der Kreditnehmer über hochwertige und wertbeständige bewegliche Sachen (z. B. Schmuck, Edelmetalle) oder Wertpapie-

re, so können diese als Kreditsicherung dienen. Der Kreditnehmer bleibt zunächst Eigentümer, der Besitz geht an den Kreditgeber über. Der Kreditgeber kann bei Fälligkeit der Schuld (= Pfandreife) das Pfand nach Androhung und Fristsetzung öffentlich versteigern lassen (bei Markt- oder Börsenpreis auch verkaufen).

- Sicherungsübereignung: Zur Absicherung eines Kredites wird vereinbart, dass Sachen aus dem Vermögen des Kreditnehmers in das Eigentum des Kreditgebers übergehen. Der Kreditnehmer bleibt weiterhin Besitzer der Sache.
- Forderungsabtretung (Zession): Der Kreditnehmer überträgt Forderungen an Dritte vertraglich an den Kreditgeber, um damit seinen erhaltenen Kredit zu sichern (z. B. Lohn- und Gehaltsabtretung).

5.4 Leasing

- **Sonderform der Fremdfinanzierung**
- **kein Geld-, sondern ein Sachkredit** (vergleichbar mit dem Mieten bzw. Pachten)
- **Ablauf:** Die Vermieterin/der Vermieter (besser: Leasinggeber) übergibt der Leasingnehmer ein Anlagegut (beispielsweise eine Produktionsmaschine, ein Fahrzeug oder einen Computer) und gewährt ihm während der vereinbarten Zeit die Nutzung der geleasten Sache. Im Gegenzug muss die Leasingnehmerin/der Leasingnehmer hierfür ein entsprechendes Entgelt (Leasingrate) zahlen. Die Höhe der Leasingrate hängt in der Regel vom Wert des Leasinggutes und seiner Nutzungsdauer ab. Nach Ablauf der Leasinglaufzeit muss der Leasingnehmer/die Leasingnehmerin das geleaste Gut an den Leasinggeber zurückgeben, den Leasingvertrag verlängern oder das Leasinggut kaufen.

Vergleich Kreditkauf – Leasing

Kreditkauf	Leasing
→ Aufnahme eines Geldkredits → Zahlung von Kreditraten und Zinsen bis zum Ablauf der Kreditlaufzeit → Erlangung des Eigentums am (kreditfinanzierten) Vermögensgegenstand (Abschreibungsmöglichkeiten)	→ Aufnahme eines Sachkredits → Zahlung von Leasingraten (quasi wie Mietzahlung) i. d. R. Rückgabe des Leasinggegenstandes am Ende der Laufzeit → Leasinggeber bleibt während der Laufzeit Eigentümer des Vermögensgegenstandes (Abschreibungsmöglichkeiten entfallen, aber Leasinggebühren können als Aufwand gebucht werden)

5.5 Factoring

Beim Factoring kauft der **Factor**, in der Regel eine **Factoring-Gesellschaft** (Factoring-Bank), Forderungen eines Unternehmens (Klient genannt) auf und bevorschusst sie. Der Factor übernimmt die Eintreibung der Forderungen beim Kunden und übernimmt

- die Finanzierung,
- die Debitorenbuchhaltung,
- das Inkasso,
- das Mahnwesen und
- das Delkredere (Kreditrisiko).

Dafür verrechnet er

- die marktüblichen Zinsen aus der bereitgestellten Finanzierungssumme (falls Zahlung bevorschusst wurde),
- eine Delkrederegebühr und
- eine Factoringgebühr.

5.6 Unternehmenskrise, Zahlungsunfähigkeit (Insolvenz)

Von einer **Unternehmenskrise** wird dann gesprochen, wenn das Unternehmen Zahlungsschwierigkeiten hat, also nicht mehr liquide ist, und der Fortbestand der Unternehmung in Gefahr ist.

Erste **Anzeichen** einer Unternehmenskrise sind drastische **Umsatzrückgänge, rückläufige Gewinne** und **steigende Verschuldung**.

Ursachen der Unternehmenskrise

Innerhalb des Unternehmens	Außerhalb des Unternehmens
→ Organisationsmängel (zu hohe Kosten im Verwaltungsbereich, unausgelastete Beschäftigte) → Umstellung des Produktionsapparates und damit verbundener Kostenaufwand → verfehlte Produktpolitik → Anschluss an technischen Fortschritt verpasst → schlechte Personalpolitik → zu hohe Privatentnahmen	→ schlechte Konjunkturlage, dadurch allgemeiner Auftragsrückgang → Verschärfung der Konkurrenz, dadurch Preisverfall bei fast allen Produkten → Verknappung/Verteuerung von Rohstoffen → Einbußen durch wirtschaftspolitische Maßnahmen (Strukturwandel)

Mögliche Maßnahmen in einer Unternehmenskrise

Sanierung	Liquidation	Insolvenz
→ **stille Sanierung:** Verbesserung der Unternehmenssituation durch organisatorische, technische und personelle Maßnahmen → **offene Sanierung:** Verbesserung der Unternehmenssituation durch Zuführung von Eigenkapital durch die Unternehmenseigner	Auflösung eines Unternehmens durch Teilveräußerung bzw. Veräußerung der Unternehmung als Ganzes aus persönlichen Gründen (z. B. Alter, Krankheit, Ausscheiden eines Gesellschafters, Erbauseinandersetzungen) und/oder sachlichen Gründen (z. B. verschärfter Wettbewerb, Struktur- und Konjunkturkrisen, Nichterreichen der Unternehmensziele)	gerichtliche Lösung bei Zahlungsunfähigkeit oder Überschuldung des Schuldners im Rahmen des Insolvenzverfahrens gemäß Insolvenzordnung

Unternehmensinsolvenz

Eröffnungsantrag:
Amtsgericht prüft Antrag und eröffnet bzw. verweigert das Insolvenzverfahren

→ **Abweisung mangels Masse:**
wenn das Vermögen des Schuldners kleiner ist als die Kosten des Verfahrens

↓

Eröffnungsbeschluss bei:
- → Zahlungsunfähigkeit des Schuldners
- → drohender Zahlungsunfähigkeit
- → Feststellung der Überschuldung

↓

Wirkung der Insolvenzeröffnung:
- → Recht des Schuldners, das zur Insolvenzmasse gehörende Vermögen zu verwalten und darüber zu verfügen, geht auf den Insolvenzverwalter über
- → Gläubiger müssen ihre Forderungen schriftlich anmelden

↓

Abwicklung des Insolvenzverfahrens:
- → Veröffentlichung des Eröffnungsbeschlusses
- → detaillierte Erfassung des Ist-Zustandes des Unternehmens (Vermögensgegenstände, Gläubigerverzeichnis u. a.)
- → Kündigung von Verträgen, Durchführung von Prozessen
- → Verwertung des Unternehmensvermögens durch Verkauf bzw. Versteigerung
- → Schlussverteilung der Insolvenzmasse nach festgelegter Reihenfolge
- → Festlegung einer Insolvenzquote

Das Gesetz zur Vereinfachung der Insolvenzverfahrens vom 13. April 2007 erleichtert die Fortführung des Unternehmens im Eröffnungsverfahren und fördert die selbstständige Tätigkeit des Schuldners.

Insolvenzplanverfahren

- → Das Insolvenzplanverfahren ist als Alternative zum Insolvenzverfahren zu sehen.
- → Es verfolgt in erster Linie das Ziel, den Erhalt des Unternehmens zu ermöglichen.
- → Mittel zur Sanierung eines Unternehmens abweichend von den Vorschriften der Insolvenzordnung
- → Wesentliche Entscheidungen werden durch die Gläubiger getroffen.
- → Die Rechtsstellung von Schuldnern wird gestärkt.
- → Insolvenzverwalter erstellt Insolvenzplan, der beinhaltet, dass
  - die Insolvenzgläubiger auf einen Teil ihrer Forderungen verzichten (Vergleich),
  - die Gläubiger dem Schuldner ihre Forderungen stunden (Stundungsvergleich).

Verbraucherinsolvenz

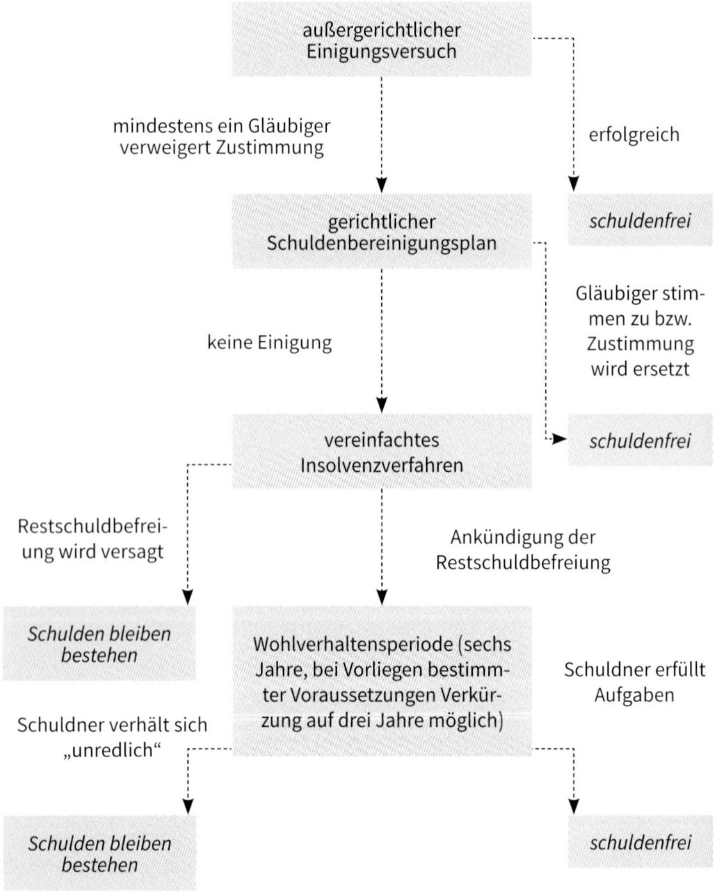

C

KUNDENKOMMUNIKATION IM E-COMMERCE

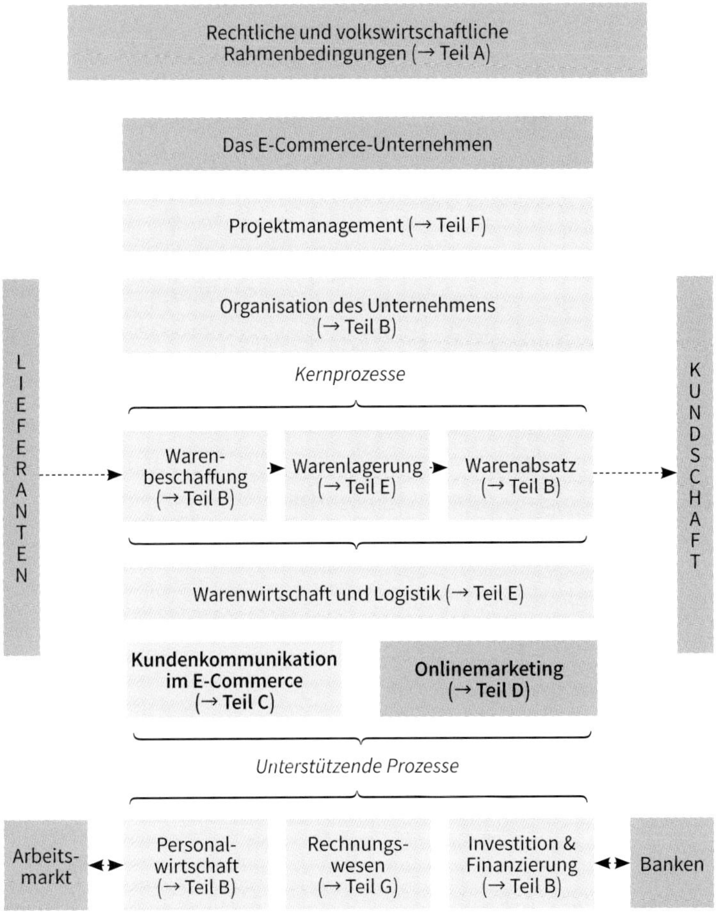

1 Grundlegende Vorüberlegungen

1.1 Bewertung des Onlinehandels aus Kunden- und Händlersicht

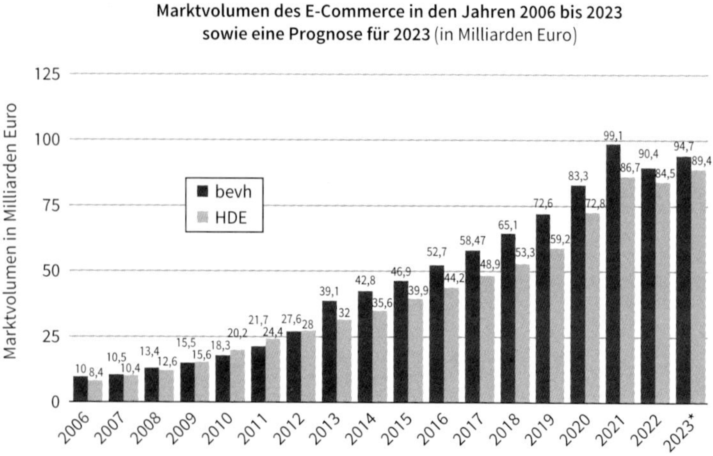

Zahlen erhoben von bevh (Bundesverband E-Commerce und Versandhandel Deutschland e.V.) und HDE (Handelsverband Deutschland)

Vorteile des Onlinehandels aus Kundensicht

- stets aktuelle elektronische Kataloge, eventuell in multimedialer Form
- schneller Einkauf
- kaufen rund um die Uhr
- bequemes Shopping vom heimischen Sofa aus
- große, ständig verfügbare Warenauswahl
- vielfältige Vergleichsmöglichkeiten und hohe Übersichtlichkeit beim Sortiment

- Preistransparenz
- einfache Angebotsvergleiche
- Kosten- und Zeitersparnis
- Rückgaberecht
- kein Stau und keine Parkplatzprobleme
- kein Gedränge und Warten an der Kasse

Vorteile des Onlinehandels aus Unternehmenssicht

- Erschließen zusätzlicher Absatzmöglichkeiten
- schnelle Abwicklung von Kundenbestellungen
- Kundenprofile zur gezielten Gestaltung von Marketingmaßnahmen und für zielgruppenspezifische Ansprache potenzieller Kundinnen und Kunden
- geringere Kosten u. a. für Personal, Lager, Verkaufsräume
- Kostensenkungen durch einen hohen Grad an Automatisierung
- Einsparpotentiale beim Einkauf durch hohe Markttransparenz
  - flexiblere und schnellere Reaktion auf Marktveränderungen
  - vielfältige Möglichkeiten der Kommunikation mit den Kundinnen und Kunden

Nachteile des Onlinehandels aus Kundensicht

- eingeschränktes Einkaufserlebnis, da Produkte nicht real betrachtet und physisch geprüft werden können
- Gefahr von unüberlegten Impulskäufen
- teilweise unzureichender Schutz vor Irreführung

Nachteile des Onlinehandels aus Unternehmenssicht

- Preis als Entscheidungskriterium für Kauf bekommt durch die leichte Vergleichbarkeit eine zunehmende Bedeutung
- erhöhte Markttransparenz führt zu Verstärkung des Wettbewerbsdrucks

1.2 Arten des E-Commerce

E-Business: Nutzung elektronischer Kommunikationstechniken (v. a. Internet) für sämtliche Geschäftsprozesse eines Unternehmens

E-Commerce: Elektronische Geschäftsabwicklung von Einkauf bzw. Verkauf über das Internet

M-Commerce (Mobile Commerce): Sonderform des E-Commerce, bei der die Geschäftsabwicklung zwischen Anbieter und Nachfragern über mobile Endgeräte (in erster Linie Smartphones) erfolgt

Business-to-Consumer (B2C): Elektronische Handelsbeziehungen von Unternehmen zu Endkunden

Business-to-Business (B2B): Elektronische Handelsbeziehungen zwischen Unternehmen

Weitere Arten des E-Commerce

NACHFRAGER DER LEISTUNG

ANBIETER DER LEISTUNG	Consumer[1]	Business[2]	Administration[3]
Consumer	**Consumer-to-Consumer (C2C)** z. B. Internet Kleinanzeigenmarkt, Onlineauktionen, Online-Tauschbörsen	**Consumer-to-Business (C2B)** z. B. Jobbörsen mit Anzeigen von Arbeitsuchenden	**Consumer-to-Administration (C2A)** z. B. Steuerabwicklung von Privatpersonen mittels Elster, Bürger/-innen bewerten öffentl. Umweltprojekt
Business	**Business-to-Consumer (B2C)** z. B. Onlineshopping einer Privatperson, Onlinebanking für Privatkundschaft, Online-Weiterbildung (Webinare)	**Business-to-Business (B2B)** z. B. Bestellung eines Unternehmens bei Lieferanten (Supply Chain), digitale Projektplanung in einer Cloud, Datenbanksuche (Lieferantendatenbanken)	**Business-to-Administration (B2A)** z. B. Steuerabwicklung von Unternehmen, Abruf von Antragsformularen
Administration	**Administration-to-Consumer (A2C)** z. B. Abwicklung von Unterstützungsleistungen (Sozialhilfe, Arbeitslosenhilfe etc.), Verlängerung des Personalausweises	**Administration-to-Business (A2B)** z. B. öffentl. Ausschreibung von Projektvorhaben, Steuerabwicklung von Unternehmen	**Administration-to-Administration (A2A)** z. B. Transaktionen zwischen öffentlichen Institutionen im In- und Ausland, Austausch von Formularen und Daten

vgl.: http://docplayer.org/6616232-Ebusiness-management-der-digitalen-wertschoepfungskette.html, Folie 4 (Zugriff am 18.03.2021)

[1] *Geschäft, Handel*

[2] *Endverbraucher*

[3] *Verwaltung, Regierung*

2 Webshop-Gestaltung

2.1 Erstellung von Internetseiten

Als **Website** wird sie Gesamtheit aller einzelnen Internetseiten (= Webseiten) eines Internetauftritts bezeichnet.

Webseiten sind Dateien, die auf einem Server im Internet liegen und durch einen Browser (z. B. Microsoft Edge, Google Chrome, Apple Safari, Mozilla Firefox etc.) abrufbar sind.

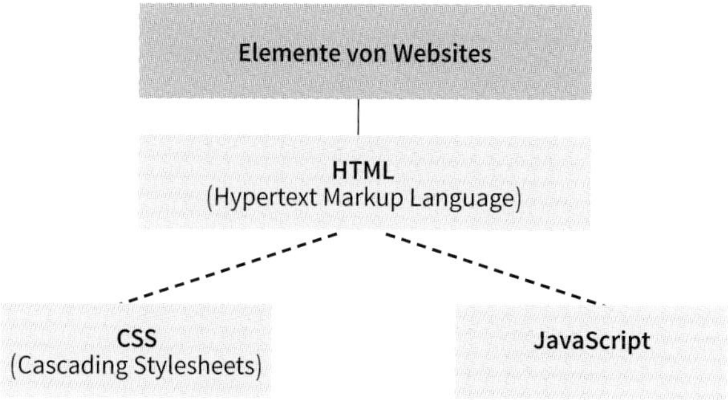

HTML (Hypertext Markup Language)

Internetseiten werden mit der „Auszeichnungssprache“ (engl. markup language) HTML erstellt. Durch sie kann die Ausgabe von Texten und Bildern auf Internetseiten gesteuert werden. HTML-Dokumente bestehen aus dem eigentlichen Text der Internetseite sowie den HTML-Befehlen. HTML-Befehle (engl. HTML-Tags) dienen der Gestaltung der Seite und der Formatierung des Textes. Sie werden durch die Zeichen < und > vom Text getrennt. Die HTML-Befehle werden in Kopfteil („head“) und Körperteil („body“) gegliedert.

Beispiele:

<html>	*zeigt dem Browser den Beginn eines HTML-Dokuments an*
<head>	*Kopfteil („head“)*
..	*- enthält Infos für Browser und Suchmaschine*
<title>Titel</title>	*(z.B. über den Titel der Internetseite)*
</head>	*- nicht auf der Website sichtbar*
<body>	*Körper („Body“): Sichtbarer Teil des Dokuments*
..	*enthält Inhalte und Formatierungsbefehle, z. B.*

<b> … </b>	*Text (…) wird fett dargestellt (engl. b = bold = fett)*
<em> … </em>	*Text wird kursiv (engl. em = emphasis = betont)*
<center> …. </center>	*Text wird zentriert dargestellt*
</body>	*Ende des „Body"*
</html>	*Ende des HTML-Dokuments*

Für ein professionelles Design und eine komfortablere Formatierung haben sich als Ergänzung zu HTML die Technologien CSS und JavaScript etabliert.

CSS (Cascading Stylesheets)

Bis zur Entwicklung von CSS war HTML das einzige Instrument und damit sowohl für die Inhalte als auch für die Struktur und das Design der Internetseiten zuständig. CSS ermöglicht die Trennung von Inhalt (HTML) und Darstellung (Stylesheet). Geschrieben wird CSS ähnlich wie HTML als reiner Text in einer Art Textdatei. Vom Grundprinzip her ist CSS vergleichbar mit einer Formatvorlage bei einem Textverarbeitungsprogramm.

Beispiel:
body [width:600px; background-color: yellow;]
p [size: 18px;]
bewirkt, dass die Breite der Seite (600px), die Hintergrundfarbe: gelb) und die Schriftgröße (18px) entsprechend festgelegt wird.

Durch den Einsatz von CSS können Änderungen des Layouts sehr viel schneller und einfacher umgesetzt werden. Wenn die CSS-Anweisung in eine externe Datei ausgelagert wird, statt sie sie direkt in die HTML-Datei zu schreiben, erhöht dies zudem die Übersichtlichkeit der HTML-Datei.

JavaScript

JavaScript ist eine Programmiersprache, die im Internet-Browser ausgeführt werden kann. Sie kann auf die im Browserfenster angezeigten HTML-Dokumente zugreifen und ermöglicht damit eine Reaktion auf Eingaben eines Nutzers. Im Arbeitsspeicher des Rechners werden Änderungen im momentan aktivierten HTML-Dokument vorgenommen. Die Internetseite wird dadurch interaktiv.

Beispiel:
Mit JavaScript kann überprüft werden, ob der Kunde im Webshop richtige und gültige Eingaben vorgenommen hat.

Programme zur Erstellung von Internetseiten

Eingabeprogramme

Texteditoren
- für allgemeine Textverarbeitung ausgelegt
- Quellcode muss genau eingegeben werden

HTML-Editoren
- speziell auf Eingabe speziell von HTML-Code ausgelegt
- erleichterte Erfassung des Quellcodes

Textbasierte HTML-Editoren
noch relativ nah am HTML-Quelltext

WYSWYG-Editoren
(WYSWYG = What you see is what you get)

↓

Content-Management-System
Spezielle Software zur Erstellung und Verwaltung einer Website

↓

Shopsystem
Content-Management-System speziell für Webshops

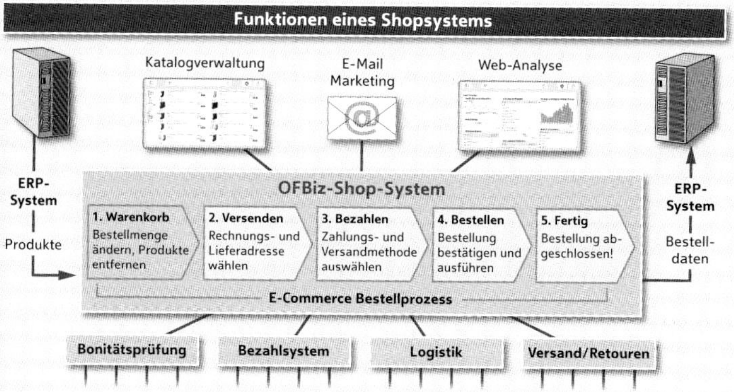

2.2 Planung eines Webshops

Businessplan

Als Grundlage für die Planung eines Webshops empfiehlt sich – wie bei jeder Unternehmensgründung – die Erstellung eines Businessplans. Er dient als „roter Faden“ für die Planung und Umsetzung der Geschäftsidee. Außerdem ist der Businessplan eine wichtige Informationsquelle für potentielle Kreditgeber und Investoren. Auch für die Beantragung von staatlichen Fördermitteln u. Ä. (z. B. KfW-Gründerdarlehen) ist ein Businessplan zwingende Voraussetzung.

Folgende Aspekte des Geschäftskonzepts sollten darin schriftlich und detailliert ausformuliert werden:

- Geschäftsidee
- Gründer/-in
- Firmenstandort
- Rechtsform
- Zielgruppe
- Markt- und Wettbewerbsanalyse
- Kostenstruktur und Investitionsvolumen
- Finanzierung
- Rentabilitätsrechnung (Prognose für die ersten Geschäftsjahre)
- Marketingplanung

Elevator Pitch

Ein Elevator Pitch (auch genannt Elevator Speech oder Elevator Statement) ist eine Methode für eine kurze Zusammenfassung einer Idee. Die Ausgangsüberlegung eines „elevator pitches“ (auf Deutsch in etwa „Aufzugszusammenfassung“) basiert auf dem Szenario, eine wichtige Person in einem Aufzug zu treffen und diese dann während der Dauer der Aufzugsfahrt von einer Idee zu überzeugen. Ziel ist es beispielsweise, einem potentiellen Investor in kurzer Zeit die Originalität und die Erfolgschancen einer Projektidee darzulegen.

Die Präsentation des geplanten Webshops in Kurzform zwingt zur Reduktion auf das Wesentliche und ist insofern eine wichtige Ergänzung zu dem sehr ausführlichen und detaillierten Businessplan.

2.3 Anforderungen an einen erfolgreichen Webshop

Erfolgreiche Webshops (Onlineshops) zeichnen sich durch eine hohe **Usability** (Benutzerfreundlichkeit) aus. Diese Usability wird durch mehrere Faktoren bestimmt.

Erfolgsfaktoren für Webshops

Erfolgsfaktoren	Erläuterung
gute Zugänglichkeit	→ Lesbarkeit mit jeder Art von Internetzugang, mit jedem Endgerät und mit jedem Browser → Lesbare Kontraste, einfache Schriftarten und angemessene Schriftgröße ermöglichen Nutzung auch bei Farbenblindheit oder Sehschwäche
schnelle Ladezeiten	→ Verwendung geeigneter Technik und passender Onlineshop-Software für einen reibungslosen Betrieb → schneller Seitaufbau verhindert „Absprung" der Kundschaft (Untersuchungen haben gezeigt, dass Kundinnen und Kunden eine Wartezeit von etwa 1 Sekunde akzeptieren) → Ausfallzeiten sind zu vermeiden
Schnelle Identifizierung	→ Platzieren eines sichtbaren Logos → gute Sichtbarkeit von Unternehmens- und Kontaktinformationen → Verwendung von Claimes (Claim: Slogan, der mit dem Unternehmensnamen verbunden ist) → Verwendung von Taglines (Tagline: Inhaltliche Zusammenfassung des Inhalts einer Webseite)
Optimale Navigation	→ sinnvolle Navigationsstruktur mit intelligenten und einfach zu bedienenden Suchfunktionen → Anpassung an die Navigationsgewohnheiten der potentiellen Kunden → Menüpunkte der Navigation heben sich optisch klar vom umliegenden Text ab → Hauptmenü der Navigation umfasst maximal 7 Punkte → keine überfrachteten Seiten → Links heben sich optisch klar ab → selbsterklärende Möglichkeiten zur Zwischenspeicherung und zum Widerruf → einfach strukturierte Bezahlseiten → Angebot von Hilfsmöglichkeiten
ansprechendes Design und gute Lesbarkeit	→ angemessene Farbgestaltung → gute Lesbarkeit durch die Verwendung von Absätzen, Überschriften und einer klaren, einfachen Sprache

Erfolgsfaktoren	Erläuterung
aussagekräftige Inhalte	→ an die Bedürfnisse der Besucher/-innen orientierte Warenpräsentation → hochwertiges Bildmaterial und verständliche Produktbeschreibungen → ggf. Angebot eines Glossars für Erklärung von verwendeten Fachbegriffen → Produktbeurteilungen (Rezensionen)
Servicefunktionen	→ Erreichbarkeit über verschiedene Kanäle → kurze Reaktionszeiten (z. B. schnelle Beantwortung von Kunden-E-Mails) → günstige Versandkosten → kundenfreundliche Abwicklung von Reklamationen → Videos zur Vorstellung von Produkten → Bewertungsportale → Foren → FAQs (Frequently Asked Questions)
Sicherheit	→ Verschlüsselungstechnologien für Kundendaten und Zahlungsverkehrsinformationen → Rechtssicherheit für Händler und Kundinnen und Kunden → Betrugsprävention
Zahlverfahren	→ vielfältiges Angebot passender Bezahlmöglichkeiten → Gewährleistung der Zahlungssicherheit

Die **Usability** (Benutzerfreundlichkeit) des Webshops muss ständig kontrolliert werden. Hier bietet sich der Einsatz von Checklisten an.

2.4 Shopsysteme

Shopsysteme sind Softwarelösungen, die alle notwendigen Funktionen für einen Webshop enthalten.

Baukastensysteme

- → ermöglichen auch Anwenderinnen und Anwendern ohne Programmierkenntnisse mit wenig Aufwand einen Webshop zu erstellen
- → bekannte Anbieter: 1&1, Weebly, Wix, Prestashop

Vorteile:

- sehr schneller Start des Webshops möglich
- keine Programmierkenntnisse erforderlich
- einfaches Handling
- geringes Einstiegsrisiko
- geringe Investitionskosten
- Test der Systeme über kostenlose Demoversionen möglich

Nachteile:

- kein individuelles Design möglich (Standardlayouts des Baukastensystems)
- keine Abgrenzung vom Wettbewerb durch fehlende Individualität
- geringe Flexibilität
- Mindestvertragslaufzeiten
- hohe Abhängigkeiten

Open-Source-Shopsysteme

- spezielle Anwendersoftware zur Erstellung von Webshops, die vom Anbieter kostenlos zur Verfügung gestellt wird
- basieren auf Open-Source-Systemen, d. h. der Quelltext ist offen, sodass diese Systeme selbst weiterentwickelt und angepasst werden können

Vorteile:

- individuelle Designmöglichkeiten
- Abgrenzung von Mitbewerbern durch sehr individuelles Shopsystem
- hohe Flexibilität
- eigener Markenaufbau möglich
- kostenlose Nutzung

Nachteile:

- höherer Aufwand und längerer Vorlauf bis zum Start des Webshops
- Programmierkenntnisse oder Nutzung externer Dienstleister erforderlich
- Einstiegsrisiko höher als bei Baukastensystem
- hohe Investitionskosten

2.5 Layout eines Webshops

Typischer Aufbau eines Webshops

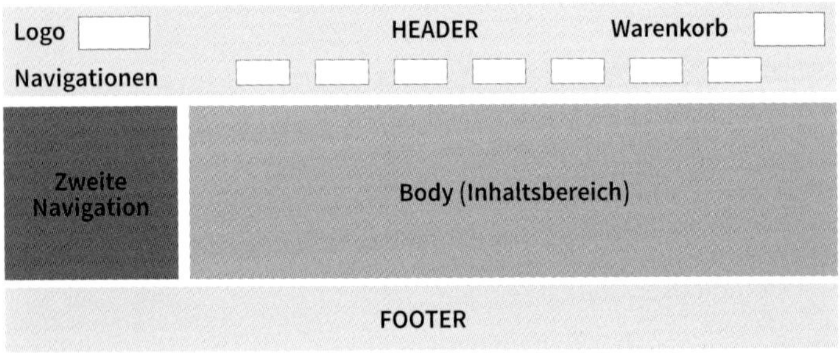

Header

- oberer Teil der Internetseite (Kopfzeile)
- für alle Internetseiten des Webshops gleich
- über alle Seiten identische Header-Navigation → Besucher/-innen finden sich schnell zurecht
- beinhaltet Logo bzw. Symbol, das das Unternehmen bzw. das Ziel der Website verdeutlicht
- Anklicken des Logos führt immer zurück zur Startseite
- enthält in der Regel den Titel der Internetseite
- Warenkorb (rechts oben)
- Link zur Kontaktseite → direkte Kontaktmöglichkeit über E-Mail oder Telefon
- enthält oftmals eine Suchfunktion (in der Regel in der Mitte oder rechts)
- bietet evtl. Hilfefunktion zur Unterstützung beim Umgang mit dem Webshop
- über Registrieren/Login/Ihr-Konto-Link können sich die Kundinnen und Kunden registrieren bzw. anmelden
- Merkzettel-Funktion als Möglichkeit einer Vorabauswahl
- „Über uns"-Link zur Vorstellung des Unternehmens
- ggf. FAQ-Angebot (Frequently Asked Questions)
- ggf. Sprachauswahl DE/EN

Beispiel:

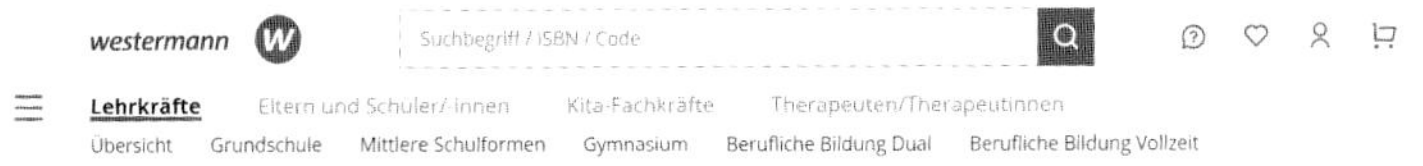

Footer

--> unterer Teil der Internetseite (Fußzeile)
--> für alle Internetseiten des Webshops gleich
--> farblich abgesetzt von den anderen Elementen des Webshops
--> enthält in der Regel weiterführende Links, die sich aus rechtlichen Gründen auf der Internetseite befinden müssen: Impressum, Allgemeine Geschäftsbedingungen, Datenschutzhinweise, evtl. Link zur Widerrufsbelehrung
--> weitere Links denkbar: z. B. „Über uns-Seite" (wie im Header), Hinweis auf Newsletter, andere weiterführende Informationen

Beispiel:

Body

--> liegt zwischen Header und Footer
--> besteht aus zwei oder drei Spalten
--> farblich abgesetzte schmale linke Spalte enthält Navigationsleiste (zweite Navigation neben dem Header)
--> zweite breite Spalte als Hauptspalte für den Inhalt (Artikeldarstellung mit Bildern und Text, Kaufabwicklung)
--> oftmals dritte schmale rechte Spalte für Hinweise auf untergeordnete Angebote im Webshop oder externe Werbeanzeigen

Beispiel:

2.6 Barrierefreiheit im Webshop

Die Seiten eines Webshops sind dann barrierefrei, wenn jeder Mensch sie uneingeschränkt nutzen kann. Das bedeutet, dass auch Senioren, Menschen mit eingeschränkten Sinnesleistungen (Sehbehinderte/Blinde, Schwerhörige/Gehörlose), Menschen mit Lese-Rechtschreibschwäche, Lernbehinderung oder geistiger Behinderung die Inhalte und Funktionalitäten des Webshops erfassen und diesen nutzen können. Das Prinzip der Barrierefreiheit ist beim Seitenlayout eines Webshops grundsätzlich zu beachten.

Kriterien für den barrierefreien Webshop

2.7 Responsives Webdesign

Der Aufbau des Webshops wird technisch und inhaltlich so gestaltet, dass er sich dynamisch an das verwendete Endgerät (PC, Notebook, Tablet, Smartphone) anpasst und die Darstellung jeweils automatisch optimiert (engl.: *responsive* = reagierend).

Die Optimierung von Websites für Smartphones gewinnt aus zwei Gründen immer mehr an Bedeutung. Zum einen nimmt der Anteil der Zugriffe über Smartphones weiter kontinuierlich zu. Zum anderen wird seit dem 01.04.2021 dieser Aspekt auch von der Google-Suchanzeige berücksichtigt. Nicht optimierte Websites werden also schwieriger gefunden und verlieren an Sichtbarkeit.

2.8 Sortimentsdarstellung im Webshop

Slider

- Elemente aus Bildern und Texten, die in regelmäßigen Abständen wechseln
- typischerweise Kombination aus einem großen Foto, einer Überschrift, einem Teaser und einem Link zu neuen Inhalten
- in der Regel auf der Startseite des Webshops platziert

Teaser

- ansprechender kurze Text- oder Bildelement einer Internetseite, die neugierig machen und zum Anklicken verleiten sollen (engl.: *to tease* = anlocken)
- in der Regel auf der Startseite des Webshops platziert

Produktboxen

- werden auf Webshopseiten als Teaser eingesetzt
- enthalten eine Zusammenstellung z. B. von „Topsellern“, „Neuen Artikeln“, „Zuletzt angesehen“ oder „Ähnliche Artikel, die sie sich angesehen haben“
- in der Regel auf der Startseite des Webshops platziert

Produktkategorienseiten

Zeigen Auswahl über die verfügbaren Produkte in Form von Kategorien an (Warengruppen mit Unterkategorien, z. B. Warengruppe „Computer & Zubehör“, Unterkategorie „Monitore“, „Laptops“, „Mäuse, Tastaturen & Eingabegeräte“ usw.)

Produktdetailseiten

Sie zeigen detaillierte Produktbeschreibung anhand der verschiedenen Produktmerkmale an, z. B.

- Produktname
- Aussehen (anhand von aussagekräftigen Bildern)
- Material (z. B. bei Kleidung: Wolle, Baumwolle, Polyester, Mischgewebe)
- Herstellung (z. B. Handarbeit oder industriell hergestellt)
- Herkunft (z. B. „Made in Germany")
- Marke/Markenschutz
- Gütezeichen (z. B. GS Geprüfte Sicherheit, TÜV zertifiziert u. Ä.)
- Zahlenangaben: Maße, Gewicht, ggf. Leistungsdaten, Haltbarkeit u. Ä.
- Funktionen
- Handling (= Handhabung)
- Preis
- Rezensionen/Kundenbewertungen

Hilfsmittel für Kunden

- Suchfunktion: Eingabe von Suchbegriffen führt zu Produktdetailseiten oder Produktkategorienseiten
- Sortierungsfunktion: Sortieren der dargestellten Produkte z. B. nach Preis (aufsteigend oder absteigend), Beliebtheit, durchschnittlicher Bewertung u. Ä.
- Filterfunktion: Filtern der dargestellten Produkte (z. B. nur eine bestimmte Preispanne, nur ein bestimmter Hersteller/Marke, nur bestimmte Leistungsmerkmale, nur mit mindestens 4-Sterne-Durchschnittsbewertung u. Ä.)
- Paginierung: Darstellung der Produkte auf mehreren Seiten zwischen denen man mit einer Blätterfunktion navigieren kann (aus Gründen der Übersichtlichkeit bei vielen Ergebnissen)

Landingpage

- speziell eingerichtete Webseite, die nach einem Mausklick auf ein Werbemittel oder nach einem Klick auf einen Eintrag in einer Suchmaschine (Google, Bing u. a.) erscheint
- ist auf Werbeträger und dessen Zielgruppe optimiert

- klar definierter „Call-to-action“: User soll eine klar definierte einzelne Aktion durchführen (z. B. ein Produkt kaufen, sich im Webshop registrieren, einen Newsletter abonnieren)
- so ablenkungsfrei wie möglich gestaltet
- enthält in der Regel keine Menüs und keine Links
- Vorteil: Durch weniger Ablenkung erfolgen deutlich mehr Conversions (Umwandlung des Besuchs einer Nutzerin/eines Nutzers einer Website in eine aktive Aktion)
- Typische Elemente: Headline (Überschrift), Foto (z. B. Produktbild), Unternehmensnennung, Teaser, Call-to-action-Button (Besucher werden zum Handeln aufgefordert), Datenabfrage, Gütesiegel

Beispiele für Landingpages:

Call-to-Action-Button (CTA)

Optisch hervorgehobener Button, der dazu dient, eine unmittelbare Reaktion bei den Besuchern eines Webshops auszulösen (z. B. „Neu hier? Erstellen Sie Ihr Konto!“ „Newsletter - hier anmelden!“, „In den Einkaufwagen“, „Jetzt kaufen“). Die gewünschte Reaktion wird auch als Conversion bezeichnet. Mit Conversion wird im Marketing die Umwandlung eines Status einer Zielperson in einen neuen Status bezeichnet (z. B. vom Interessenten zum Newsletter-Abonnenten oder Kundinnen und Kunden).

Trustsiegel (Vertrauenssiegel)

- dienen der Schaffung von Vertrauen, insbesondere wenn Kundinnen und Kunden das Unternehmen noch nicht kennen
- bekannte Vertrauenssiegel: GS-Zeichen, Trusted Shops, EHI geprüfter Online-Shop, Google-zertifizierte Händler

2.9 Webshop-Optimierung

Die Gestaltung eines Webshops bedarf der ständigen Pflege und Optimierung und ist daher im Grunde nie völlig abgeschlossen.

Checkliste für die Webshop-Optimierung

- Content (Inhalt)
  z. B. Überschriften, Bilder, Texte (Produktbeschreibungen), Links
- Performance (Leistung)
  z. B. Geschwindigkeit, einfache Menüführung
- Seitenaufbau
  z. B. klare und einfache Seitenstruktur, Links zu anderen Produkten (Bestseller), Kundenrezensionen, Call-to-Action-Button
- Support
  z. B. 24/7-Erreichbarkeit, Kontaktmöglichkeiten (E-Mail, Telefon, Kundenchat), FAQ (Frequently Asked Questions), Hilfefunktion
- Check-in
  z. B. unkomplizierte Registrierung, einfacher Login, Möglichkeit angemeldet zu bleiben
- Check-out
  z. B. Vermeidung des Abbruchs vor Kaufabschluss durch unterschiedliche Zahlungs- und Finanzierungsmöglichkeiten, niedrige Versandkosten, Verwendung von Trust-Siegeln

3 Online-Marktplätze

3.1 Grundlagen

Ein **Online-Marktplatz** (auch **virtueller Marktplatz**) ist eine Plattform auf der verschiedene Händler ihre Waren anbieten. Die bekanntesten Online-Marktplätze sind Amazon und eBay. Es existiert jedoch noch eine Vielzahl weiterer Online-Marktplätze, insbesondere solche, die sich auf den B2B-Bereich spezialisiert haben. Die Marktplatzbetreiber erfüllen eine Übersichtsfunktion und führen Angebot und Nachfrage als zwischengeschalteter Transaktionspartner zusammen.

Online-Marktplätze sind Teil der sogenannten **Plattform-Ökonomie** („Platform Economics"), die ein Kernelement der digitalen Revolution darstellt. Für die Kundinnen und Kunden haben die Plattformen den großen Vorteil, dass sie alle Angebote an einer Stelle finden und sich so der Suchaufwand erheblich reduziert. Gleichzeitig können sie Preise, Funktionen und Kundenbewertungen direkt vergleichen und schnell und unkompliziert die gewünschten Produkte ordern. Aus Kundensicht ist es am komfortabelsten, beim größten Anbieter zu suchen. In vielen Bereichen ist daher eine Tendenz zu einer Art Monopolbildung erkennbar und die erfolgreichsten Plattformen verzeichnen ein exponentielles Wachstum.

Online-Händler können die **Online-Marktplätze** als Alternative oder als Ergänzung zum eigenen Webshop nutzen. Für stationäre Einzelhändler bieten die Online-Marktplätze einen leichten und schnellen ersten Zugang zum E-Commerce. Im Vergleich zum eigenen Webshop bieten Online-Marktplätze einige Vorteilen, aber auch Nachteile.

Vorteile
- geringe Anlaufkosten, da Webshop vom Anbieter zur Verfügung gestellt wird
- niedrige Einstiegshürden
- schnelle Umsetzbarkeit
- höhere Reichweite und verbesserte Sichtbarkeit durch Bekanntheitsgrad der Plattform

Nachteile:
- geringere Individualität und Flexibilität
- geringere Gewinnmarge durch Kosten für den Betreiber des Online-Marktplatzes
- Abhängigkeit vom Betreiber des Online-Marktplatzes
- Ggf. großer Wettbewerbsdruck, da viele Händler im gleichen Segment

3.2 Online-Verkaufsplattformen

- Eine Online-Verkaufsplattform ist ein virtueller Ort im Internet, an dem Produkte von unterschiedlichsten Händlern angeboten werden.
- Vergleichbar mit Einkaufszentren im stationären Handel, in denen verschiedene Händler unterschiedlichste Waren unter einem Dach anbieten.
- Beispiele: Amazon, Alibaba, Rakuten, Etsy, Hood, Yatego, Avocadostore

Vorteile für Händler:
- kein eigenes Shopsystem notwendig, da vorkonfiguriertes System genutzt werden kann
- zentrales Bezahlsystem der Online-Verkaufsplattform
- hohe Reichweite durch großen Kundenstamm der Plattform
- Administration wird von Online-Verkaufsplattform übernommen, somit volle Konzentration auf das Kerngeschäft möglich.

Ablauf des Kaufs

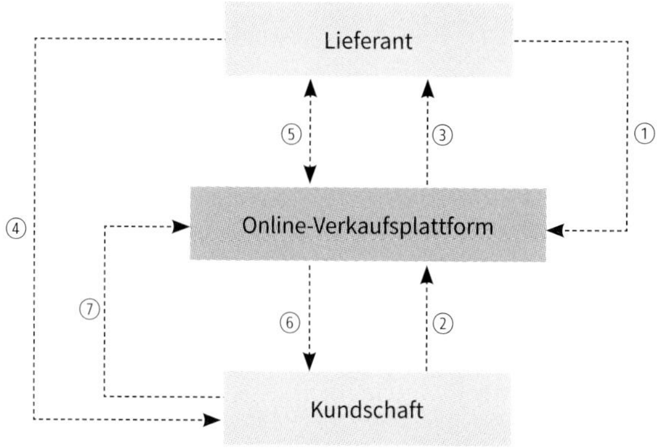

① Der Lieferant stellt seine Artikel auf der Online-Verkaufsplattform ein.
② Bei der Online-Verkaufsplattform registrierte Kundinnen und Kunden bestellen auf der Plattform dort angezeigte Artikel.
③ Die Online-Verkaufsplattform leitet die Bestellung in eigenem Namen an den jeweiligen Lieferanten mit der Lieferadresse der Kundinnen und Kunden weiter.
④ Der Lieferant versendet die Ware im Namen der Verkaufsplattform direkt an die Lieferadresse der Kundinnen und Kunden.

⑤ Die Online-Verkaufsplattform erhält die Rechnung des Lieferanten und begleicht diese.
⑥ Die Kunden erhalten die Rechnung von der Online-Verkaufsplattform.
⑦ Die Kunden bezahlen den Rechnungsbetrag an die Online-Verkaufsplattform.

FBA („Fulfillment by Amazon")

- Amazons Lager- und Ausführungsservice für Amazon-Verkäufer auf dem Amazon-Marktplatz
- Verkäufer senden ihren Bestand an ein Amazon-Lager. Wenn eine Bestellung für ihren Artikel bei Amazon erfolgt, wird die Bestellung automatisch von Amazon abgewickelt.
- Amazon übernimmt auch den Kundendienst und die Rücksendungen im Zusammenhang mit der Bestellung.

Vorteile

- kein eigenes Warenlager notwendig
- umfassender Abwicklungsservice von Amazon
- besseres Ranking und damit bessere Sichtbarkeit der eigenen Produkte
- Nutzung von Amazon Prime als schnellen und kostenlosen Lieferservice

Nachteile

- Aufträge werden komplett von Amazon abgewickelt → Kundinnen und Kunden kaufen bei Amazon, nicht beim Anbieter → kein eigener Markenaufbau → keine direkte Kundenbeziehung
- große Abhängigkeit von Amazon

FBM („Fulfillment by Merchant")

- auch „Fulfilled by Merchant" (früher als MFN oder Merchant Fulfilled Network bezeichnet)
- Verkäufer übernimmt die volle Verantwortung für die Lagerung der Waren und die Erfüllung der Bestellungen.
- Im Gegensatz zu FBA übernimmt der Händler hier die volle Abwicklung von Versand und Management des Prozesses aller Bestellungen selbst.

KDP (Kindle Direct Publishing)

- steht für Amazon Kindle Direct Publishing
- Selfpublishing-Plattform, über die Autorinnen und Autoren eBooks zum Verkauf anbieten können
- Auch das Anbieten gedruckter Bücher über „print-on-demand" ist möglich.

- Da das Werk über die KDP-Plattform von Amazon selbst eingestellt werden kann, können Bücher in wenigen Stunden auf Amazon angeboten werden.
- Die Nutzung der Plattform ist kostenlos. Amazon zieht erst beim Verkauf eine Provision ein. Ggf. anfallende Druckkosten werden ebenfalls von der Autoren-Tantieme abgezogen.

3.3 Online-Auktionsplattformen

- Eine Online-Auktionsplattform ist ein virtueller Ort im Internet, an dem gebrauchte oder neue Produkte oder Dienstleistungen von Privatpersonen oder Unternehmen angeboten werden und über Online-Auktionen versteigert werden.
- Bekannteste Beispiele: eBay, Hood, Atrada, Etsy
- Ablauf der Online-Auktion: Kaufinteressenten geben online verbindliche Preisgebote für eine Auktionsware ab. Die Auktion ist zeitlich befristet. Das höchste Gebot erhält am, Ende den Zuschlag, ein verbindlicher Kaufvertrag ist damit abgeschlossen.
- Es gelten die rechtlichen Vorschriften für den E-Commerce bzw. Fernabsatzverträge.
- Neben Online-Auktionen ermöglichen die Plattformen z. T. auch, neue und gebrauchte Produkte zu einem Festpreis anzubieten (z. B. eBay-Kleinanzeigen).

3.4 Sharing-Economy-Plattformen

- Sharing-Economy = „Ökonomie des Teilens"
- Sammelbegriff für Online-Plattformen, die eine geteilte Nutzung von Ressourcen möglich machen.
- Am häufigsten genutzte Sharing-Angebote: Medien/Unterhaltung (z. B. Streamingdienste), Konsumgüter (z. B. Bekleidung, Schmuck), Hotel/Unterkunft (z. B. Privatunterkünfte), Auto/Transport (z. B. Carsharing, Mitfahrgelegenheiten), Dienstleistungen (z. B. Haushalt, Handwerk), Finanzen (z. B. Crowdfunding, private Kredite), Maschinen/Ausrüstung (z. B. Werkzeug, Lagerfläche)
- Sharing Economy im C2C-Bereich (Customer to Customer): z. B. Kleidertauschpartys, kleiderei.com, Sharing Communitys für Bücher wie tausch-bücher.de, bookelo.live
- Sharing Economy im B2C-Bereich (Business to Customer): z. B. im Bereich Musik- und Filmstreaming, Auto (z. B. Snappcar) und Reise (z. B. Airbnb)

Modelle der Sharing Economy

Full-Mesh-Modell (engl. mesh = Netz)

Ein zentraler Anbieter verwaltet eine von vielen Personen genutzte Ressource.

Beispiele:
Carsharing-Anbieter wie Car2go, Zipcar, Snappcar

Own-to-Mesh-Modell

Eine zentrale Organisation agiert lediglich als Vermittler zwischen Anbietern und Nutzerinnen und Nutzern.

Beispiele:
Online-Mitfahrzentrale, Blablacar

4 Rechtliche Vorschriften im E-Commerce

Für den Internethandel gilt eine Vielzahl von Rechtsvorschriften. Sie betreffen das Verhältnis von Händlern zu ihren Mitbewerbern, zahlreiche Verbraucherschutzregelungen oder bei grenzüberschreitenden Verbraucherverträgen Ergänzungen durch europäische Regelungen. Links auf fremde Internetseiten können eine Haftung des Onlinehändlers auslösen, wenn diese Seiten rechtswidrige Inhalte aufweisen.

Wichtige Rechtsbestimmungen

→ **Anbieterkennzeichnung (Impressumspflicht)**
- geregelt im Telemediengesetz (TMG), insb. §§ 5 und 6
- Gilt für alle Anbieter von Webseiten
- Vor- und Zunahme des Anbieters, Firma, postalische Anschrift, E-Mailadresse/Telefonnummer/Faxnummer, Rechtsform und Vertretungsberechtigte, Umsatzsteuer-Identifikations-Nummer, Registereintrag, Link mit Hinweis auf die Möglichkeit einer Online-Streitbeilegung
- Bei Verstoß droht Geldbuße wegen Ordnungswidrigkeit und Abmahnkosten wegen Wettbewerbsverzerrung

→ **Datenschutzerklärung**
- Jeder Onlineshop benötigt eine vollständige Datenschutzerklärung. Den Kundinnen und Kunden muss mitgeteilt werden, welche Daten erhoben werden und was mit den Daten geschieht. Bei Daten, die für die Abwicklung der Bestellung notwendig sind, reicht eine Mitteilung. Ebenso beispielsweise bei Cookies oder Tracking-Techniken. Sollen die Daten aber weitergegeben werden, ist eine ausdrückliche Einwilligung der Kundin/des Kunden erforderlich.

→ Weitergehende Informationspflichten bei Fernabsatzverträgen

Fernabsatzverträge sind Verträge unter ausschließlicher Verwendung von Fernkommunikationsmitteln über die Lieferung von Waren oder die Erbringung von Dienstleistungen zwischen einem Unternehmer und einer Verbraucherin/einem Verbraucher.

Der Onlinehändler muss vor Vertragsabschluss insbesondere informieren über:

- Anschrift, E-Mail, Telefonnummer, Faxnummer, Registereinträge
- die Art und Weise des Zustandekommens des Vertrages
- wesentliche Merkmale der angebotenen Ware bzw. Dienstleistung
- Gesamtpreis der Ware einschließlich aller damit verbundenen Preisbestandteile
- anfallende Versandkosten einschließlich der enthaltenen Mehrwertsteuer
- mögliche Zahlungsarten
- bei Dauerschuldverhältnissen die Mindestlaufzeit des Vertrages
- Kündigungsbedingungen
- Gültigkeitsdauer befristeter Angebote
- Einzelheiten hinsichtlich Zahlung und Lieferung oder Erfüllung
- Bestehen eines Widerrufsrechts von 14 Tagen
- Liefer- und Zahlungsbedingungen sowie bestehende Lieferbeschränkungen

→ Allgemeine Geschäftsbedingungen (AGB) (siehe dazu auch Kapitel A 2.4.3)

Die Allgemeinen Geschäftsbedingungen können auch bei Onlineverträgen einbezogen werden. Folgende Voraussetzungen müssen dafür erfüllt sein:

- Hinweis auf die Geltung der AGB an deutlich sichtbarer Stelle der Webseite
- Inhalt der AGB muss über die Webseite einsehbar und deutlich lesbar sein
- Umfang der AGB muss so kurz gehalten sein, dass er in zumutbarer Weise zur Kenntnis genommen werden kann

→ Informationspflichten auf der Bestellseite (Button-Lösung)

- Aus Gründen des Verbraucherschutzes muss der Bestellbutton gut lesbar und rechtlich einwandfrei beschriftet sein. Möglich sind Kennzeichnungen wie „zahlungspflichtig bestellen" oder „kaufen".
- Wesentliche Produkteigenschaften, Preis, Versandkosten müssen den Kundinnen und Kunden unmittelbar vor der Bestellung klar und verständlich angezeigt werden (Checkout-Seite).

→ Widerrufsrecht und Widerrufsbelehrung

Beim Online-Einkauf haben Verbraucherinnen und Verbraucher das Recht, den Auftrag binnen 14 Tagen ohne Angabe von Gründen zu widerrufen. Der Widerruf muss von dem Kunden bzw. der Kundin ausdrücklich erklärt werden. Die Ware kann also nicht einfach kommentarlos zurück geschickt werden.

Verbraucherinnen und Verbraucher können für die Widerrufsbelehrung ein Muster-Widerrufsformular verwenden, welches die Verkäuferin/der Verkäufer zur Verfügung stellen muss.

Weitere wichtige Regelungen zum Widerrufsrecht sind:

- Das Widerrufsrecht beginnt mit dem Eingang der Ware bei Kunde/Kundin.
- Bei Teilsendungen beginnt die Widerrufsfrist mit Erhalt der letzten Teilsendung.
- Zur Fristwahrnehmung genügt die rechtzeitige Absendung des Widerrufs.
- Bei fehlender bzw. falscher Widerrufsbelehrung verlängert sich die Widerrufsfrist um 12 Monate auf maximal 12 Monate und 14 Tage (§ 355 BGB).

Ausnahmen vom Widerrufsrecht:

- Waren, die nach individuellen Kundenwünschen gefertigt wurden (Maßanzüge)
- schnell verderbliche Waren
- digitale Güter und Downloads
- entsiegelte Waren (Medikamente)

Rechtsfolgen des Widerrufs:

- Nach Erklärung des Widerrufs muss die Ware unverzüglich, spätestens nach 14 Tagen auf Gefahr der Verkäuferin/des Verkäufers zurückgeschickt werden.
- Die Rückzahlung des Kaufpreises hat ebenfalls binnen 14 Tagen zu erfolgen.
- Der Verkäufer hat bis zum Erhalt der Ware ein Zurückbehaltungsrecht.

→ **Hin- und Rücksendekosten**

- Der Unternehmer trägt bei Widerruf die Kosten der Hinsendung in Höhe der günstigsten angebotenen Standardlieferung. Nach den gesetzlichen Bestimmungen tragen die Kundinnen und Kunden die Kosten der Rücksendung unabhängig vom Warenwert, wenn sie zuvor über den Sachverhalt informiert wurden.

→ **Disclaimer (engl.: *to disclaim* = etwas abstreiten, Verzicht erklären)**

- Betreiber von Internetseiten haften grundsätzlich für die Inhalte ihrer Website. Sie nutzen einen sogenannten Disclaimer für die Erklärung eines Haftungsausschlusses. Dieser beinhaltet den Hinweis, dass man für fremde Inhalte, auf die mit externen Links hingewiesen wird, keinerlei Haftung übernimmt. Unabhängig davon sollten solche Links vorab sorgfältig geprüft werden, ob Hinweise auf rechtswidrige Inhalte vorliegen.

Quelle: in Anlehnung an: Industrie- und Handelskammer für München und Oberbayern, unter: www.ihk-muenchen.de/rechtsgrundlagen-ecommerce, zuletzt abgerufen am 05.03.2019

5 Zahlungsmöglichkeiten im E-Commerce

5.1 Auswahlkriterien für die Wahl der Zahlungsart

Kunden von Onlineshops bevorzugen häufig bestimmte Zahlungsarten. Shopumsätze hängen auch von der Anzahl der angebotenen Zahlungsarten ab. Deshalb sollte jeder Onlinehändler mehrere Zahlungsarten anbieten, um Kundinnen und Kunden im letzten Schritt nicht noch zum Kaufabbruch zu veranlassen.

Zwei-Faktor-Authentifizierung

Seit dem 15.03.2021 ist aufgrund einer EU-Richtline beim Onlineshopping eine „Zwei-Faktor-Identifizierung“ verpflichtend. Bei der Zwei-Faktor-Authentifizierung wird der Account nicht nur durch den Login mit zugehörigem Kennwort gesichert (Wissen), sondern zusätzlich durch eine weitere Abfrage (Besitz, z. B. Smartphone, auf das eine TAN geschickt wird). Dies soll für mehr Sicherheit beim Onlineshopping sorgen.

Auswahlkriterien für die Wahl der Zahlungsart

Höhe des Risikos	Zahlungsausfälle, Mahngebühren
Kundenakzeptanz	Verbreitung, Sicherheit des Zahlungsmittels
Kosten und Gebühren	Transaktionskosten, Kosten der Einbindung einer Zahlungsart in den Onlineshop
Zielgruppe	Verschiedene Gruppen bevorzugen unterschiedliche Zahlungsmöglichkeiten, z. B. Erstkäufer/-innen, Stammkundschaft, jüngere oder ältere Kundinnen und Kunden.
Sortiment	Produktpreise, Art des Produktes

5.2 Klassische Zahlungsarten im Onlinehandel

- **Zahlung auf Rechnung**
  Diese Zahlungsart hat bei Kundinnen und Kunden die höchste Akzeptanz, birgt für den Händler aber ein hohes Risiko von Zahlungsausfällen, besonders bei Neukunden. Außerdem ist die Retourenquote höher als bei anderen Zahlungsarten.

- **Vorauskasse**
  Hier haben die Käufer/-innen beim Online-Einkauf das größte Risiko und oft einen höheren Aufwand für die Zahlung.

- **Zahlung per Nachnahme**
  Hier bestehen sowohl für Käufer/-innen als auch für Verkäufer/-innen geringe Risiken. Für die Kundschaft fallen aber erhebliche Mehrkosten durch Nachnahmegebühren an.

- **Zahlung per Bankeinzug**
  Dieses Verfahren ist für den Händler mit relativ geringen Kosten verbunden und genießt eine hohe Kundenakzeptanz. Kundinnen und Kunden können einer Abbuchung für einen Zeitraum von 8 Wochen widersprechen. Problematisch ist, dass Käufer/-innen ihre Kontodaten offenlegen müssen.

→ **Kreditkartenzahlung**
Kreditkartenzahlungen sind im Internet Standard. Besonders, wenn eine Leistung unmittelbar nach der Bezahlung möglich ist (Musikdownloads, eBooks) oder wenn beim Kauf eine Altersverifikation erforderlich ist.

5.3 Elektronische Bezahlsysteme im Onlinehandel

Hier bei handelt es sich um Zahlungsarten, die speziell für den Onlinehandel entwickelt wurden.

→ **Sofortüberweisung**
Eine Sofortüberweisung funktioniert ohne zusätzliches Konto und ohne Registrierung. Die Zahlung erfolgt schneller als bei Vorauskasse oder Banküberweisung. Die Kunden erhalten so auch schneller die Ware. Der Käufer bzw. die Käuferin füllt auf der Shopseite ein Überweisungsformular aus. Abgeschickt wird die Überweisung nach Eintippen der PIN und einer TAN auf einer bankfremden Seite „sofortueberweisung.de". Der Händler erhält eine Bestätigung, dass das Geld verschickt wurde.

→ **PayPal**
Käuferinnen und Käufer registrieren sich beim Bezahlsystem PayPal, hinterlegen dort einmalig ihre Bank- oder Kreditkartendaten und müssen diese künftig beim Online-Einkauf nicht mehr angeben. Die fälligen Beträge ruft PayPal vom Kunden-Bankkonto ab und überweist diese auf das Konto des jeweiligen Händlers. Bei Rücksendungen erhalten Kundinnen und Kunden den Kaufpreis in der Regel bei Paypal gutgeschrieben. Dieses Guthaben können sie entweder für den nächsten Einkauf mit Paypal aufbewahren oder gebührenfrei auf das eigene Bankkonto zurücküberweisen lassen.

→ **paydirekt**
Hierbei handelt es sich um ein Online-Bezahlverfahren deutscher Kreditinstitute. Kunden benötigen ein Girokonto bei einem Kreditinstitut sowie einen Onlinebanking-Zugang. Die Zahlung wird direkt ohne Drittanbieter über das Girokonto der Käufer/-innen abgewickelt und an die Konten der Händler gesendet. Der Onlinehänder erhält keine Kontoinformationen. Bei Kontodeckung erhält der Händler nach der Eingabe eine sofortige Bestätigung der Zahlung und kann die Ware verschicken. Die Käufer/-innen sehen die Abbuchungen auf ihrem Kontoauszug, im Onlinebanking und der Paydirekt-App.

→ **Prepaid-Karten**
Mit diesen Karten ist die Zahlung ohne die Angabe sensibler Daten möglich. Es handelt sich um eine Guthabenkarte. Kundinnen und Kunden können Prepaid-Karten

in Ladengeschäften erwerben. Die Bezahlung erfolgt über die Eingabe der auf der Karte aufgedruckten PIN-Nummer.

- **Mobile Payment**
  Bei dieser Zahlungsform nutzt die zahlungspflichtige Person ihr Smartphone oder Tablet für Einkäufe in Ladengeschäften wie im Internet. Die Kundschaft scannent beim Einkauf den QR-Code einer Ware, wählen Anzahl und Produktvariation und akzeptieren die AGB des Händlers. Zum Abschließen des Kaufs muss die persönliche PIN für diesen Einkaufsvorgang eingegeben werden.

- **Amazon Payments**
  Amazon Payments ermöglicht es, auch auf Webseiten Dritter die bei Amazon hinterlegten Zahlungsdaten zu nutzen, um online zu bezahlen. Amazon-Kundinnen und -Kunden können dieses Bezahlsystem also auch bei anderen Onlinehändlern nutzen, wenn diese am Amazon-Bezahlsystem teilnehmen. Die Zahlung wird über das Zahlungssystem von Amazon abgewickelt. Amazon-Kundinnen und -Kunden haben die Sicherheit, mit einer bekannten Zahlungsvariante bezahlen zu können.

- **Google Pay (G Pay) und Apple Pay**
  Bei Google Pay handelt es sich um eine mobile Zahlmethode. Google Pay funktioniert auf allen Android-Smartphones, die mindestens NFC haben. Für die Nutzung von Apple-Pay benötigt man ein mobiles Endgerät von Apple mit NFC-Chip. Die NFC-Technik (NFC = Near Field Communication) ist Voraussetzung für kontaktloses Zahlen. Um bargeldlos zu bezahlen, müssen Nutzerinnen und Nutzer beim Bezahlvorgang ihr Smartphone an den Kartenleser halten. Viele moderne Smartwatches sind mit NFC-Chips ausgerüstet, sodass sie ebenfalls für eine Zahlung verwendet werden können. Unter Google Pay bzw. Apple Pay fallen auch die virtuellen Geldbörsen Google Wallet und Apple Wallet.

- **Giropay**
  Das Internet-Bezahlsystem „Giropay“ wird von den Sparkassen, Volks- und Raiffeisenbanken sowie der Postbank angeboten. Kunden, die bei einem bei „Giropay“ angeschlossenem Unternehmen kaufen, werden nach dem Kaufabschluss mit einem Klick auf die Onlinebanking-Seite ihrer Hausbank geleitet. Dort steht die ausgefüllte Überweisung zur Genehmigung (Autorisierung) z. B. durch eine Transaktionsnummer (TAN) bereit. Die Kundinnen und Kunden erhalten die Bestätigung, dass die Überweisung vorgenommen wurde und das Unternehmen erhält elektronisch eine Zahlungsgarantie.

6 Multi-Channel-, Cross-Channel und Omni-Channel-Strategie

6.1 Wechselwirkung von stationärem Handel und Onlinehandel

Neuere Strategien versuchen den Onlinehandel und den stationären Handel miteinander zu kombinieren. Kundinnen und Kunden können Waren sowohl im Ladengeschäft als auch über den Webshop des Händlers beziehen.

Die Verknüpfung des eigenen Offlinehandels mit einem Onlineshop stellt zunehmend einen zentralen Erfolgsfaktor für den Einzelhandel dar. Zwischen den einzelnen Vertriebskanälen bestehen vielfältige Wechselbeziehungen:

- Kundinnen und Kunden verteilen den Kaufprozess auf mehrere Kanäle. Sie informieren sich beispielsweise im Internet und kaufen anschließend im Ladengeschäft und umgekehrt.
- Ein eigener Onlineshop kann erhebliche Kaufimpulse auf andere Vertriebskanäle wie Katalogverkauf oder Einkäufe im stationären Ladengeschäft auslösen.
- Stationäre Händler können somit zusätzliche Kundschaft für ihre Ladengeschäfte gewinnen, indem sie z. B. die Selbstabholung der online bestellten Ware anbieten.
- Eine digitale Präsenz macht Kundinnen und Kunden auf den stationären Handel aufmerksam und erhöht dessen Umsätze.

6.2 Distributionsstrategien im Vergleich

- **Multi-Channel-Retailing**
  Der Händler führt die Verkaufskanäle völlig separat nebeneinander. Die Kundinnen und Kunden können dabei nicht kanalübergreifend agieren.

  Beispiel: *Ein Warenhaus betreibt neben dem Ladengeschäft einen Webshop.*
  → Mehrere Kanäle, keine Verbindung

- **Cross-Channel-Retailing**
  Händler können die verschiedenen Vermarktungs- und Verkaufskanäle aufeinander abstimmen. Die Vertriebswege sind also miteinander verknüpft.

  Beispiel: *Kundinnen und Kunden kaufen die Ware im Webshop und holen sie im Ladengeschäft ab.*

  → Mehrere Kanäle mit Verbindung

- **Omni-Channel-Retailing**
  Die Kundinnen und Kunden haben Zugriff auf die gesamte Angebotspalette von allen Kanälen, unabhängig davon, auf welchem Kanal sie sich befindet. Dies bedeutet auch, dass die auf einem Kanal gespeicherten Daten, Konfigurationen oder Einstellungen eines Kunden oder einer Kundin auf allen anderen Kanälen gespeichert und berücksichtigt werden.

  Beispiel: *Eine Kundin nutzt den Webshop per Mobiltelefon während des Einkaufs in einem Ladenlokal.*

  → Nahtloser Übergang zwischen den Kanälen, Kunde im Mittelpunkt

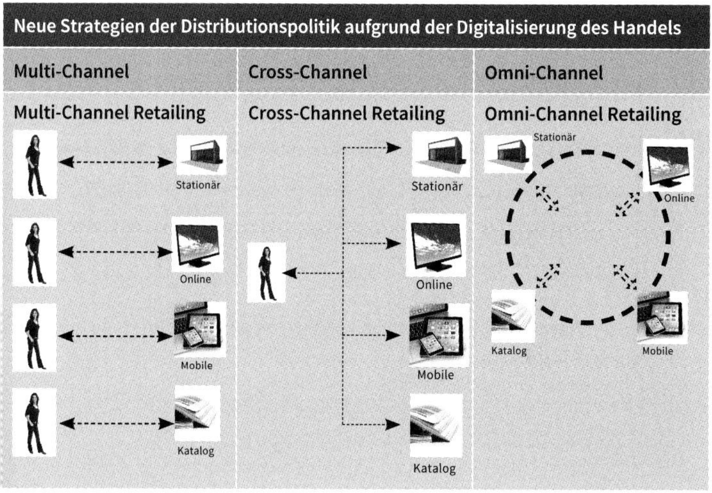

6.3 Serviceleistungen

- Onlineverfügbarkeitsabfragen von stationären Waren
- Reservierungsservice
- Lieferung der online bestellten Ware in einen stationären Shop (Click-&-Collect-Service)
- kostenlose Lieferung

- verlängerte Rückgabeoption
- ausführliche multimediale Produktdarstellung (z. B. durch Videos)

Probleme bei der Umsetzung

- fehlendes Fachwissen und Erfahrung bezüglich neuer Vertriebskanäle
- hohe Investitionen beim Aufbau eines Onlinehandels oder von stationären Verkaufsniederlassungen
- oft geringere Flexibilität von Cross-Channel-Händler im Vergleich zu reinen Internetanbietern
- hoher Abstimmungsaufwand zwischen den verschiedenen Kanälen, z. B. bei den Preisen, beim Sortiment, beim Vertrieb
- Probleme in einem Kanal wirken auf das Image der anderen Vertriebskanäle.

7 Kommunikation mit Kundinnen und Kuden

7.1 Kommunikation durch die Produktbeschreibung

Grundlegende Fragen bei der Planung der Texte

- Wer ist meine Zielgruppe für dieses Produkt?
- Welches Problem der Zielgruppe wird durch das Produkt gelöst?
- Welches Alleinstellungsmerkmal hat das Produkt?
- Welche Informationen über den Artikel werden von potenziellen Kundinnen und Kunden erwartet?
- Wie erklärungsbedürftig ist das Produkt?
- Welche Zusatzinformationen zum Produkt sind für potenzielle Kundinnen und Kunden relevant?
- Wie kann die Zielgruppe emotional angesprochen werden?
- Wie kann ich das Produkt bestmöglich darstellen?

Regeln für die Formulierung von Produktbeschreibungen

- stichpunktartige Aufzählung aller relevanter Produktinformationen
- Zusatztexte
- kurze, prägnante Sätze (maximal 20 Worte pro Satz, keine Nebensätze)
- einfacher Satzbau
- Verzicht auf schwer Verständliches (z. B. Fachbegriffe, Fremdwörter, Abkürzungen)
- der Zielgruppe angemessene Sprache
- Verzicht auf Überflüssiges (z. B. lange Einleitungen, allgemeine Informationen, langatmige Sätze)

- ⇢ Herausstellen der Produktvorteile
- ⇢ aktive, positive Aussagen
- ⇢ Verwendung von Adjektiven, die Emotionen hervorrufen
- ⇢ zusätzlich zur Kurzbeschreibung ggf. auch Langbeschreibungsseiten anbieten
- ⇢ Verwendung von Zwischenüberschriften und Symbolen zur optischen Auflockerung

7.2 Kommunikation im Kundengespräch

Bedeutung der Sprache

Auch im E-Commerce kann es regelmäßig zu persönlichen Kundenkontakten kommen. Die größte Rolle spielt der **telefonische Kontakt**. Die Sprache stellt hier ein sehr wirksames Verkaufsinstrument dar. Mit ihrer Hilfe können Verkäuferinnen und Verkäufer die Kundschaft positiv beeinflussen, den Ablauf des Verkaufsgespräches steuern und einen Kaufabschluss herbeiführen.

Einflussfelder der Sprachwirkung

Wollen Verkäuferinnen und Verkäufer durch ihre Sprache Verkaufserfolge herbeiführen, sollten sie die folgenden Einflussfelder beachten:

⇢ **Stimmführung**

Die richtige Stimmführung beeinflusst unbewusst die Gefühle des Gegenübers.

Elemente der Stimmführung	darauf sollten Sie im Verkaufsgespräch achten ...
Klangfarbe	⇢ den Klang an den Sprechinhalt anpassen ⇢ warmes, freundliches, teilnehmendes Sprechen ⇢ nicht aufdringlich sprechen
Aussprache und Lautstärke	⇢ sprechen Sie deutlich mit mittlerer Lautstärke ⇢ vermeiden Sie es, zu brüllen oder zu flüstern
Modulation	⇢ betonen Sie wichtige Begriffe ⇢ vermeiden Sie eine monotone Sprache, die den Kunden langweilt ⇢ sprechen Sie nicht zu schnell und achten Sie auf Pausen

⇢ **Wortschatz und Satzbau**

- Pflegen Sie einen umfangreichen Wortschatz. Dieser ermöglicht es im Kundengespräch den Wert der Ware zu veranschaulichen und liefert die geeigneten Verkaufsargumente.

- Vermeiden Sie Floskeln und Redensarten ohne Aussage.
- Kurze Sätze erleichtern den Kunden das Verständnis.
- Bilden Sie vollständige Sätze und vermeiden Sie Wort- und Satzfetzen.

Techniken der Gesprächsführung

Die Argumentation von Verkäufern sollte grundsätzlich kundenorientiert sein. Den Kundinnen und Kunden werden individuelle Problemlösungen angeboten, indem Verkäuferinnen und Verkäufer den persönlichen Nutzen einer Ware aufzeigen. Bestandteile einer kundenorientierten Sprache sind:

→ Aktives Zuhören

Aktives Zuhören deuten Kundinnen und Kunden als Interesse und Zuwendung. Mitteilungen von Kundinnen und Kunden über ihre Wünsche, Vorstellungen, Ansichten liefern nützliche Informationen für die Verkaufsargumente, die Warenvorlage oder die Behandlung von Kundeneinwänden.

Signale, die von Kundinnen und Kunden positiv gedeutet werden, sind z. B.:

- Verkaufspersonal nimmt sich Zeit für die Kundschaft und beendet Nebentätigkeiten.
- Zuhörsignale wie Blickkontakt, zustimmendes Nicken, offene Körperhaltung
- zustimmende Äußerungen und offene Fragen zur Bedarfsermittlung
- das Gegenüber mit Namen ansprechen
- Gefühle des Gegenübers aufnehmen und wiedergeben
- auf Argumente des Gegenübers eingehen
- das Gegenüber nicht unterbrechen, sondern ausreden lassen
- Kunden beraten, nicht belehren oder überreden

→ Sie-Stil

Die Verwendung der Worte „Sie", „Ihr", „Ihre", „Ihnen" stellt einen Bezug zum Gegenüber her und fördert so die Wirksamkeit kundenbezogener Verkaufsargumente.

Beispiele:

… damit können ***Sie …***

… das erleichtert ***Ihnen …***

… das bedeutet für ***Sie*** *…*

→ Vorteilsformulierungen

Das sind Formulierungen im Sie-Stil. Sie weisen durch die Verwendung eines Tätigkeitswortes auf den individuellen Produktnutzen hin und stellen einen Erlebnisbezug her.

Drei Schritte der Verkaufsargumentation		
Produktmerkmal	**Produktvorteil**	**Produktnutzen und Erlebnisbezug**
Diese Jacke ist aus Goretex.	Die Jacke ist atmungsaktiv.	Sie werden sich in der Jacke sehr wohl fühlen.

Fragetechniken

→ Bedeutung der Frage

Die richtige Fragetechnik ist für alle Phasen des Verkaufsgespräches wichtig. Sie ermöglicht Verkäufern die Richtung und den Verlauf des Verkaufsgespräches zu steuern und dient der gezielten Förderung des Verkaufsabschlusses.

→ Arten von Fragen

offene Fragen	→ werden in ganzen Sätzen beantwortet und liefert für das Verkaufsgespräch wichtige Informationen → beginnen häufig mit den Fragewörtern **wer, wie, was, wann, warum** (W-Fragen)
geschlossene Fragen	→ ermöglichen den Kundinnen und Kunden nur wenige und kurze Antworten → sind geeignet, um das Verkaufsgespräch zu einem Abschluss zu bringen
Suggestivfragen	→ dienen den Verkäuferinnen und Verkäufern zur gezielten Beeinflussung des Gegenübers → sollen den Verkaufsvorgang beschleunigen
Alternativfragen	→ fordern Kundinnen und Kunden auf, sich für eine von mehreren Möglichkeiten zu entscheiden → werden hauptsächlich eingesetzt, um einen Kaufabschluss herbeizuführen
Rhetorische Fragen	→ sind Fragen, auf die Verkäuferinnen und Verkäufer von den Kundinnen und Kunden keine Antwort erwarten → sollen bei der Kundschaft Interesse und Spannung hervorrufen

Verhalten bei Kundeneinwänden

→ Bedeutung von Kundeneinwänden

Kundeneinwände sind normale Bestandteile des Verkaufsgespräches. Sie sind Hinweise auf offene Fragen, Probleme, Bedenken und Widerstände der Kundschaft und liefern den Verkäuferinnen und Verkäufern somit wichtige Anhaltspunkte für die Argumentation im Verkaufsgespräch.

- **Arten von Kundeneinwänden**
  Kundeneinwände können sowohl durch Worte als auch über die Körpersprache zum Ausdruck gebracht werden und richten sich gegen …
  - das Unternehmen
  - die Verkaufssituation
  - das Verkaufspersonal
  - die Ware
  - den Preis

Grundsätzliche Verhaltensweisen zur Konfliktlösung

- Bleiben Sie ruhig und gelassen.
- Hören Sie aktiv zu und lassen Sie Kundinnen und Kunden ausreden.
- Betrachten Sie Kundeneinwände als Frage. Fragen werden beantwortet und nicht widerlegt.
- Signalisieren Sie Verständnis für den Kundeneinwand.
- Analysieren Sie die Ursachen für den Kundeneinwand.
- Vermeiden Sie Rechthaberei und direkten Widerspruch.
- Stimmen Sie der Kundschaft so weit wie möglich zu.

Ja-Aber-Methode: Verkäufer/-in zeigt zunächst Verständnis und stimmt scheinbar dem Kunden zu. Anschließend wird versucht, den Einwand durch die geschickte Formulierung eines Vorteils zu entkräften.

Umkehrmethode (Bumerang-Methode): Verkäufer/-in wandelt den Einwand des Kunden in ein Verkaufsargument um, welches den Kundennutzen betont.

Gegenfrage-Methode: Der Kunde oder die Kundin wird durch eine Gegenfrage aufgefordert, die Bedenken offen zu äußern und den Einwand zu präzisieren. Verkäufer/-in gibt so den Kundeneinwand als Frage zurück.

7.3 Umgang mit unzufriedenen Kundinnen und Kunden

Beschwerde und Reklamation

Kundenbeschwerden helfen dem Einzelhändler innerbetriebliche Missstände zu erkennen und zu beseitigen. Sie sind eine Chance zur Qualitätssteigerung, Kundenbindung und zur Gewinnung neuer Kundinnen und Kunden. Reklamationen sollten deshalb kundenorientiert abgewickelt werden.

Beschwerdegründe:

- Ware oder Dienstleistung ist vermeintlich oder tatsächlich fehlerhaft
- Informationen im Webshop waren unzureichend oder fehlerhaft
- Probleme bei der Versandabwicklung (verspätete Lieferung)
- Probleme mit dem gelieferten Artikel (Fehlen der erwarteten Produkteigenschaften, Probleme im Handling)

Abwicklung von Beschwerden

- Geben Sie Kunden die Möglichkeit ihr Anliegen in Ruhe zu schildern. Hören Sie ihnen dabei aufmerksam zu und zeigen Sie Verständnis.
- Prüfen Sie jede Beschwerde unvoreingenommen und sorgfältig nach und suchen Sie gemeinsam mit den Kundinnen und Kunden nach einer Lösung.
- Beachten Sie auch die rechtliche Situation. Wer hat den Mangel verursacht? Erfolgt die Reklamation innerhalb der gesetzlichen Gewährleistungsfristen oder der vertraglichen Garantiezeiten?
- Erfüllen Sie den Kundenwunsch, wenn die Reklamation berechtigt ist, bedanken Sie sich für das Verständnis der Kunden und entschuldigen Sie sich.
- Ist die Kundenreklamation nicht berechtigt, dann erklären Sie freundlich, warum Sie den Wunsch ablehnen. Da eine negative Bewertung von unzufriedenen Kundinnen und Kunden im Internet die Reputation eines Unternehmens erheblich beschädigen kann, ist jedoch eine kulante Lösung im Zweifel vorzuziehen.

Umtausch

Der Umtausch von Waren ohne Fehler ist eine freiwillige Leistung eines Webshops (**Kulanz**). Für Kunden besteht kein Rechtsanspruch. Allerdings hat sich im Onlinehandel ein hohes Maß an Kulanz etabliert, sodass von vielen Kundinnen und Kunden mittlerweile erwartet wird, ein Produkt ohne Begründung zurückschicken zu können. Dadurch sinkt die Hemmschwelle etwas online zu bestellen, da Kundinnen und Kunden damit keinerlei Risiko eingehen. Wenn das Produkt nicht gefällt, senden sie es einfach wieder zurück.

Umtauschgründe:

- Die Ware passt nicht.
- Die Ware gefällt nicht mehr.
- Kunden können die Ware nicht verwenden.
- Die Ware wurde vom Kunden oder der Kundin falsch behandelt.

Voraussetzungen:

- Die Ware wurde in unserem Webshop gekauft.
- Die Ware wurde vom Kunden oder der Kundin nicht genutzt oder beschädigt.
- Die Ware ist nach gesetzlichen oder betrieblichen Richtlinien nicht vom Umtausch ausgeschlossen (offene Lebensmittel, Kosmetikartikel, Hygieneartikel, reduzierte Waren).

8 Verkauf zusätzlicher Artikel

Ergänzungsartikel

Zusatzverkäufe bringen Vorteile für Kundschaft und Onlinehandel. Sie steigern den Umsatz und ersparen den Kundinnen und Kunden Zeit, Geld und Ärger, wenn der Hauptartikel noch eines Ergänzungsartikels bedarf.

Man unterscheidet:

- **Funktionsnotwendige Artikel:** machen den Hauptartikel erst einsatzbereit oder verwendbar

  Beispiel: *Batterie für einen Radiowecker*

- **Nützliche Zusatzartikel:** stellen eine sinnvolle Ergänzung zum Hauptartikel dar, werten diesen auf oder erweitern seine Verwendungsmöglichkeiten

  Beispiel: *Zusatzobjektive für eine Kamera*

Durch eine entsprechende Gestaltung des Webshops werden potenzielle Ergänzungsartikel so angezeigt, dass Kundinnen und Kunden automatisch darauf stoßen.

▶ **Cross-Selling**: Kundinnen und Kunden sollen auch in anderen Angebotsfeldern des Unternehmens Umsätze generieren.

Alternativartikel

Verkäuferinnen und Verkäufer machen den Kundinnen und Kunden ein Ausweichangebot, um doch zu einem Verkaufsabschluss zu gelangen, auch wenn die gewünschte Ware gerade nicht vorrätig ist oder nicht im Sortiment geführt wird. Alternativartikel und ursprünglich verlangte Ware sollten sich im Zweck, Preis und Qualität gleichen.

▶ **Up-Selling**: Kundinnen und Kunden sollen höherwertige Angebote kaufen.

Ersatzangebote

Kundinnen und Kunden verlangen Ersatz für eine Ware, die sie bereits zuvor hatten, z. B. Ersatzglühlampen.

9 Kennziffern im E-Commerce

Kennzahlen machen Entwicklungen und Erfolge der Onlinemarketings und des E-Commerce messbar. Durch Vergleich mit den Vorjahren oder mit Durchschnittswerten branchennaher Unternehmen können

--› Schwachstellen erkannt werden,
--› zielgerichtete Anpassungen der Onlinemarketing-Strategie durchgeführt werden.

Wichtig dabei ist, nicht nur einzelne Kennzahlen zu analysieren, sondern die Kennziffern in ihrer Gesamtheit zu sehen. Hauptziele: Traffic und Conversion

Wichtige Kennzahlen im Überblick

Visitors	Anzahl der Besucher/-innen einer Website innerhalb einer bestimmten Zeiteinheit, z. B. Besucher/-innen pro Stunde.
Seitenaufrufe pro Besucher/-in	Anzahl der Aufrufe einer bestimmten Webseite innerhalb eines Internetauftritts pro Besucher/-in
Absprungrate	Sie informiert über das Besucherverhalten auf einer Webseite und erfasst den Anteil der Besucher/-innen mit nur einem einzigen Seitenaufruf.

Conversion Rate	Zeigt den Anteil der Webseitenbesucher/-innen, die eine gewünschte Transaktion durchgeführt haben, z. B. Newsletter-Abo, Bestellung. **Beispiel:** Conversion Rate = $\frac{\text{Käufe} \cdot 100}{\text{Besucher}}$
Verweildauer	Die Aufenthaltszeit gibt Hinweise auf die Qualität einer Webseite.
Rate der wiederkehrenden Besucher/-innen	Sie verweist auf interessante Inhalte und Attraktivität einer Internet-Seite, indem sie die Zahl der Besucher/-innen einer Seite misst, die mehr als einmal darauf zugreifen.
Anzahl der Abonnenten und Abonnentinnen	Sie zeigt, wie viele Menschen man mit Onlinemarketing-Maßnahmen erreicht.
Bestellungen pro Besucher/-in	Die Kennzahl misst, die durchschnittliche Anzahl von Bestellungen pro Besucher/-in einer Webseite.
Cost per Action (CPA)	Kosten je gewünschter Conversion (z. B. je Abonnement eines Newsletters oder je Kaufabschluss).
Advertising Costs of Sale (ACOS, Umsatzkosten)	Zeigt die Wirtschaftlichkeit der Onlinewerbung an, indem die Werbekosten in Relation zu dem damit erzielten Umsatz gesetzt werden. Beispiel: Ein Händler gibt für Onlinewerbung 10 € aus und erzielt damit einen Umsatz von 50 €. Seine ACOS beträgt 20 %.
Unique-Öffnungsrate	Anteil der geöffneten E-Mails an den insgesamt versendeten E-Mails (beim E-Mail-Marketing)
Bounce-Rate	Anteil der nicht zustellbaren Werbe-E-Mails (beim E-Mail-Marketing)

10 Datenschutz im E-Commerce

Der Datenschutz umfasst alle Maßnahmen von Unternehmen zum Schutz personenbezogener Daten vor Missbrauch bei Übertragung, Weitergabe und Zugriff. Auch Webshop-Betreiber sind verpflichtet die DSGVO umzusetzen. Beim Onlinehandel ist diese vor allem beim Umgang mit Kundendaten von großer Bedeutung.

Gesetzliche Grundlage

Die europäische Datenschutzgrundverordnung (DSGVO) regelt die Erhebung, Verbreitung und Nutzung von personenbezogenen Daten. Es dient dem Schutz der einzelnen Bürger vor Missbrauch ihrer persönlichen Daten.

Zu den personenbezogenen Daten gehören:

- Einzelangaben über persönliche Verhältnisse (z. B. Alter, Bildung, Krankheiten)
- Daten über sachliche Verhältnisse von natürlichen Personen wie Vermögen oder Schulden

Datengeheimnis

Allen Personen, die Zugriff auf personenbezogene Daten haben, ist die unbefugte Nutzung und Weitergabe dieser Daten untersagt.

Rechte der betroffenen Bürgerinnen und Bürger

- **Auskunft** über Art und Zweck der gespeicherten Daten
- **Berichtigung** von falsch gespeicherten Daten
- **Löschung** von unzulässig gespeicherten Daten

Checkliste Datenschutz

Checkliste für die Erhebung, Speicherung und Nutzung personenbezogener Daten:

- **Zutrittskontrolle**: Datenverarbeitungsanlagen, die personenbezogene Daten verarbeiten, dürfen nur von befugten Personen betreten werden.
- **Zugangskontrolle**: Der Zugang von Unbefugten in die Datenverarbeitungsysteme ist durch entsprechende Kontrollmechanismen zu verhindern.
- **Zugriffskontrolle**: Es ist zu gewährleisten, dass Berechtigte zur Benutzung eines DV-Systems ausschließlich auf berechtigte Daten zugreifen können. Das beinhaltet, dass personenbezogene Daten bei der Verarbeitung, Nutzung und nach der Speicherung nicht unbefugt gelesen, kopiert, verändert und entfernt werden können.
- **Weitergabekontrolle**: Es ist zu gewährleisten, dass personenbezogene Daten bei der elektronischen Übertragung oder während ihres Transports oder ihrer Speicherung auf Datenträger nicht von Unbefugten gelesen, kopiert, verändert oder entfernt werden können. Darüber hinaus muss überprüft und festgestellt werden können, an welche Stellen eine Übermittlung personenbezogener Daten durch Einrichtungen zur Datenübertragung vorgesehen ist.
- **Eingabekontrolle**: Eingaben sind so zu erfassen, dass nachträglich überprüft und festgestellt werden kann, ob und von wem personenbezogene Daten in Datenverarbeitungssysteme eingegeben, verändert oder entfernt worden sind.
- **Auftragskontrolle**: Im Auftrag verarbeitete, personenbezogene Daten dürfen nur entsprechend der Weisungen des Auftraggebers verarbeitet werden. (vgl. § 11 BDSG).
- **Verfügbarkeitskontrolle**: Personenbezogene Daten sind durch entsprechende Maßnahmen gegen Verlust oder zufällige Zerstörung zu schützen.
- **Trennungsgebot**: Daten, die zu unterschiedlichen Zwecken erhoben werden, müssen getrennt verarbeitet werden können. Dies ist durch entsprechende Maßnahmen sicherzustellen.

Datensicherung

Unter der Datensicherung versteht man alle Maßnahmen gegen Verlust, Verfälschung und Missbrauch von Daten.

Geeignete Maßnahmen:

- Einsatz von Datenadministratoren, die für die Datensicherung verantwortlich sind
- regelmäßige Sicherheitskopien auf unterschiedlichen Datenträgern
- Sicherheitskonzepte für Cloud-Lösungen

D

ONLINEMARKETING

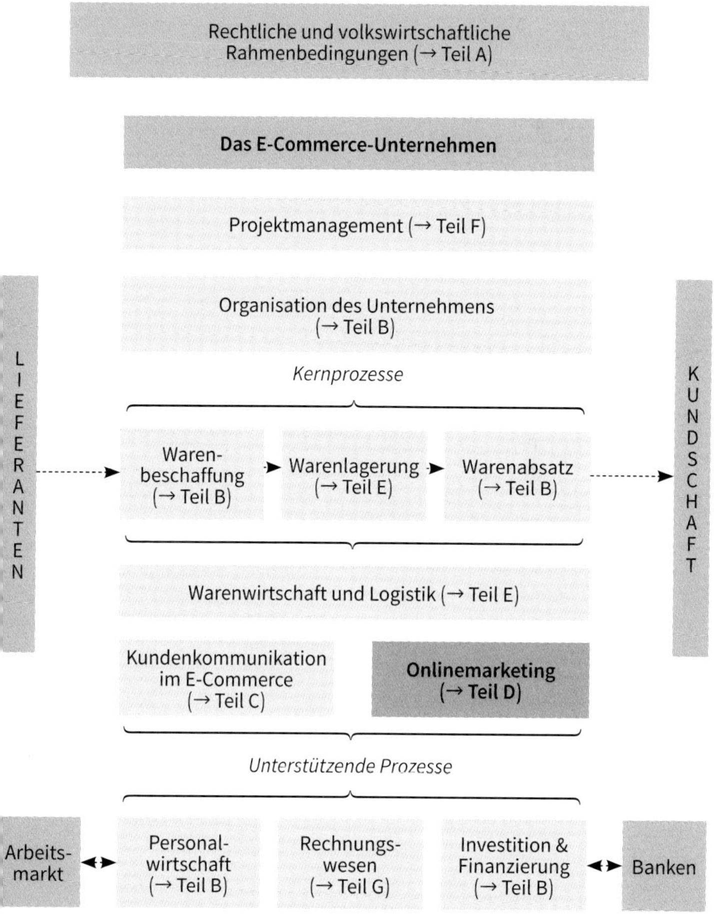

1 Erscheinungsformen des Onlinemarketings

Onlinemarketing (auch *Internetmarketing* oder *Webmarketing* genannt) umfasst alle Marketingmaßnahmen, die online durchgeführt werden. Die Marketingziele reichen von der Steigerung der Markenbekanntheit bis zum Abschluss eines Onlinegeschäftes.

Erscheinungsformen des Onlinemarketings

für Endbenutzer/-innen sichtbar

↓

Onlinewerbung, Corporate-Website, Foren/Communities, E-Commerce, Sponsored Links, Onlinewettbewerbe, Social Bookmarking, Apps, E-Mails, E-Newsletter, Corporate-Blogs, Microblogging, Location Based Services, E-Sampling, Online-PR, E-Kundenbindungsprogramme, E-Coupons, M-Coupons, Mobile-Marketing, Media-Sharing-Plattformen, Virales Marketing, Keyword Advertising (= SEA für Search Engine Advertising)

für Endbenutzer/-innen unsichtbar

↓

Suchmaschinenoptimierung (= SEO für Search Engine Optimization), Affiliate-Marketing, Web-Analytics, Web-Monitoring, Targeting

In Anlehnung an: Kreutzer, Ralf T., Onlinemarketing, Springer Gabler 2016, S. 3

- **Affiliate-Marketing**: Onlinewerbung auf den Websites Dritter, um eine größere Zielgruppe zu erreichen. Betreiber der Websites, die Affiliate Links auf ihren Seiten installieren, erhalten Provisionen bei erfolgreicher Weiterleitung (z. B. Amazon PartnerNet).
- **Apps (Applikation)**: kleine, spezifische Anwendungsprogramme, die die Nutzungsmöglichkeiten von Smartphones oder Tablets gezielt erweitern
- **Corporate Blogs**: ein auf einer Website geführtes und damit meist öffentlich einsehbares Tagebuch oder Journal (= Blog) eines Unternehmens für eigene Mitarbeiter oder externe Zielgruppen
- **Corporate-Website**: Internet-Auftritt des Unternehmens, virtuelle Visitenkarte und Säule des Internet-Marketings
- **E-Commerce** (= elektronischer Handel): Anbahnung und Abwicklung von Kaufprozessen über das Internet
- **E-Coupons**: Kaufanreize, die z. B. in Form von Bannerwerbung verbreitet werden (z. B. 10-Euro-Coupons für alle Teilnehmer einer Kundenbefragung)

- **E-Kundenbindungsprogramme**: Kundenbindungs- und -betreuungskonzepte, die nur im Onlinebereich umgesetzt werden
- **E-Sampling**: Elektronische Übersendung eines Produktmusters (engl.: *sample*), z. B. MP3-Dateien für Musik und Hörspiele, pdf-Dateien für E-Books
- **Foren/Communities**: Plattformen für einen umfassenden Informationsaustausch im Internet
- **Hybride Kundenbindungsprogramme**: Kundenbindungs- und -betreuungskonzepte, die sowohl im Online- als auch im Offlinebereich umgesetzt werden (z. B. Kundenkarten, die für Online- und Offlinekäufe gleichermaßen eingesetzt werden können)
- **Keyword Advertising** (= **SEA** für **S**earch **E**ngine **A**dvertising = Suchmaschinenwerbung): Ergebnisse von Suchanfragen in Suchmaschinen (z. B. Google) werden in Form von Sponsored Links sichtbar
- **Location Based Services**: erlauben es, Botschaften und Angebote auf den jeweiligen Aufenthaltsort der Nutzer auszurichten, der z. B. via Smartphone über GPS übermittelt wird (z. B. Restaurants in der Nähe)
- **Media-Sharing-Plattformen**: bieten die Möglichkeit, eigene Kreationen, Fotos, Präsentationen und Videos (für Onlinemarketingzwecke z. B. um die „Geschichte hinter der Geschichte“ oder das „Making of“ eines Werbespots) zu präsentieren (z. B. Youtube)
- **Microblogging**: Plattformen zum Austausch von Textnachrichten, die auf eine bestimmte Zeichenanzahl beschränkt sind (z. B. maximal 140 Zeichen je Tweet bei Twitter); einfache Möglichkeit mit einer Zielgruppe zu bestimmten Themen in einen Dialog zu treten
- **Mobile Coupons (M-Coupons oder E-Coupons)**: Gutscheine oder Rabattmarken, die für Nutzer digital auf ihren mobilen Endgeräten zur Verfügung stehen (gut in Kombination mit Location Based Services nutzbar, z. B. Gutschein für Einzelhandelsgeschäft in der Nähe)
- **Mobile-Marketing**: Onlinemarketing, das speziell auf die Nutzer/-innen von mobilen Endgeräten ausgerichtet ist
- **Online-PR**: Public Relations (Öffentlichkeitsarbeit), die über das Internet umgesetzt wird (z. B. über Social-Media-Kanäle)
- **Onlinewerbung**: Werbung im Internet in unterschiedlichsten Erscheinungsformen (z. B. Bannerwerbung, Pop-Up)
- **Social Bookmarking**: Möglichkeit, interessante Webseiten zu markieren und andere so über Präferenzen zu informieren
- **Soziale Netzwerke**: Plattformen, auf denen Menschen miteinander vernetzt sind (z. B. Facebook, Instagram, Xing, LinkedIn u. dgl.), werden für adressatengenaue Werbung genutzt

- **Sponsored Links**: Bezahlte Werbeanzeigen bei Suchmaschinen (z. B. Google)
- **Suchmaschinenoptimierung** (= **SEO** für **S**earch **E**ngine **O**ptimization): Versuch durch eine spezifische Ausgestaltung des Onlineauftritts, in den Trefferlisten der Suchmaschinenanbieter möglichst weit vorne zu landen
- **Targeting**: Such- und Surfverhalten wird ausgewertet, um daraus Bedürfnisprofile sowie Produkt- und Dienstleistungsinteressen abzuleiten und gezielte Onlinewerbung zu schalten
- **Virales Marketing**: Marketing-Methode, bei der eine außergewöhnliche Werbebotschaft in kürzester Zeit wie ein Virus verbreitet wird (z. B. über Social Media)
- **Web-Analytics**: Grundlage des Targeting-Konzepts (Traffic-Analyse, also Analyse des Datenverkehrs, Clickstream-Analyse, Web-Tracking, Web-Controlling)
- **Web-Monitoring**: versucht – im Gegensatz zu Web-Analytics – auf einer Meta-Ebene, d. h. auf einer der realen Kommunikation zwischen Kunden und Unternehmen übergeordneten Ebene, Erkenntnisse über die Wahrnehmung der Leistungen des eigenen Unternehmens zu erhalten (z. B. Produktrezensionen, Erwartungshaltungen, Produktanregungen, Beschwerden, Trends)
- **Werbe-E-Mails**: Direkt an eine E-Mailadresse gesendete Werbung (i. d. R. nicht erbeten)
- **Werbe-E-Newsletter**: Direkt an eine E-Mailadresse gesendete regelmäßige Informationen zu einem Themengebiet mit dem Ziel der Kundenbindung (i. d. R. erbeten)

2 Erfolgsfaktoren des Onlinemarketings

2.1 Grundlegende und internet-spezifische Erfolgsfaktoren

Grundlegende Faktoren	Internet-spezifische Faktoren
Aufbau guter Gefühle	Fokussierbarkeit auf Zielgruppe
Empfängerorientierte Kommunikation	Individualisierbarkeit der Kundenansprache
Relevanz der Angebote	Kurze Responsezeiten
„4 Ks" im Marketing	Kurzer zeitlicher Vorlauf
Nutzung der relevanten Customer Touchpoints	Globale Reichweite
Konsequente Ergebnisorientierung	Zeitnahes Erfolgscontrolling
Erwartungsmanagement	

In Anlehnung an: Kreutzer, Ralf T., Onlinemarketing, Springer Gabler 2016, S. 10 ff.

Grundlegende, marketingübergreifende Faktoren

Aufbau guter Gefühle: Jeder Kunde und jede Kundin wünscht sich gute Gefühle. Daher sind Marketingaktivitäten dahingehend zu überprüfen, ob sie einen Beitrag zur positiven Stimmungslage von Interessentinnen und Interessenten sowie Kundinnen und Kunden leisten.

Empfängerorientierte Kommunikation: Die Kommunikation ist konsequent auf die Empfängerperspektive der Zielpersonen auszurichten. Im Mittelpunkt steht immer der Nutzen der Dienstleistungen und Produkte für die Kundinnen und Kunden.

Relevanz der Angebote: Die Nutzerpräferenzen wandeln sich ständig. Es gilt, immer wieder genau aufzunehmen, was die Zielgruppe wirklich interessiert. Gleichzeitig sind immer wieder neue Wege auszutesten, um das Interesse der Zielgruppe zu gewinnen bzw. zu halten.

Die „4 Ks" im Marketing: Um die Orientierungsfunktion des Marketings für Interessenten und Kunden zu gewährleisten und unnötige Verwirrung zu vermeiden, ist ein hohes Maß an **Kontinuität** wichtig. Der Gesamtauftritt sollte in sich schlüssig sein (**Konsistenz**). Als richtig erkannte Maßnahmen sollten mit **Konsequenz** umgesetzt werden. Die Basis von allem stellt die **Kompetenz** dar, die nicht nur im Bereich der Kernleistungen des Unternehmens gegeben sein muss, sondern auch im Rahmen der Social-Media-Marketingaktivitäten.

Nutzung der relevanten Customer-Touchpoints: Ziel ist es, an den relevanten Berührungspunkten zwischen Interessenten bzw. Kunden und Anbieter (Customer-Touchpoints) präsent zu sein (z. B. Internetauftritt, E-Mails, E-Newsletter, Werbebanner, Blogs, Onlineforen und -Communitys, aber ggf. auch persönlicher Kontakt über Außendienstmitarbeitende oder den stationären Einzelhandel).

Konsequente Ergebnisorientierung (Performance-Marketing): Alle Marketingaktivitäten sind mit den relevanten Kennzahlen auf ihre Effizienz zu überprüfen (ROMI: Return of Marketing Investment; KPIs: Key Performance Indicators).

Erwartungsmanagement (Expectation Management): Durch die Kommunikation im Rahmen der Marketingaktivitäten werden konsequent Erwartungshaltungen beim Kunden aufgebaut. Werden Erwartungen geweckt, die dann nicht erfüllt werden können, ist der Kundenverlust vorprogrammiert (z. B. statt der versprochen „48-Stunden-Lieferung" trifft die Lieferung erst nach 4 Tagen ein).

Internet-spezifische Faktoren

Fokussierbarkeit auf Zielgruppe: Die Instrumente des Onlinemarketings (z. B. E-Mails, E-Coupons, Onlinewerbung, Social-Media-Marketing) ermöglichen eine stärkere Fokussierung auf eng abgesteckte Zielgruppen, als dies beim klassischen Marketing der Fall ist.

Individualisierbarkeit der Kundenansprache: Die stärkere Fokussierbarkeit ermöglicht eine individuellere Ansprache des Kunden. Aufgrund der Kundenhistorie (z. B. bisherige Käufe im Onlineshop, vorgemerkte Produkte auf Wunschliste) und der individuelleren Kommunikation mit den Kundinnen und Kunden lernen Unternehmen ihre Kunden immer besser kennen und können so maßgeschneiderte Angebote unterbreiten.

Kurze Responsezeiten: Die Online-Instrumente ermöglichen es, sehr schnell, teilweise sogar in Echtzeit auf Entwicklungen zu reagieren. So können z. B. Akquisitionsaktionen per Newsletter oder E-Mail gestoppt werden, wenn Lieferengpässe absehbar sind oder bei noch laufenden Entscheidungsprozessen der Kunden die individuell notwendigen Informationen bereitgestellt werden.

Kurzer zeitlicher Vorlauf: Bei Onlineaktionen ist – insbesondere verglichen mit der klassischen Werbung in Printmedien, Hörfunk und Fernsehen – nur ein sehr kurzer zeitlicher Vorlauf notwendig.

Globale Reichweite: Ein entscheidender Vorteil des Internets ist die weltweite Vernetzung. Aktivitäten des Onlinemarketings haben eine sehr hohe Reichweite und damit einen umfassenden Verbreitungsgrad.

Zeitnahes Erfolgscontrolling: Die Internettechnologie bietet sehr gute Möglichkeiten, das Kundenverhalten zu messen und damit den Erfolg des Onlinemarketings detailliert zu analysieren (z. B. durch Platzierung von Testkonzepten, Tracking von Surfverhalten im Onlineshop u. dgl.).

Optimierung des Internetauftritts für die Nutzung von Smartphones: Seit 1.4.2021 wird dieser Aspekt von der Google-Suchanzeige berücksichtigt. Nicht optimierte Websites werden schwieriger gefunden.

2.2 Customer Relationship Management (CRM)

Customer Relationship Management, kurz CRM oder Kundenpflege, bezeichnet die konsequente Ausrichtung einer Unternehmung auf ihre Kundschaft und die systematische Gestaltung der Kundenbeziehungsprozesse.

Erwartungshaltung der Kundinnen und Kunden

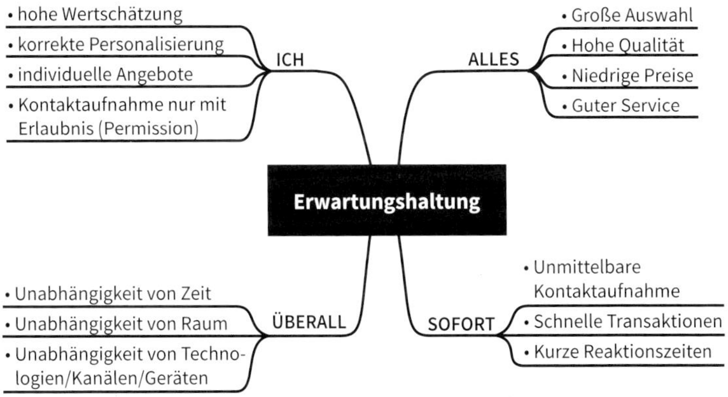

in Anlehnung an: Kreutzer, Ralf T., Onlinemarketing, Springer Gabler 2016, S. 25

Die Erfüllung dieser Anforderung konkretisiert sich u. a. in den folgenden Kundenfragen, die gleichzeitig als Erfolgskriterien für das Onlinemarketing herangezogen werden können:

- Sind die Angebote für mich maßgeschneidert?
- Spricht die Senderin/der Sender meine Sprache?
- Bekomme ich genau die Informationen, die ich brauche?
- Finde ich die gewünschten Informationen schnell und unkompliziert?
- Werden meine Vorgaben zur Ansprache (z. B. per E-Mail, Post, Newsletter, Telefon) respektiert?
- Kann ich einfach bestellen und bezahlen?
- Finde ich – falls notwendig – eine unkomplizierte Hilfestellung?
- Kann ich die gewünschten Transaktionen zu einem von mir gewählten Zeitpunkt und von einem von mir bestimmten Ort aus vornehmen?
- Entspricht das Angebot meinen Erwartungen im Hinblick auf Auswahl, Qualität, Preis und Service?
- Reagiert der Onlinehändler schnell auf meine Kontaktaufnahme?
- Liefert der Onlinehändler die Ware schnell genug?

2.3 Brand Building (Markenaufbau)

Beim Brand Building geht es um den Aufbau einer Markenkompetenz, die sich auf die Frage herunterbrechen lässt: Wer bin ich? Diese Frage lässt sich spezifizieren, wenn die folgenden vier Dimensionen der Markenidentität klar definiert sind.

- **Markennutzen**: Welchen sachlichen oder emotionalen Mehrwert biete ich meinen Kunden?
- **Markenattribute**: Welche Eigenschaften haben meine Produkte, meine Dienstleistungen und mein Unternehmen?
- **Markenbild**: Wie trete ich z. B. im Hinblick auf Design, Haptik, Geschmack, Geruch, Klangoder sonstige Sinneseindrücke auf?
- **Markentonalität**: Welche Emotionen und Gefühlswelten werden durch meine Marke ausgelöst?

In Anlehnung an: Esch, Franz-Rudolf (Hrsg.): Moderne Markenführung. Grundsätze, innovative Ansätze, praktische Umsetzungen, Springer Gabler 2005, S. 121

2.4 Möglichkeiten zur Steigerung des Kundenwertes

- **More-Selling**: Der Kunde/die Kundin soll mehr vom Gleichen kaufen.
  Beispiel: Er/sie bekommt ein weiteres Buch vom gleichen Autor angeboten.
- **Cross-Selling**: Der Kunde/die Kundin soll auch in anderen Angebotsfeldern des Unternehmens Umsätze generieren.
  Beispiel:
  Er/sie bekommt ein Hörspiel aus einem ähnlichen Genre angeboten.
- **Up-Selling**: Der Kunde/die Kundin soll höherwertige Angebote kaufen.
  Beispiel: Er/sie bekommt eine Luxusedition und/oder eine limitierte Auflage des Buches angeboten.

2.5 Erfolgscontrolling

Zur Beurteilung des Erfolgs der Onlinemarketing-Aktivitäten sind frühzeitig relevante und nach Möglichkeit messbare Bewertungskriterien festzulegen. Der Begriff Controlling (engl.: *to control* = steuern) steht dabei nicht in erster Linie für Kontrolle, sondern vor allem für eine vorausschauende Erfolgssteuerung im Sinne des Controlling-Regelkreises.

Controlling-Regelkreis

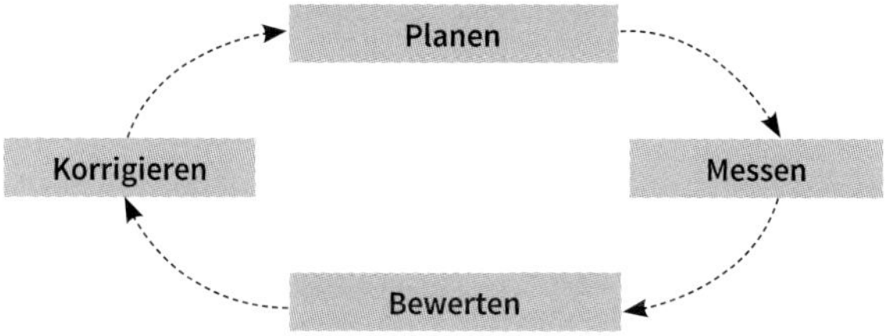

Effektivitätscontrolling

▶ Fokus der Effektivität: Ausmaß der Zielerreichung

Mögliche Erfolgskriterien:

- Gibt es eine ausreichende Zahl von potenziellen Kundinnen und Kunden, die ein Interesse daran haben, unsere Internetseiten zu besuchen, um sich über unsere Produkte zu informieren („**Traffic**")?
- Führt ein Besuch einer Internetseite (z. B. nach einem Klick auf eine Bannerwerbung) dazu, dass die Kundinnen und Kunden das Produkt auch kaufen („**Conversion**")?
- Erzielen die Nutzer, die einen Newsletter abonniert haben, einen echten Informations- und/oder Servicevorteil? Erfüllt der Newsletter den Zweck, Interessenten bzw. Kunden längerfristig an das Unternehmen zu binden?
- Werden die eigenen Interessenten/Interessentinnen sowie Kundinnen und Kunden zu Fans und Followern?
- Werden die Fans bei Facebook zu Markenbotschaftern (Brand-Ambassadors)?
- Erzielen die Follower auf Twitter einen echten Informationsvorsprung und generiert die Präsenz bei Twitter dadurch zusätzliche Umsätze?
- Können auf den wichtigen Media-Sharing-Plattformen (wie YouTube) Inhalte präsentiert werden, die zur Imageverbesserung und/oder zur Verkaufsunterstützung beitragen?

Effizienzcontrolling

▶ Fokus der Effizienz: Input-Output-Relation

Mögliche Erfolgskriterien:

- Welche Kosten zur Gewinnung von Neukunden sind mit den einzelnen Onlinemaßnahmen verbunden?

- Was kostet es, durch die verschiedenen Onlinekanäle Interessenten für die eigenen Dienstleistungen bzw. Produkte zu generieren?
- Was kostet es, einen Fan bei Facebook und einen Follower bei Twitter zu gewinnen?
- Durch welche Onlinemaßnahmen können besonders erfolgreich Interessenten/Interessentinnen zu Kundinnen/Kunden entwickelt werden (Conversion Rate = Verhältnis der Besucher/-innen einer Website zur Anzahl der getätigten Transaktionen)?
- In welchem Umfang schöpfen die Onlinemaßnahmen die Potenziale für More-, Cross- und Up-Selling aus?

3 Instrumente des Onlinemarketings

3.1 Corporate-Website

Als Corporate-Website bezeichnet man den gesamten Internetauftritt eines Unternehmens. Sie dient als Einstieg in die Webpräsenz des Unternehmens und stellt gewissermaßen eine digitale Visitenkarte dar. Für die Corporate-Website gilt besonders die alte Weisheit: Für den ersten Eindruck gibt es keine zweite Chance!

Funktionen

- Point of Information: Bereitstellen von Informationen
- Point of Interaction: Möglichkeit des Informationsaustausches
- Point of Sale: Möglichkeit, Kauftransaktionen durchzuführen

Erfolgsfaktoren (typische Fragen der Besucher)

- Lohnt es sich für mich, die Inhalte dieser Seite zu lesen?
- Welche Vorteile bietet sie mir?
- Welchen spezifischen Nutzen habe ich, wenn ich den Angeboten der Seite folge? Was ist der USP (Unique Selling Point), also das Alleinstellungsmerkmal?
- Ist das Unternehmen vertrauenswürdig? Gibt es objektive Einschätzungen zum Unternehmen (z. B. Testergebnisse, Referenzen, Kundenbewertungen)?
- An wen kann ich mich mit Fragen, Reklamationen etc. wenden?
- Mit wie vielen E-Mails bzw. Newslettern ist zu rechnen, wenn ich meine Zustimmung erteile?
- Kann ich einen E-Mail-Newsletter schnell wieder abbestellen?
- Kann ich weitere Informationen über das Unternehmen über soziale Netzwerke erhalten (Facebook, Twitter usw.)?

Kriterien für die Usability (Benutzerfreundlichkeit)

- Ist die Website einfach zu bedienen? Orientiert sie sich an der Erfolgsformel KISS („Keep it short and simple")?
- Wird schnell deutlich, was das Angebot des Unternehmens ist und wie es in Anspruch genommen werden kann?
- Fällt die Orientierung auf der Website leicht?
- Wie hilfreich ist die Funktionalität des Webdesigns?
- Sind die angebotenen Informationen verständlich und decken sie zielgerichtet den Informationsbedarf des Besuchers?
- Stehen die Anforderungen von Informationen durch das Unternehmen in einem angemessenen Verhältnis zur angebotenen Leistung?

Instrumente zum Aufbau von Website-Traffic

Unter Website-Traffic bzw. schlicht **Traffic** versteht man das Benutzeraufkommen, also die Anzahl der Besuche auf einer Webseite innerhalb eines bestimmten Zeitraums. Fasst man innerhalb dieser Zeitspanne die mehrfachen Besuche eines einzelnen Besuchenden zu einem einzigen Besuch zusammen, so ergibt sich eine spezielle Form des Traffics, die die Anzahl der verschiedenen Besuchenden misst, nämlich **Unique Visitors**.

Offline-Instrumente	Online-Instrumente
→ Beilagen in Zeitungen, Zeitschriften und Paketen → Flyer, Produkte, Plakate → Verwendung von QR-Codes zum Verlinken der Website (z. B. auf Verpackungen, in Printmedien) → Direct Response über Radio- oder TV-Spots (Direct Response: Aufforderung zur „direkten Antwort") → PR-Aktivitäten → Außendienst → Telefonmarketing	→ Suchmaschinenoptimierung (SEO) → Keyword-Advertising → Banner-Werbung → Affiliate-Werbung → Soziale Netzwerke → E-Kommunikation (E-Mails, Newsletter)

3.2 Landingpage und Doorwaypage

Eine **Landingpage** (engl. Begriff im Sinne einer Zielseite, auf der man „landet") ist eine speziell eingerichtete Webseite, die nach einem Mausklick auf ein Werbemittel oder nach einem Klick auf einen Eintrag in einer Suchmaschine (Google, Bing u. Ä.) erscheint.

Die Landingpage ist auf den Werbeträger und dessen Zielgruppe optimiert. Bei einer Landingpage steht ein bestimmtes Angebot im Mittelpunkt, welches ohne Ablenkung vorgestellt wird. Ein wesentliches Element ist die Integration eines Response-Elements (z. B. Anfrageformular, Link zum Webshop oder Call-Back-Button), das die einfache Interaktion mit den Besucherinnen und Besuchern sicherstellt.

Landingpages sind nicht zu verwechseln mit „Brückenseiten“ (engl.: ***doorway page***). Ihre Intention ist nicht die direkte Werbung, sondern sie dient hauptsächlich dem Zweck der SEO, also der Suchmaschinenoptimierung (siehe Kapitel C 3.4) und dem „Empfang“ der Benutzerinnen und Benutzer.

3.3 Sales Funnel

Ein Sales Funnel („Verkaufstrichter“) beschreibt die einzelnen Stufen des Verkaufsprozesses. Er kommt ursprünglich aus dem Vertrieb, ist mittlerweile aber auch im Onlinemarketing etabliert. Die bewusste Ausgestaltung des Sales Funnel ermöglicht den Marketingprozess effektiv zu gestalten und eine detaillierte Analyse, an welcher Stelle des Verkaufsprozesses mögliche Kundinnen und Kunden verloren gehen. Dieser Prozess bis zur Konversion (also der gewünschten Handlung) wird auch als „Konversionstrichter“ bezeichnet.

Beispiel für einen Sales Funnel

Vorteile eines klar strukturierten Sales Funnel:

--> klare Ausrichtung
--> eindeutige Zuordnung der Verantwortlichkeiten
--> Messbarkeit der einzelnen Phasen des Verkaufsprozesses
--> leichteres Erkennen von Optimierungspotenzialen

3.4 Onlinewerbung

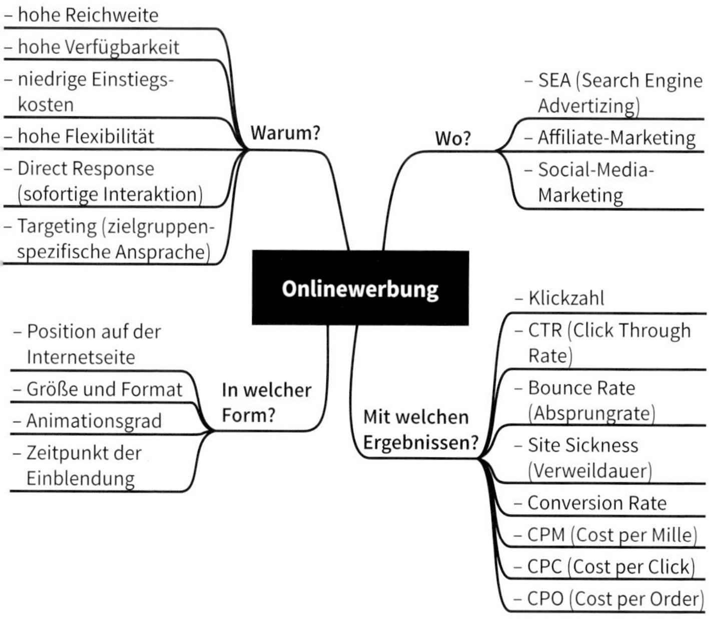

SEA (Search Engine Advertising)

SEA (Search Engine Advertizing = Suchmaschinenwerbung) und **SEO (Search Engine Optimization = Suchmaschinenoptimierung)** werden in ihrer Gesamtheit als **SEM (Search Engine Marketing = Suchmaschinenmarketing)** bezeichnet (siehe dazu die ausführliche Darstellung im Kapitel D 3.5 Search Engine Marketing).

Affiliate-Marketing

Affiliate-Marketing (engl. *affiliate* = angliedern) ist eine internetgestützte Form der Werbung, bei der ein Werbetreibender (engl. *Advertizer* oder *Merchant*) seinem Vertriebspartner (engl. *Affiliate* oder *Publisher*) die Platzierung von Links zu seiner Website durch Provisionen vergütet.

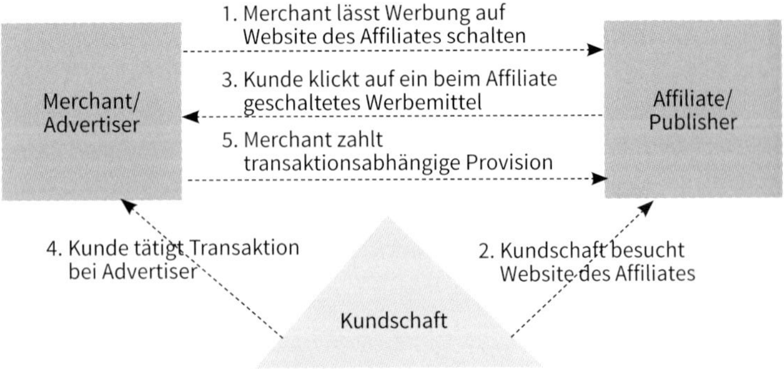

Vergütungssysteme im Affiliate-Marketing:

- PPS (Pay per Sale): Provision wird erst fällig, wenn Kundinnen und Kunden das Produkt gekauft haben.
- PPL (Pay per Lead): Provision wird fällig, wenn eine vorher definierte Handlung durchgeführt wurde (z. B. Registrierung für den Newsletter, Bestellung eines Kataloges u. Ä.)
- PPC (Pay per Click): Provision wird bereits fällig, wenn Interessenten/Interessentinnen auf den Affiliate-Link klickt.

Social-Media-Marketing (= Social-Network-Marketing)

Nutzung der Sozialen Medien (z. B. Facebook, Twitter, Instagram etc.) zur Kommunikation mit der Kundschaft bzw. potenziellen Kundinnen und Kunden (siehe auch Kapitel C 3.7 Social-Media-Marketing).

Controlling der Onlinewerbung

Page-Impressions/ Page-Views/ Impressionen	Wie viele Aufrufe hat eine Website (= Reichweite)?
Ad-Impressions/Ad-Views /Impressionen	Wie viel Sichtkontakt (optische Einblendung) gab es mit dem jeweiligen Werbemittel (z. B. Werbebanner, Sponsorenlink)?

Ad-Clicks/Klicks	Wie viele Nutzer/-innen haben einen bestimmten Inhalt einer Website bzw. ein Onlinewerbemittel angeklickt?
CTR (Click-Through-Rate)	Wie hoch ist der prozentuale Anteil der Klicks auf Werbebanner oder Sponsorenlinks im Verhältnis zu den gesamten Ad-Impressionen?
ACOS (Advertising Cost of Sale = Umsatzkosten)	Wie hoch ist der Anteil der Werbekosten an den damit erzielten Umsätzen? Beispiel: Ein Händler gibt 10 € für Ads bei Amazon aus und erzielt damit einen Umsatz von 50 €. Sein ACOS beträgt 20 %.
Bounce-Rate (Absprungrate)	Wie hoch ist der Prozentsatz der Besucher/-innen, die eine Website bereits nach wenigen Sekunden wieder verlassen?
Site-Sickness (Verweildauer)	Wie lange bleibt ein/-e Nutzer/-in durchschnittlich auf einer Website?
Conversion Rate	Wie viel Prozent der Besucher/-innen der Seite haben eine gewünschte Handlung (z. B. Anmeldung, Registrierung, Kauf) vollzogen?
CPM (Cost per Mille), TKP (Tausend-Kontakt-Preis)	Kosten für 1.000 Impressions (= Kosten für 1.000 Mal Anzeigen einer Werbeanzeige)
CPC (Cost per Click)	Kosten für den einzelnen Klick auf das Werbemittel
CPO (Cost per Order)	Durchschnittliche Kosten je erreichter Reaktion (z. B. Registrierung, Bestellung)

Abrechnungsmodelle für Onlinewerbung

PPS (Pay per Sale)	Zahlung nur dann, wenn ein Umsatz erzielt wurde in Form eines festgelegten Anteils
PPC (Pay per Click)	festgelegte Vergütung für jeden Klick auf die Werbung
PPL (Pay per Lead)	fixe Provision für jede gewünschte Conversion (z.B. Abonnieren eines Newsletters oder Bestellung des Produkts)
PPV (Pay per View)	Bezahlung für jede Einblendung der Werbung (Bezahlung pro Ansicht)
PPS (Pay per SignUp)	Erst bei Registrierung als Nutzer/-in (z.B. bei Spieleplattform) erfolgt Vergütung, vorher ist die Werbung kostenlos.

3.5 Search Engine Marketing (SEM)

Unter dem Begriff **SEM (Search Engine Marketing = Suchmaschinenmarketing)** werden **SEA (Search Engine Advertizing = Suchmaschinenwerbung)** und **SEO (Search Engine Optimization = Suchmaschinenoptimierung)** zusammengefasst. Da sich die Suchmaschine Google hier seit Langem als Marktführer etabliert hat, fokussiert sich das SEM in der Regel stark auf die Google-Suche.

SEA (Search Engine Advertising)

Unter **SEA (Search Engine Advertising = Suchmaschinenwerbung)** versteht man das Platzieren von Werbung auf Internetseiten, die Ergebnisse von Suchmaschinenabfragen anzeigen. Die eigene Onlinewerbung wird dann gegen Bezahlung nach Eingabe bestimmter Suchbegriffe durch potenzielle Kundinnen und Kunden auf der ersten Seite der Suchergebnisse platziert und als Werbung kenntlich gemacht. Dieser Prozess wird auch als **Keyword Advertising** bezeichnet.

Die Anzeigen der wichtigsten Suchmaschine Google werden auch **AdWords** genannt. Die Ergebnisse der SEA werden als **Sponsored Links**, **Sponsorenlinks** oder **Keyword-Anzeigen** bezeichnet.

Ziele der SEA:

- Steigerung des Traffics auf der eigenen Website oder der Landingpage
- Erhöhung der Markenbekanntheit
- Gewinnung von Interessenten/Interessentinnen und Kundschaft

Die Zusammenführung dieser Ziele der SEA erfolgt im Rahmen des **Conversion Funnels**. Damit ist ein Art Trichter (engl.: *funnel*) gemeint, der vom Erstkontakt bis zur Umwandlung (engl.: *conversion*) zur gewünschten Handlung (z. B. Kauf, Registrierung für Newsletter) führt und dabei immer enger wird.

SEO (Search Engine Optimization)

Unter **SEO (Search Engine Opimization = Suchmaschinenoptimierung)** werden alle Maßnahmen verstanden, deren Ziel es ist, dass die eigene Internetseite auf den ersten Plätzen der organischen Trefferlisten von Suchmaschinen erscheint.

Diese **organischen Trefferlisten** folgen dem Algorithmus des Suchmaschinenanbieters. Der Rangplatz auf der Trefferliste ist also nicht direkt (z. B. durch eine Bezahlung) beeinflussbar. Er ergibt sich aus einer – durch den Algorithmus des Suchmaschinenbetreibers ermittelten – Übereinstimmung zwischen den eingesetzten Suchbegriffen einer Nutzerin/eines Nutzers und den online verfügbaren Inhalten.

Ziel der Suchmaschinenbetreiber ist es, ein „organisches", d. h. für die Nutzerinnen und Nutzer qualitativ möglichst hochwertiges Suchergebnis zu bieten. Wie der Algorithmus genau funktioniert, ist ein streng gehütetes Geheimnis. Außerdem wird der Algorithmus immer wieder angepasst und optimiert. **Der Prozess der SEO kann daher niemals abgeschlossen sein.**

Das Gesamtergebnis der Suchmaschine wird als **Search Engine Result Pages (SERP)** bezeichnet. Es besteht aus der organischen Trefferliste sowie den bezahlten Anzeigen (Sponsored Links), die in unmittelbarem Wettbewerb um die Aufmerksamkeit der Nutzerinnen und Nutzer stehen.

Mögliche Maßnahmen der SEO:

- Auswahl relevanter Suchbegriffe bzw. Kombinationen von Suchbegriffen
- Optimierung der Keywords der Internetseite durch Tests (Welche Keywords auf meiner Website führen zu einer besseren Platzierung bei der Suchmaschine und einer Steigerung des Traffics auf meiner Website?)
- Textoptimierung der Website (Erhöhung der Relevanz und der Präzision)
- Ausrichtung der Website an Darstellungsstandards (z. B. für Smartphone optimierte Ansicht)
- Erzeugung von Backlinks in Social Media (Link zur eigenen Website wird auf Blogs, Facebook, Instagram usw. geteilt)
- Regionalisierung der Website-Inhalte
- Überprüfung der Website mit den entsprechenden Tools der Suchmaschinenanbieter (z. B. Google-Webmaster-Tools)

Amazon-SEO

Während die klassische SEO auf Suchmaschinen (in erster Linie Google) fokussiert ist, hat im E-Commerce auch die Plattform Amazon eine große Bedeutung. Insbesondere Kundschaft, die einen Artikel kaufen möchte, kommt über die Plattform Amazon häufig schneller zu den gewünschten Ergebnissen. Amazon-SEO zielt nun darauf ab, im Amazon-Ranking möglichst weit oben zu landen.

Wesentliche Unterschiede zur klassischen SEO:

- Amazon ist eine reine Kaufsuchmaschine
- Amazon liefert ein eigenes Ranking mit verschiedenen Kategorien und Bestsellerlisten und verwendet einen entsprechenden Algorithmus
- Amazon berücksichtigt beim Ranking neben den getätigten Käufen vor allem auch die Conversion Rate sowie Kundenrezensionen

Nutzer- und suchmaschinenfreundliche URL

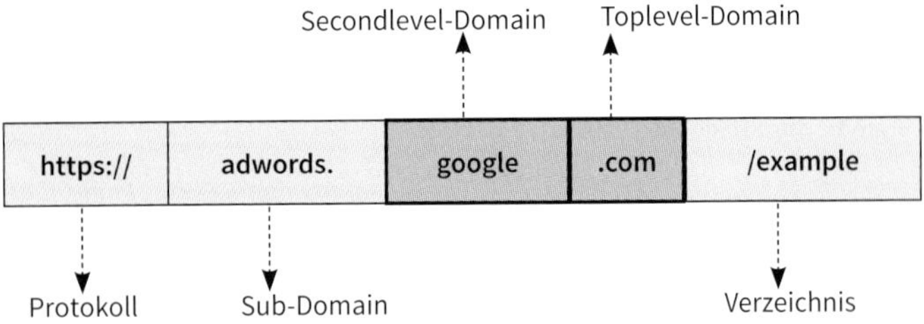

- möglichst kurze URL (engl. „Uniform Resource Locator", dt. „einheitlicher Quellenanzeiger")
- verständlicher Begriff bzw. Text, der direkt auf den Inhalt der Seite hinweist
- Umlaute (ä, ü, ö) möglichst vermeiden
- auf Kleinschreibung beschränken
- Sonderzeichen möglichst vermeiden, lediglich der einfache Bindestrich (–) ist unproblematisch

Unerlaubte Maßnahmen der SEO

Suchmaschinenanbieter verfolgen das Ziel, den Nutzerinnen und Nutzern einen möglichst großen Mehrwert zu bieten. Daher wird der Suchalgorithmus permanent dahingehend optimiert, „manipulierte" Verbesserungen des Suchmaschinenrankings, die keinen Mehrwert für den Nutzer die Nutzerin bieten („webspam"), zu erkennen und abzustrafen.

Zu diesen unerlaubten, manipulierenden **Black-Hat-Techniken** gehören z. B. das Keyword Stuffing und die Linkfarm.

Keyword Stuffing: „Vollstopfen" (engl.: *to stuff* = stopfen) der Website mit für die Suchmaschine relevanten Begriffen ohne diese in einen sinnvollen Kontext einzubinden.

Linkfarm: Internetseite, die lediglich als Sammlung von Websites oder Domains dient und dabei allein das Ziel verfolgt, möglichst viele Hyperlinks von anderen Websites auf die eigene Website zu ermöglichen.

3.6 Content-Marketing

Der Begriff **Content-Marketing** fasst alle Strategien und Praktiken zusammen, die darauf abzielen, mit informierenden, beratenden und unterhaltenden Inhalten (= Content) die Zielgruppe anzusprechen, um sie vom eigenen Unternehmen und seinem Leistungsangebot zu überzeugen und sie als Kundinnen und Kunden zu gewinnen oder zu halten.

Die Suchalgorithmen der Suchmaschinen entwickeln sich zunehmend von einer Keyword-basierten zu einer Content-basierten Suche. Ziel der Suchmaschinenbetreiber ist es, die Content-Wünsche ihrer Nutzerinnen und Nutzer optimal zu befriedigen. Daher werden langfristige, stabile Top-Rankings in den Suchmaschinen nur für die Webseiten zu erreichen sein, die einen überzeugenden Content bieten („Content is king!").

Kostenfreier Content mit Mehrwert untermauert bei den potenziellen Kundinnen und Kunden den eigenen Expertenstatus, zeigt, dass es nicht um den schnellen Verkauf geht, und bringt dem Anbieter so Sympathien und Vertrauen.

Schritte der Content-Erstellung

- Contentstrategien festlegen: Definition, in welchen Kategorien Content geschaffen werden soll (z. B. Probleme & Lösungen, aktuelle Trends, aktuelle Forschungsergebnisse, Messen und Events usw.)
- Themenfindung: Festlegung, über welche Themen Content erstellt werden soll
- Relevante Keywords identifizieren: Analyse der präferierten, sprich am häufigsten gesuchten Themen (z. B. über Google AdWords)
- Content planen, erstellen und veröffentlichen: Verfassen von Content (Texte, Fotostrecken, Videos, interaktive Grafiken etc.), ggf. Rückgriff auf bezahlte Verfasser/-innen (freie Texter/-innen, Agenturen, Marktplatzplattformen etc.)
- Content pflegen: Sicherstellen der Aktualität des Contents

in Anlehnung an: Klußmann, Thomas, Das Online Marketing Praxishandbuch, Gründer GmbH Köln 2017, 2. Auflage

3.7 Social-Media-Marketing (SMM)

Unter Social-Media-Marketing versteht man alle Marketingaktivitäten, die gezielt die sozialen Medien nutzen. Folgende Arten von sozialen Medien müssen dabei unterschieden werden:

Soziale Netzwerke (Social-Media-Plattformen)

Soziale Netzwerke ermöglichen es den Nutzerinnen und Nutzern, über eine Internetplattform neue Beziehungen zu anderen Privatpersonen aufzubauen und zu pflegen. Die größten sozialen Netzwerke sind derzeit Instagram und Facebook. Speziell im beruflichen Bereich dominieren Xing und LinkedIn.

Die Grundstruktur eines sozialen Netzwerks besteht aus den folgenden Elementen:

- Erstellung und Pflege eines Profils
- Ausweis der Beziehungen zu anderen Nutzer/-innen (z. B. „Freunde" bei Facebook)

- Kommunikation mit den anderen Nutzerinnen/Nutzern des sozialen Netzwerks
- Herstellung neuer Kontakte
- Möglichkeit, Inhalte anderer Nutzer/-innen unkompliziert zu teilen und zu kommentieren („Gefällt mir"-Button) bzw. bestimmten Nutzerinnen/Nutzern zu folgen (z. B. Follower bei Instagram)

Als Kommunikationsmittel werden in sozialen Medien zunehmend Bilder, Audio-Dateien oder Video-Dateien verwendet.

Unternehmen erstellen bei Facebook eine **Fanpage**. Ziel ist es nicht nur, möglichst viele Fans zu generieren. Auch die „Qualität" der Fans ist entscheidend. So ist es besonders lukrativ, möglichst viele digitale Meinungsführer/-innen und **Influencer/-innen** für sich zu gewinnen. Diese nutzen derzeit in der Regel das Netzwerk Instagram.

Die Vernetzung der User ermöglicht in sozialen Netzwerken im Idealfall eine virale Verbreitung von Inhalten.

Blogs

Ein Blog (ursprünglich Weblog als Kombination aus web und log = Logbuch) ist ein als Website geführtes und damit öffentlich einsehbares **Tagebuch** oder Journal. Die Blogger (Einzelpersonen, Gruppen oder Unternehmen) schreiben Gedanken zu einem bestimmten Thema nieder. In der Regel sind die Blogbeiträge chronologisch sortiert (neuester Beitrag immer oben) und können von den Leserinnen und Lesern kommentiert werden. Dadurch bekommen Blogs einen dialogischen und interaktiven Charakter. Durch den Einsatz von Links werden wiederum andere zum Thema des Blogs passende Blogs oder Internetseiten eingebunden.

Blogs gewinnen bei der Informationsgewinnung und Meinungsbildung im Internet zunehmend an Bedeutung. Für Unternehmen ist es daher wichtig, **Blogmonitoring** zu betreiben. Dadurch können sie einen Eindruck von der aktuellen „Stimmungslage" zum eigenen Unternehmen bzw. den eigenen Produkten gewinnen.

Microblogging

Microblogging ist eine Variante des Bloggens, die die Beiträge auf eine maximale Zeichenzahl (i. d. R. 200) begrenzt. Der bekannteste Microblogging-Dienst ist **Twitter**.

Media-Sharing-Plattformen

Media-Sharing-Plattformen ermöglichen es privaten Nutzerinnen und Nutzern sowie Unternehmen digitale Inhalte wie Videos, Fotos, Audio-Dateien (z. B. Podcasts),

Präsentation und andere Dateien über das Internet öffentlich zugänglich zu machen. In der Regel sind diese Plattformen mit einer Kommentarfunktion ausgestattet, sodass auch hier eine Interaktion möglich ist. Die bekannteste Media-Sharing-Plattform ist **YouTube**.

Davon abzugrenzen sind Cloud-Dienste (engl.: *cloud* = Wolke), bei denen es darum geht, Daten mit bestimmten Personengruppen zu teilen (z. B. Dropbox, Googledocs).

Internetforen und Online-Communities

Internetforen (lat. Forum = Marktplatz) werden auch als Onlineforen, Webforen oder Bulletin Boards bezeichnet. Sie dienen dem Austausch von Ideen, Meinungen und Erfahrungen. Dieser Austausch kann z. B. in der Form stattfinden, dass Nutzerinnen und Nutzer nach erfolgter Registrierung im Forum eine Frage posten, die dann von anderen Nutzerinnen und Nutzern beantwortet wird. Weitere Internetuser, die die gleiche Frage in eine Suchmaschine eingeben, finden diesen Eintrag und können ebenfalls – in der Regel ohne Registrierung – auf die Antworten zugreifen.

In den Antworten können auch unterschiedliche Sichtweisen deutlich werden und entsprechend lebhafte Diskussionen entstehen, die den Charakter von – zeitversetzt geführten – Gesprächen haben. Frage und Antworten bilden einen **Thread** (engl.: *thread* = Faden, hier im Sinne von „roter Faden“). Im Internet existieren sehr viele Foren zu teilweise recht eng gefassten Themenfeldern.

Ziele des Social-Media-Marketings

- Verbesserung des Kundenkontakts
- Steigerung der Bekanntheit des Unternehmens bzw. der Marke (Social Branding)
- Nutzung zur Publikation von Nachrichten und Informationen
- Aufbau eines guten Onlinerufs (Online-Reputation)
- Aufbau einer eigenen Community (z. B. durch Fanseite auf Facebook, einen Blog oder ein Forum)
- Sammeln von Informationen und Wissen über Kundinnen und Kunden
- Aufbau von Reputation als Expertise (Expertenstatus)
- Social-Media-Optimization: Optimierung der Reichweite, Verbesserung der Auffindbarkeit der eigenen Inhalte im Internet
- Virales Marketing: Epidemische (= exponentielle) Verbreitung von Inhalten durch eine Art Mundpropaganda in den sozialen Netzwerken (durch Teilen von Inhalten)
- Influencer-Marketing: Nutzung der Reputation von Influencerinnen/Influencern (= Meinungsmachern) in den sozialen Netzwerken

- Zielgruppenspezifische Werbeanzeigen (z. B. über Facebook)
- Social-Media-Monitoring: Systematische und kontinuierliche Erhebung, Aufbereitung und Analyse bzw. Interpretation von Inhalten aus den sozialen Netzwerken (z. B. Posts, Blogs, Forumsbeiträge)
- Weiter- und Neuentwicklung von Produkten unter Einbeziehung einer Onlinecommunity (Crowdsourcing oder Co-Creation)
- Akquise von Kunden und somit Umsatzsteigerung (Social Sales)

Auswahlkriterien für die Wahl der passenden Social-Media-Plattform

- Welche Themen können aktiv besetzt werden? Kann mit diesen Themen der Dialog mit der Zielgruppe gefördert werden?
- Welcher für potenzielle Kundinnen und Kunden interessante Content (Inhalt) mit Bezug zu unseren Produkten bzw. Dienstleitungen existiert bereits im Unternehmen und kann für Social-Media-Marketing genutzt werden?
- Passen die Nutzerstrukturen und die technischen Möglichkeiten zu Inhalten?
- Auf welche Weise können weitere Inhalte generiert werden, die für Social-Media-Nutzer/-innen eine so hohe Relevanz haben, dass ein Dialog zwischen der Zielgruppe und unserem Unternehmen entsteht?

3.8 E-Mail-Marketing

Unter E-Mail-Marketing (auch E-Kommunikation) versteht man die gezielte Nutzung von E-Mails bzw. E-Newslettern zu Marketingzwecken.

Ziele

- Sammlung von Kontaktdaten potenzieller Kundinnen und Kunden (Angabe der E-Mail-Adresse zum Abonnieren der kostenlosen Newsletter)
- gezielte Ansprache potenzieller Kundschaft
- Erbringung von Serviceleistungen für Kundinnen und Kunden (z. B. Versorgung mit spezifischen Informationen)
- Vertiefung der Kundenbeziehung

Ausprägungen

- Trigger-E-Mails (engl.: *trigger* = auslösender Reiz): Versuch mit E-Mails ein Kommunikationsziel zu erreichen (z. B. Kauf im Onlineshop, Besuch des stationären Ladengeschäfts)
- Transaction-E-Mails: Korrespondenz bei Geschäftsvorgängen zwischen dem Unternehmen und seinem Kundinnen und Kunden bzw. Interessentinnen/Interessenten

- After-Sales-E-Mails: Übermittlung von wichtigen Informationen über die Nutzung und Pflege der erworbenen Produkte sowie Werbung für passende Zusatzangebote
- E-Newsletter: Regelmäßige Informationen für Kundinnen und Kunden und Interessentinnen/Interessenten mit dem Ziel eine möglichst intensive Kundenbindung aufzubauen

Erfolgsfaktoren

- Personalisierung und Individualisierung der Inhalte
- Einbindung von Rich-Media-Content (z. B. Videos)
- Frequenz und Timing passend zur Erwartungshaltung der Zielgruppe
- Möglichkeit bieten, jederzeit die E-Mail-Kommunikation zu beenden bzw. den E-Mail-Newsletter zu kündigen und diesen Hinweis deutlich platzieren
- hohe Relevanz der angebotenen Informationen für die Zielgruppe (E-Mail-Marketing soll echten Mehrwert für Interessenten bieten und nicht als Spam wahrgenommen werden)
- Angebot von Interaktionsmöglichkeiten
- sinnvolle Einbindung des E-Mail-Marketings in die Gesamtkommunikation des Unternehmens

Der Prozess einer E-Mail-Marketing-Kampagne

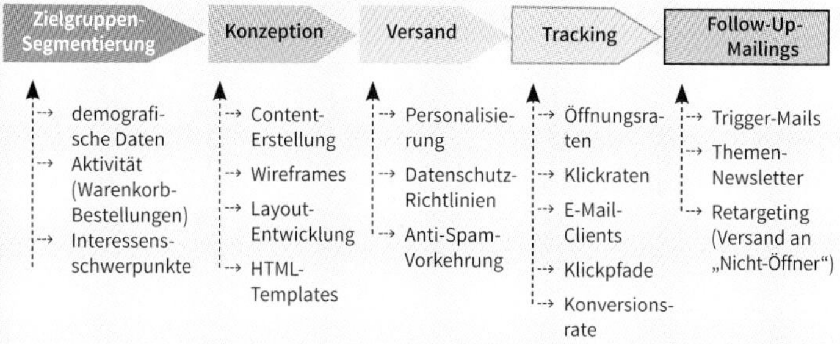

3.9 Mobile-Marketing

Mobile-Marketing umfasst alle Marketingmaßnahmen, die sich an die Nutzerinnen und Nutzer von mobilen, internetfähigen Endgeräten (Smartphone, Tablet) richten. Der Anteil der Menschen, die das Internet in erster Linie über das Smartphone nutzen, nimmt stetig zu. Das Smartphone wird zunehmend zum zentralen persönlichen Informations-, Steuerungs- und Navigationsinstrument. Die gezielte Ausrichtung der Marketingaktivitäten auf das Endgerät Smartphone wird also immer wichtiger.

Erfolgsfaktoren

- Mobile-Usability: Optimierung des Webauftritts für mobile Endgeräte
- Location Based Services: Mobile Übermittlung von standortabhängigen Informationen
- Mobile Gewinnung von Informationen durch die Unternehmen (z. B. Umfragen, Gewinnspiele)
- M-Commerce (Mobile-Commerce): Verkaufen und Übermitteln von virtuellen und realen Produkten und Dienstleistungen über mobile Geräte
- App-Marketing: Entwicklung von speziellen Apps. Angesichts der inflationären Ausbreitung von Apps (App-Economy) sehr wichtig: echter Mehrwert für die Nutzer/-innen

Merkmale für eine Mobile-Optimized-Website

- Responsive Design: Von einem „Responsive Design" spricht man, wenn sich die Website automatisch an die Größe des Browserfensters anpasst. „Mobile Optimized" ist nicht identisch mit dem Begriff „Responsive Design", aber ohne ein Responsive Design wäre eine mobile Optimierung nur möglich, wenn mit einer eigenen mobilen Version der Website gearbeitet wird, also im Grunde zwei Websites betrieben werden (meine-website.de und m.meine-website.de). Ein Scrollen von oben nach unten ist beispielsweise bei der Smartphone-Nutzung kein Problem. Ein Scrollen von links nach rechts dagegen im Hinblick auf die mobile Nutzerfreundlichkeit nicht akzeptabel. Bei einer Responsive-Mobile-Optimized-Seite ordnen sich die Inhalte automatisch möglichst nutzerfreundlich an und Buttons und Anmeldefenster werden in ausreichender Größe angezeigt.
- Schnelle Ladezeiten: Bei einer zu langen Ladezeit werden Nutzer/-innen mit hoher Wahrscheinlichkeit abspringen. Außerdem wird die Ladezeit der Website beim Google-Ranking berücksichtigt. Durch lange Ladezeiten werden Websites als schlechter empfunden.

E

WARENWIRTSCHAFT UND LOGISTIK

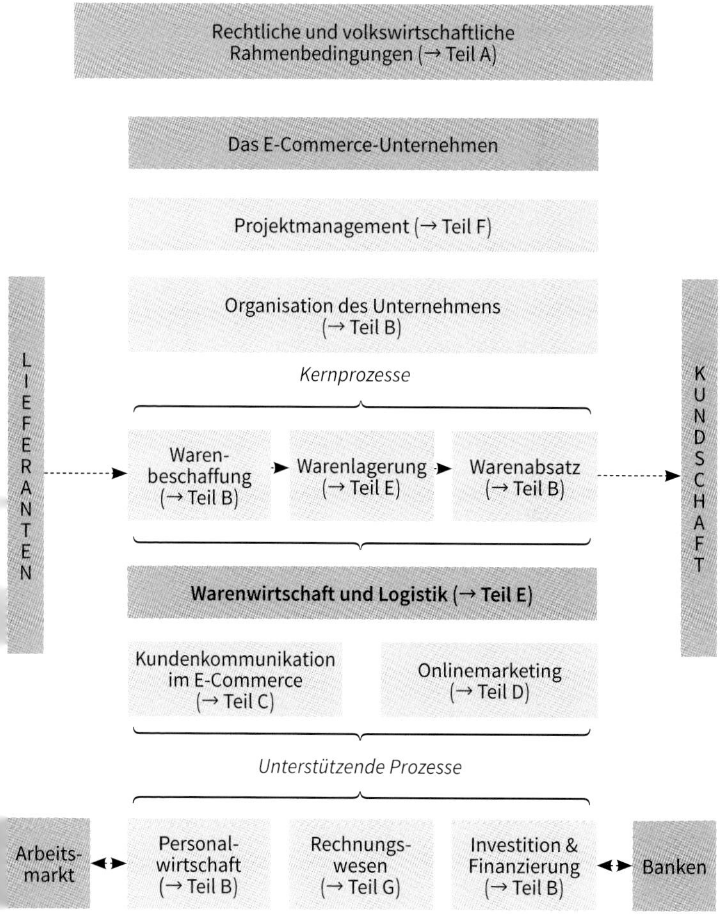

1 Warensortiment

1.1 Sortimentspolitik

Unter Sortimentspolitik versteht man die planmäßige, zielorientierte Gestaltung des Sortiments. Als Sortiment bezeichnet man die Gesamtheit aller Waren und Dienstleistungen, die ein Handelsbetrieb anbietet.

1.2 Sortimentsaufbau

Sortimentspyramide	Erläuterungen	Beispiele
Fachbereich	Branche	Kleidung
Warengruppe	verschiedene Warenarten mit ähnlicher Verwendung	Herrenbekleidung
Warenart	Artikel mit ähnlicher Verwendung oder Zusammensetzung	Hosen
Artikel	bestimmte Artikel einer Warengruppe	Jeanshosen, Leinenhosen, Cordhosen usw.
Sorte	spezielles Produkt nach Marke, Größe, Farbe, Gewicht …	Jeans, Farbe: dunkelbblau, Größe 32

1.3 Sortimentsumfang

Bezeichnungen	Erklärungen	Beispiele
Sortimentsbreite		
→ breites Sortiment	viele Warengruppen	*Warenhaus*
→ schmales Sortiment	Beschränkung auf eine oder wenige Warengruppen	*Lebensmittelfachgeschäft*

Bezeichnungen	Erklärungen	Beispiele
Sortimentstiefe		
--→ tiefes Sortiment	große Auswahl an Artikeln innerhalb einer Warengruppe	*„Wurstecke" mit 50 verschiedenen Wurstsorten*
--→ flaches Sortiment	geringe Auswahl an Artikeln innerhalb einer Warengruppe	*Schreibwarensortiment im Supermarkt*

1.4 Sortimentsstruktur

Bezeichnungen	Erklärungen	Beispiele
--→ Kernsortiment	typische Artikel für den Hauptumsatz, welche das ganze Jahr über angeboten werden	*Lebensmittel im Supermarkt*
--→ Randsortiment	Ergänzung des Kernsortiments mit branchenfremden Waren	*Bücher im Supermarkt*
--→ Saisonsortiment	Artikel werden nur zu bestimmten Zeiten angeboten	*Schokoladeosterhasen, Schultüten*
--→ Auslaufsortiment	Restbestände, die nicht weiter angeboten werden	*Auslaufmodelle*
--→ Probesortiment	neue Artikel, die in ein bestehendes Sortiment zur Probe eingeführt werden	*Feinkost in einem Supermarkt*

1.5 Sortimentsgestaltung

Maßnahmen der Sortimentsgestaltung sind:

Sortimentserweiterung	Aufnahme neuer Produkte, die das bestehende Sortiment erweitern bzw. vertiefen **Diversifikation** ist eine Sortimentserweiterung um gänzlich neue Warengruppen, mit dem Ziel, neue Märkte zu erschließen.
Sortimentsvariation	Es erfolgt ein Austausch bestimmter Waren, Warenarten oder Warengruppen. Dies kann durch folgende Maßnahmen erfolgen: **Trading up:** Das bestehende Sortiment wird qualitativ angehoben, z. B. durch Aufnahme von Markenartikeln.

	Trading down: Das Qualitätsniveau des bestehenden Sortiments wird qualitativ gesenkt, z. B. durch die Aufnahme von No-Name-Produkten.
Sortimentsbereinigung	Unrentable Waren oder Warengruppen werden aus dem Sortiment entfernt.

1.6 Warenkennzeichnungen

Waren- und Verpackungskennzeichnungen sind wichtige Informationsquellen für das Kundengespräch. Sie geben den Kunden Hinweise auf Qualität, Behandlung, Inhalte der Produkte und damit über deren Auswirkungen auf Gesundheit und Umwelt.

Warenkennzeichnung	Erklärung	Beispiele
Gütezeichen	ist das geschützte gemeinschaftliche Zeichen verschiedener Hersteller gleichartiger Artikel	*Echt Leder, Edelstahl rostfrei, Wollsiegel-Qualität*
Marken-/Warenzeichen	Sie kennzeichnen Artikel bestimmter Hersteller bzw. von Handelsunternehmen. Diese weisen auf gleich bleibende Qualität ihrer Produkte hin.	*VW-Logo, Mercedes-Stern, Pepsi-Cola*
Umweltzeichen	für die Verwendung umweltfreundlicher Herstellmethoden und Inhaltsstoffe oder bei energiearmem Verbrauch	*blauer Umweltengel, Grüner Punkt, Bio-Siegel, Fairtrade-Siegel*
Schutz- und Prüfzeichen	für Waren, die gesetzlich festgelegten Sicherheitsbestimmungen entsprechen	*VDE-Zeichen, GS-Zeichen, CE-Zeichen*

1.7 Herstellermarken und Handelsmarken

Herstellermarken: Eigenmarken der Hersteller (Markenware)

--› hochwertiges Image/gutes Ansehen bei Kundinnen und Kunden
--› eher im oberen Preissegment angesiedelt

Beispiele: *Coca Cola, Kinderschokolade, Milka, Pampers, Boss*

Handelsmarken: Eigenmarken des Handels

--› stetig steigende Akzeptanz bei Kundschaft
--› im Vergleich zu den Händlermarken deutlich günstiger, trotz ähnlicher Qualität (teilweise sogar Imitate der Herstellermarken)

Beispiele: *ja! (REWE), Tip (Real), Gut & Günstig (Edeka), Babylove (dm)*

Argumente für den Handel solche Handelsmarken zu führen:

- → Unabhängigkeit von Markenherstellern
- → Möglichkeit ein unverwechselbares Sortiment aufzubauen und das eigene Image zu profilieren
- → Instrument zur Kundenbindung an Einkaufsstandorte bzw. Handelsketten

2 Warenwirtschaft und Warenwirtschaftssystem

2.1 Ziele und Aufgaben der Warenwirtschaft

▶ Die **Warenwirtschaft** umfasst alle Tätigkeiten im Zusammenhang mit der Beschaffung, Lagerung und dem Absatz der Ware.

▶ Das **Warenwirtschaftssystem** liefert Informationen für die Planung, Steuerung und Kontrolle der Warenwirtschaft in einem Einzelhandelsbetrieb. Hier wird mithilfe der EDV der gesamte Waren- und Datenfluss vom Wareneingang bis zum Verkauf erfasst und verarbeitet.

Logistik	umfasst die Planung, Steuerung und Optimierung von Güter- und Informationsströmen zur effizienten Abwicklung von Kundenaufträgen.
Warenfluss	umfasst die körperlichen (physischen) Warenbewegungen im Einzelhandelsunternehmen
Datenfluss	Er beschreibt die entsprechenden Informationsströme über die Ware im Unternehmen. Dabei findet zwischen den Bereichen Einkauf, Lager und Verkauf ein Datenaustausch mithilfe eines rechnergestützten Warenwirtschaftssystems statt.

In den grundlegenden betrieblichen Bereichen Einkauf, Lager und Verkauf erfüllen Warenwirtschaftssysteme folgende Aufgaben:

Betriebliche Bereiche	Aufgaben der Warenwirtschaft
Beschaffung	→ artikelgenaue und zeitgenaue Erfassung der Wareneingänge → automatische Bestellungen sind möglich → bedarfsgerechtes Bestellwesen

Betriebliche Bereiche	Aufgaben der Warenwirtschaft
Lager	→ Erfassung sämtlicher Lagerbewegungen → Hinweise auf die Wirtschaftlichkeit der Lagerhaltung durch die Auswertung von Lagerkennzahlen → Überwachung und Optimierung der Lagerbestände → computergestützte Lagerplatzverwaltung und Lagerplatzanordnung
Absatz	→ artikelgenaue Erfassung der Warenausgänge an der Kasse → Erhöhung der Kassendurchgangsgeschwindigkeit → Auswertung von aktuellen Statistiken zu den Verkaufszahlen (Abverkäufe, Tages-, Wochen-, Monatsvergleiche)

Durch die Auswertung von Daten des Warenwirtschaftssystems soll eine Optimierung von betrieblichen Entscheidungen ermöglicht werden. Dadurch können folgende Ziele erreicht werden:

- → Kostenreduzierung
- → Sicherung der Verkaufsbereitschaft
- → Hinweise für den Einsatz von marketingpolitischen Instrumenten
- → Optimierung von Transportwegen und Transportzeiten

2.2 Möglichkeiten der Datenerfassung

Grundlage für die Arbeit mit Warenwirtschaftssystemen ist die Erfassung von Daten. Dabei kommen folgende Instrumente der Datenerfassung im Einzelhandel zum Einsatz:

Mobile Scanner	Dazu gehören Lesepistole und Lesestift. Beide erlauben die optische Erfassung des Strichcodes auf der Ware.
Stationäre Scanner	sind meist in die Kassentische eingebaut
Tastatur	für die manuelle Eingabe von Preisen an der Kasse
Datenkassen	→ erfassen die Warenabgänge artikelgenau in Verbindung mit dem Warenwirtschaftssystem → Der Scanner erfasst nur den EAN-Code; alle wichtigen Artikeldaten sind im Warenwirtschaftssystem hinterlegt (**Price-look-up-Verfahren**).
Datenwaagen	→ speichern alle notwendigen Artikelinformationen → Einsatz beim Verkauf von gewichtsabhängigen bzw. offenen Waren

2.3 Warencodierung

Voraussetzung für das Price-look-up-Verfahren ist die Vergabe von Artikelnummern für jedes Produkt. Dabei können hauseigene Artikelnummern oder die **„Europäische Artikelnummerierung“ (EAN)** verwendet werden. Es gibt keinen Unterschied zwischen der EAN (European Article Number) und der GTIN (Global Trade Item Number). Die EAN wurde im Jahr 2009 in GTIN umbenannt. Die GTIN ist eine internationale, unverwechselbare Nummer zur Kennzeichnung von Produkten. Im Sprachgebrauch der Praxis hat sich aber die Bezeichnung EAN gehalten.

Aufbau der EAN (= GTIN)

Ziffern	1	2	3	4	5	6	7	8	9	10	11	12	13
Aussage der Ziffern	Kennzeichnung des Herkunftslandes		Kennzeichnung des Herstellers					Artikelnummer des Herstellers					Prüfziffer für die Lesesicherheit beim Scannen

3 Wareneingang

Kaufleute sind verpflichtet, bei Wareneingang unverzüglich eine Wareneingangskontrolle durchzuführen. Dabei sind folgende Punkte zu berücksichtigen:

Äußere Prüfung der Warensendung	Inhaltliche Prüfung der Warensendung
→ sofortige Prüfung in Anwesenheit des Frachtführers → Kontrolle der Anschrift auf dem Lieferschein → Ist die Verpackung unbeschädigt? → Entsprechen Anzahl und Gewicht der Versandstücke den Angaben auf Lieferschein und Bestellung? → Entspricht die gelieferte Ware den Angaben auf Lieferschein und Bestellung?	→ Prüfung unverzüglich, d. h. ohne schuldhafte Verzögerung → Kontrolle der Warenmenge, Qualität, Art und Beschaffenheit → Vergleich mit den Angaben des Lieferscheins und der Bestellkopie → Mängel dem Lieferer unverzüglich mitteilen
Beanstandungen vom Frachtführer schriftlich bestätigen lassen oder die Annahme verweigern	§ 377 HGB: Ein Kaufmann ist verpflichtet, die Ware unverzüglich zu prüfen und Mängel unverzüglich dem Verkäufer anzuzeigen. Ansonsten gilt die Ware als genehmigt.

4 Warenlagerung

4.1 Aufgaben der Lagerhaltung

In Einzelhandelsunternehmen kommt der Warenlagerung eine besondere Bedeutung zu. Sie soll insbesondere folgende Aufgaben erfüllen:

Verkaufsbereitschaft sichern	Die Vorratshaltung soll Schwankungen der Nachfrage ausgleichen.
Zeitliche Überbrückung	Das Lager ermöglicht einen zeitlichen Ausgleich zwischen Beschaffung und Verkauf.
Ausnutzung von Preisvorteilen	Die Lagerhaltung ermöglicht Preisvorteile durch Rabatte beim Einkauf größerer Mengen und bei der Warenbeschaffung zu Zeiten niedriger Preise.
Umformung und Pflege	Die Ware wird durch Umpack-, Sortier-, Umfüll- und Mischvorgänge in einen verkaufsfähigen Zustand gebracht.
Veredelung	Durch die Lagerhaltung wird die Qualität der Ware erhöht.

4.2 Anforderungen an ein Lager

Um die oben genannten Aufgaben erfüllen zu können, muss im Lager besonders auf die folgenden Kriterien geachtet werden:

Warengemäße Lagerung	Einflüsse von Licht, Temperatur, Feuchtigkeit, Austrocknung, Schädlingen, Staub beachten
Geräumigkeit	Das Lager muss genügend Raum bieten, um alle notwendigen Lagerarbeiten ungestört ausführen zu können.
Übersichtlichkeit	Die gesuchte Ware muss ohne Verzögerungen auffindbar sein.
Sachgerechte Lagereinrichtung	Anpassung der Lagerausstattung an die Ware und an die Bedürfnisse des Lagerpersonals
Sicherheit	Schutz vor Brand, Wasser, Diebstahl und Unfällen

4.3 Lagerarten

Ein Lager ist der Ort, an dem die Ware auf Vorrat aufbewahrt wird. In Einzelhandelsgeschäften unterscheidet man zwei Lagerarten:

Verkaufslager	→ sind die Verkaufsräume eines Einzelhandelsgeschäftes → Wichtig ist, die Ware verkaufswirksam anzuordnen.

Reservelager	--> meist in der Nähe der Verkaufsräume --> dient zur schnellen Ergänzung der Bestände im Verkaufslager --> Waren, die erst ausgepackt, geprüft, ausgezeichnet werden müssen --> Saisonware und Ware, die selten verlangt wird

4.4 Lagerrisiken

Die Vorratshaltung von Waren birgt für Handelsunternehmen bestimmte Risiken. Diese verursachen Kosten und sollten deshalb möglichst gering gehalten werden.

- Änderungen des Kundengeschmackes
- Ware läuft Gefahr, durch technischen Forschritt zu veralten
- Schwund infolge von Verderb, Ablauf des Verfallsdatums, Verdunsten, Vertrocknen, Diebstahl
- Saisonwechsel mit Auswirkungen auf die Verkäufe der Ware
- Preisschwankungen beim Wareneinkauf

Zum Schutz der im Lager arbeitenden Menschen müssen die **Unfallverhütungsvorschriften** der jeweiligen Berufsgenossenschaften beachtet werden. Sie senken das Risiko von Arbeitsunfällen und sollen helfen, Berufskrankheiten zu verhindern. Die Einhaltung der Vorschriften wird von der zuständigen Berufsgenossenschaft überwacht. Bei Verstößen drohen den Unternehmen Sanktionen wie z. B. Geldbußen.

4.5 Lagerbestandsarten

Mindestbestand	--> ist eine eiserne Reserve, die im normalen Geschäftsablauf nicht angegriffen werden soll --> dient der Sicherung der Verkaufsbereitschaft bei unerwarteten Fällen wie Streiks, unvorhergesehener Nachfrage, Lieferstörungen
Meldebestand	--> Wird dieser Bestand erreicht, muss der Einzelhändler nachbestellen, damit der Mindestbestand bei normaler Nachfrage nicht angegriffen werden muss. --> Meldebestand = (Tagesabsatz · Lieferzeit) + Mindestbestand
Höchstbestand	--> gibt an, welche Menge an Artikeln aus technischen oder wirtschaftlichen Gründen höchstens auf Lager sein darf --> soll zu hohe Lagerbestände und die damit verbundenen Lagerkosten vermeiden

4.6 Lagerkosten

Die Lagerung von Waren verursacht hohe Kosten für Handelsunternehmen. Lagerkosten fallen in folgenden Bereichen an:

Lagerbestände	Lagerausstattung	Lagerverwaltung
--> Zinsverluste für das in den Lagerbeständen gebundene Kapital --> Prämien für Versicherung der Lagerbestände --> Wertverluste durch Schwund, Diebstahl, Verderb	--> Lagermiete --> Reparaturen, Strom, Heizung --> Abschreibungen auf Lagergebäude und Lagereinrichtungen --> Zinsen für das in Lagerräume und Lagerausstattung investierte Kapital	--> Löhne und Gehälter der Lagermitarbeiter --> Büromaterial --> EDV-Ausstattung

4.7 Lagerkennzahlen

Lagerkennzahlen sind eine Hilfe, die Wirtschaftlichkeit des Lagers zu kontrollieren, und dienen der Überwachung der Lagerkosten. Dies wird möglich durch einen

a) **Soll-Ist-Vergleich** der von der Führung vorgegebenen Daten (= Soll) mit den tatsächlich erreichten Werten (= Ist) oder einen

a) **Zeitvergleich** der aktuellen Kennzahlenwerte mit den Daten vergangener Abrechnungszeiträume.

Durchschnittlicher Lagerbestand	$= \dfrac{\textbf{Jahresanfangsbestand + 12 Monatsendbestände}}{\textbf{13}}$ gibt an, wie hoch der Vorratsbestand in Stück bzw. Euro in einem Jahr durchschnittlich war (liegen weniger Monatsendbestände vor, muss die Formel entsprechend angepasst werden)
Umschlagshäufigkeit	$= \dfrac{\textbf{Jahresabsatz}}{\textbf{durchschnittlicher Lagerbestand}}$ zeigt, wie oft in einem Jahr der durchschnittliche Lagerbestand verkauft wurde
Durchschnittliche Lagerdauer	$= \dfrac{\textbf{360}}{\textbf{Umschlagshäufigkeit}}$ gibt an, wie lange die Ware im Durchschnitt auf Lager ist, bis sie verkauft wird

Lagerzinssatz	$= \dfrac{\textbf{Jahreszinssatz} \cdot \textbf{durchschnittliche Lagerdauer}}{\textbf{360}}$ Das im Lager gebundene Kapital würde als Geldanlage bei einer Bank Zinsen bringen. Je höher der Lagerzinssatz, desto größer ist der Zinsverlust durch das gebundene Kapital.
Lagerzinsen	$= \dfrac{\textbf{durchschnittl. Lagerbestand in EUR} \cdot \textbf{Lagerzinssatz}}{\textbf{100}}$ gibt die Kosten für das im Lager gebundene Kapital an

4.8 Maßnahmen zur Verbesserung der Lagerkennzahlen

Eine höhere Umschlagshäufigkeit bzw. eine Verkürzung der Lagerdauer kann erreicht werden durch:

- Festlegung von Höchstbeständen
- Straffung des Warenangebotes
- Kontrolle und Überwachung der Lagerbestände
- Abbau von Ladenhütern
- Senkung der Mindestbestände
- Förderung des Absatzes durch geeignete Marketingmaßnahmen

Ein geringerer durchschnittlicher Lagerbestand führt zu einer geringeren Kapitalbindung und senkt die Lagerzinsen.

4.9 Hilfsmittel im Lager

Ein EDV-gestütztes Warenwirtschaftssystem gehört zu den wichtigsten Hilfsmitteln der Lagerverwaltung. Es ermöglicht eine **automatische Lagerung.** Darunter versteht man die automatische Erfassung und Steuerung der Lagervorgänge. Durch den Einsatz der Robotic kann hier zunehmend auf menschliche Arbeit verzichtet werden. Warenwirtschaftssysteme liefern dabei Informationen und unterstützen die folgenden Arbeitsabläufe.

Erfassung der Wareneingangsdaten	→ Buchung des Wareneingangs → Art und Menge der Ware, Lieferer, Differenzen zwischen Bestellung und Lieferung → laufende Terminüberwachung der offenen Bestellungen
Lagerplatzverwaltung	→ Zuweisung von Lagerplätzen im Reservelager in Abhängigkeit von der Lagerplatzzuordnung: • **feste Lagerplatzzuordnung:** Jeder Artikel hat seinen festen Lagerort.

	• **chaotische Lagerplatzzuordnung:** Jede Ware wird dort gelagert, wo gerade ein freier Platz ist. → Überwachung der Warenbewegungen im Lager → artikelgenaue Führung der Lagerbestände → Darstellung und Auswertung von Lagerstatistiken → Ermittlung und Auswertung von Lagerkennzahlen
Computergestützter Warenausgang	→ Erfassung der Warenentnahmen aus dem Reservelager in den Verkaufsraum → Erstellung von Lieferscheinen bei Auslieferungen an den Kunden → Tourenplanung über die EDV erleichtert die Transportabwicklung
Warenkontrolle durch Inventur	→ Druck der Inventuraufnahmelisten → Erfassung der Bestände mittels Barcodelesegeräten → Korrektur der Buchbestände → Druck der Inventurlisten

4.10 Tätigkeiten im Lager

Einlagerung der Ware

→ mangelfreie Ware auszeichnen und dem Verkaufs- oder Reservelager zuführen
→ Erfassung von Wareneingangsdaten (Art und Menge der Ware, Lieferer, Abweichungen zur Bestellung) im Wareneingangsbuch oder im Warenwirtschaftssystem
→ Die Einlagerung der Ware gemäß Lagerplan kann nach folgenden Einlagerungsgesichtspunkten vorgenommen werden. Dabei sind auch die Grundsätze der Warenpräsentation und Warenplatzierung zu beachten.
- Ordnung nach Warengruppen
- Lagerung nach dem Preis der Ware
- Einlagerung nach der Zugriffshäufigkeit der Artikel
- Ordnung nach Bedarfsbündeln
- Einlagerung nach der Reihenfolge der Warenausgabe:
  - **Fifo-Methode** (**f**irst **i**n **f**irst **o**ut): Neue Ware wird hinter der alten einsortiert.
  - **Lifo-Methode** (**l**ast **i**n **f**irst **o**ut): Die zuletzt eingelagerte Ware wird zuerst wieder ausgelagert.

Warenpflege und Warenmanipulation

→ die Artikel warengerecht lagern
→ Ware in einen verkaufsfertigen Zustand versetzen
→ die Verwendungsreife der Waren erhöhen bzw. erhalten

Auslagerung der Ware

- bei Bedarf Ware aus dem Reservelager in das Verkaufslager überführen
- Warenentnahmen im Warenwirtschaftssystem erfassen, damit die Lagerbestände aktualisiert werden
- Die Erfassung von Warenentnahmen durch die Kundinnen und Kunden im Verkaufsraum erfolgt automatisch beim Verkauf an der Kasse.

Lagerkontrolle durch Inventur

Inventur ist die art-, mengen- und wertmäßige Bestandsaufnahme aller Vermögensteile und Schulden.

Alle Kaufleute müssen zu Beginn des Handelsgewerbes ihr vorhandenes Vermögen und ihre Schulden feststellen und regelmäßig mindestens einmal im Geschäftsjahr eine Inventur durchführen.

Inventurarten

Körperliche Inventur	Buchinventur
Durch Messen, Zählen, Wiegen erfolgt eine Bestandsaufnahme aller körperlichen Gegenstände.	Ermittlung der Bestände des nicht körperlichen Vermögens und der Schulden aus den Daten der Finanzbuchhaltung

Stichtagsinventur	Zeitlich verlegte Inventur	Permanente Inventur
→ Inventur zum Bilanzstichtag am Ende des Geschäftsjahres → zeitnahe Durchführung +/– 10 Tage vor oder nach dem Bilanzstichtag	→ bis zu drei Monate vor bzw. zwei Monate nach dem Bilanzstichtag → Bestandsveränderungen zwischen dem Tag der Bestandserfassung und dem Bilanzstichtag werden fortgeschrieben bzw. zurückgerechnet.	→ Ermittlung der Vermögensbestände aus Lager- und Anlagekarteien → Überprüfung der Werte der Lager- und Anlagekarteien einmal im Jahr durch körperliche Bestandsaufnahme
→ Bestandsveränderungen zwischen dem Tag der Bestandserfassung und dem Bilanzstichtag werden fortgeschrieben bzw. zurückgerechnet.		→ Voraussetzung ist, dass alle Zu- und Abgänge in den Karteien erfasst werden.

Ablauf von Inventurarbeiten

Inventurvorbereitung	→ Inventuranweisungen für alle Unternehmensbereiche erstellen und die Aufnahmevorschriften festlegen: • Termin • Unternehmensbereiche • durchführende Personen • Hilfsmittel wie Erfassungsvordrucke und Aufnahmegeräte
Inventurdurchführung	→ Zählen, Messen, Wiegen der Warenbestände → Erfassung bzw. Eingabe der ermittelten Ist-Werte
Auswertung der Inventurergebnisse	→ Feststellung von Differenzen von Soll- und Ist-Werten → Anpassung der Soll-Bestände an die ermittelten Werte → Analyse der Gründe von Inventurdifferenzen • Erfassungsfehler bei der Bestandsaufnahme • Fehler bei der Eingabe von Zugängen, Verderb, Bruch, Verkäufen in das Warenwirtschaftssystem • Diebstahl → Maßnahmen zur Vermeidung von Inventurdifferenzen ableiten • Diebstahlschutz • Schulung des Personals • Inventar aus den Ergebnissen der Inventur erstellen

F

PROJEKTMANAGEMENT

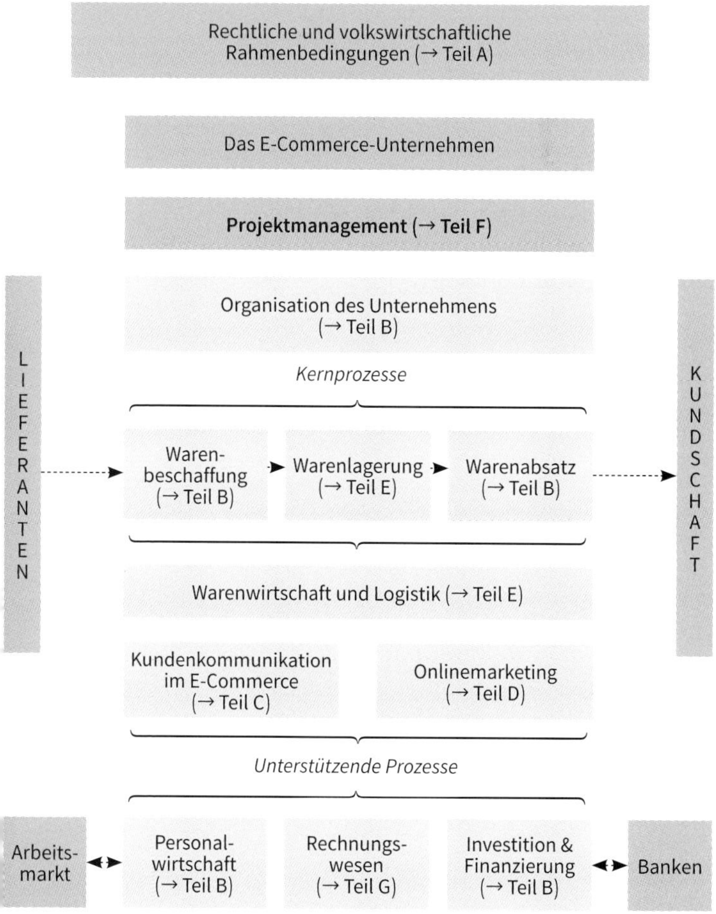

1 Kommunikation und Kooperation

1.1 Grundlagen der Kommunikation

Die menschliche Kommunikation ist sehr vielschichtig und komplex. Hinzu kommt, dass viele Kommunikationsvorgänge unbewusst ablaufen. **Paul Watzlawick** bringt dies wie folgt auf den Punkt: „Man kann nicht nicht kommunizieren."

Oftmals resultieren Kommunikationsstörungen daraus, dass die Kommunikationspartner aneinander vorbeireden, d. h. auf unterschiedlichen Kommunikationsebenen miteinander kommunizieren. Die Lösung dieser Kommunikationsstörungen kann dadurch gelingen, dass man sich die unterschiedlichen Aspekte der kommunizierten Botschaft bewusst macht. Zur Kommunikationsdiagnose kann das Modell von **Friedemann Schulz von Thun** dienen.

Kommunikationsmodell nach Schulz von Thun („Die vier Seiten einer Nachricht")

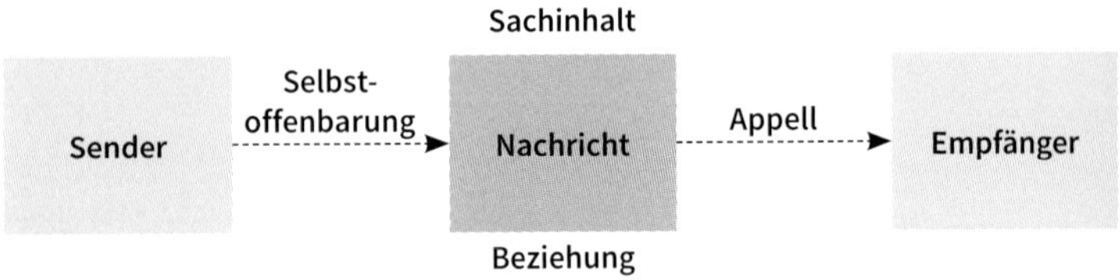

- **Sachinhalt:** Wie ist der Sachinhalt zu verstehen?
- **Selbstoffenbarung:** Was ist das für eine Person? Was ist mit ihr?
- **Beziehung:** Wie redet sie mit mir? Was hält sie von mir?
- **Appell:** Was erwartet sie von mir? Was soll ich ihrer Meinung nach tun, denken, fühlen?

Beispiel: *Chefin „Finden Sie nicht, dass Sie Defizite im Umgang mit dem PC haben?"*

- Sachinhalt: Sie haben Defizite im Umgang mit dem PC.
- Selbstoffenbarung: Ich bin enttäuscht von Ihren Fähigkeiten.
- Beziehung: Ich halte Sie für einen unfähigen Auszubildenden.
- Appell: Tun Sie etwas gegen Ihre Defizite im Umgang mit dem PC!

Welchen der vier Aspekte Empfänger/-innen auswählen, um darauf zu reagieren, ist ihre freie Wahl. Reagieren sie auf einen Aspekt, den die Senderin/der Sender gar nicht kommunizieren wollte, können Konflikte entstehen. Für das obige Beispiel könnte das heißen: Die Chefin will den Appell-Aspekt betonen, der Auszubildende hört aber vor allem einen vermeintlichen Beziehungsaspekt und reagiert beleidigt. Dies interpretiert wiederum die Chefin als Weigerung, ihren Appell ernst zu nehmen.

Feedbackregeln

Gelungene Kommunikation lebt davon, dass sich die Kommunikationspartner auch hin und wieder ein offenes Feedback geben. Beim Geben und Empfangen von Feedback ist allerdings eine Reihe von Regeln zu beachten.

Feedbacknehmer	Feedbackgeber
Vorgehensweise: 1. Hören Sie aufmerksam zu und unterbrechen Sie den Feedbackgeber nicht. 2. Verteidigen und rechtfertigen Sie sich nicht, sondern lassen Sie das Feedback auf sich wirken. 3. Machen Sie sich – auch als Zeichen der Wertschätzung für den Feedbackgeber – Notizen, wenn das Feedback etwas ausführlicher ist. 4. Fragen Sie nach, wenn Sie etwas nicht verstehen.	Vorgehensweise: 1. Vergewissern Sie sich, ob Ihr Gegenüber für ein Feedback bereit ist. 2. Beschreiben Sie Ihre subjektiven Wahrnehmungen konkret, nachvollziehbar und ohne Wertung als Ich-Botschaften. 3. Äußern Sie auch Ihre Gefühle. 4. Äußern Sie höflich und klar, kurz und bündig Ihre Wünsche für das Verhalten des Feedbacknehmers.
Wichtig: → Prüfen Sie, ob Sie für ein Feedback bereit sind. → Nutzen Sie die Chance zu erfahren, wie Sie auf andere wirken. → Seien Sie dankbar für ein Feedback! Sehen Sie es als Möglichkeit, sich selbst weiterzuentwickeln.	Wichtig: → Geben Sie nur ein Feedback, wenn Ihr Gegenüber auch dazu bereit ist. → Schauen Sie Ihrem Gegenüber beim Geben des Feedbacks in die Augen. → Verletzen Sie niemals das Selbstwertgefühl des Feedbacknehmers.

1.2 Führungsstile und Management-Prinzipien

Führungsstile

Merkmal	Autoritärer Führungsstil	Kooperativer Führungsstil
Grundidee	Mitarbeitende sind Vorgesetzten untergeordnet. Vorgesetzte ordnen an.	Vorgesetzte und Mitarbeitende sind Partner/-innen. Vorgesetzte koordinieren.
Chancen	→ klare Entscheidungsbefugnisse → schnelle Entscheidungen → hohe Arbeitsproduktivität bei Routineaufgaben	→ sachgerechte und ausgewogene Entscheidungen → Einflussmöglichkeiten motivieren Mitarbeiter. → gutes Arbeitsklima
Gefahren	→ Fehlentscheidung → Motivationsverlust bei Mitarbeitenden aufgrund fehlender Einflussmöglichkeiten → schlechtes Arbeitsklima durch Unzufriedenheit	→ langwierige Entscheidungsprozesse → Qualifizierte und damit teurere Mitarbeitende sind Voraussetzung. → Bereitschaft der Mitarbeitenden notwendig, eine höhere Verantwortung zu tragen
Anforderungen an die Führungskraft	→ Entscheidungsfähigkeit → Durchsetzungsvermögen → Selbstverantwortung	→ Vertrauen in die Mitarbeitenden → Fähigkeit und Bereitschaft, Aufgaben und Verantwortung zu delegieren

Der autoritäre und kooperative Führungsstil sind die beiden Extremformen der Führungsstile. In der Praxis findet man häufig Mischformen, bei denen z. B. je nach Aufgabe autoritär oder kooperativ geführt wird.

Management-Prinzipien

- → **Management by objectives** (Führung durch Zielvorgabe): Vorgesetzte und Mitarbeitende erarbeiten eine Zielvereinbarung. Die Mitarbeitenden versuchen, das Ziel eigenständig umzusetzen.
- → **Management by exception** (Führung nach dem Ausnahmeprinzip): Vorgesetzte greifen nur ein, wenn Abweichungen vom Gesamtziel oder Probleme von herausragender Bedeutung auftreten.

- **Management by delegation** (Führung durch Aufgabendelegation): Ein Aufgabenbereich wird mit Kompetenz und Verantwortung an die Mitarbeitenden übertragen.

1.3 Teamarbeit

Typische Phasen der Teamentwicklung

Orientierung („forming“)
höfliches, distanziertes, unpersönliches und vorsichtiges gegenseitiges Abtasten

↓

Konflikt („storming“)
Ich-Orientierung, unterschwellige Konflikte, Rollenfindung, Cliquenbildung

↓

Organisation („norming“)
Festlegung der Rollen, Wir-Orientierung, konstruktive Kritik, Kooperation

↓

Integration („performing“)
Zusammenarbeit ist geprägt von Ideenreichtum, Hilfsbereitschaft; Team arbeitet effizent.

Regeln für die erfolgreiche Teamarbeit

- Die Ziele der Teamarbeit und die Vorgehensweise werden gemeinsam festgelegt.
- Die zu bewältigenden Aufgaben werden fair auf alle Gruppenmitglieder verteilt.
- Jedes Teammitglied bringt sich aktiv und konstruktiv in die Teamarbeit ein.
- Alle Teammitglieder werden laufend über den Stand der Arbeit informiert.
- Jedes Teammitglied hält sich an getroffene Absprachen.
- Jedes Teammitglied übernimmt Verantwortung für das Erreichen des Gruppenergebnisses.
- Jedes Teammitglied bringt seine Meinung offen ein und akzeptiert die Meinung der anderen Teammitglieder. Gehen die Meinungen auseinander, versuchen alle Teammitglieder einen gemeinsamen Kompromiss zu finden.
- Konstruktive Kritik ist erwünscht, wird sachlich geäußert, ohne einzelne Teammitglieder persönlich anzugreifen oder deren Selbstwertgefühl zu verletzen.
- Treten im Team Spannungen auf, hat die Auflösung des Konflikts Vorrang vor der zu bewerkstelligenden Arbeit (Konfliktmanagement).

Konfliktmanagement

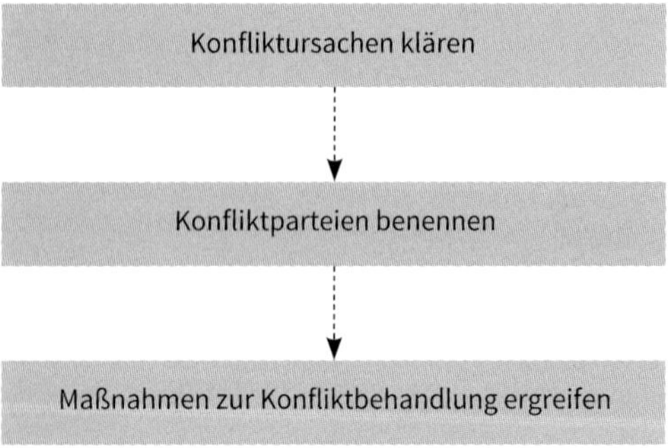

Konfliktursachen

- Kommunikationsprobleme (→ Kapitel F 1.1)
- **Das Eisbergmodell: Das Entscheidende passiert unter der Oberfläche!**

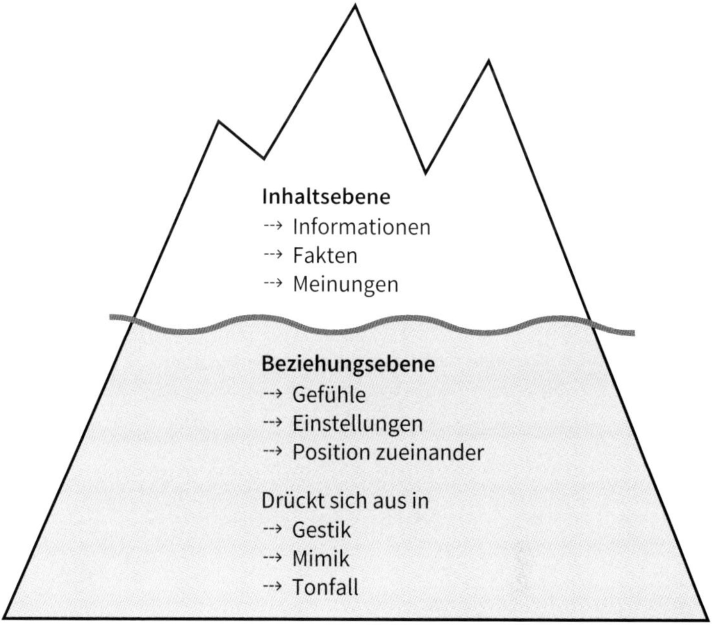

- Hierarchiekonflikte (z. B. Machtkämpfe zwischen Mitarbeitern)
- Verteilungskonflikte (z. B. Konflikt um Verteilung von Ressourcen)
- Kooperations- und Koordinationskonflikte (z. B. Anweisungen unterschiedlicher Führungskräfte widersprechen sich)
- persönliche und soziale Konflikte (z. B. Rollenkonflikt einer neuen Vorgesetzten mit ihren ehemaligen Kollegen und Kolleginnen)
- Wertekonflikte (z. B. Kollegen haben unterschiedliche Vorstellungen von Ordnung am Arbeitsplatz)

Konfliktparteien

Konfliktparteien können einzelne Personen, Personengruppen (z. B. ein Projektteam), Abteilungen oder das Unternehmen als Ganzes sein.

Maßnahmen zur Konfliktprävention

- Beachtung der Regeln der Teamarbeit (s. o.)
- klare Einhaltung von gemeinsam getroffenen Vereinbarungen
- Kompromissbereitschaft trainieren und praktizieren
- potenzielle Konfliktursachen bei Personalauswahl und Teamzusammenstellungen berücksichtigen

Maßnahmen zur Konfliktbehandlung (Konfliktlösungsstrategien)

Führen von Konfliktgesprächen mit dem Ziel, Einsichten zu vermitteln und eine Verhaltensänderung der Konfliktparteien zu erreichen:

1. Schritt: Wahrnehmung des Konflikts durch möglichst genaue Definition der Streitpunkte

↓

2. Schritt: gemeinsame Identifikation der Problemursachen

↓

3. Schritt: gemeinsame Diskussion von Lösungsmöglichkeiten

↓

4. Schritt: zeitlich und inhaltlich konkrete Festlegung von Zielen und Maßnahmen zur Konfliktlösung als Ergebnis eines gemeinsamen Kompromisses der Konfliktparteien

Im Fall von schwerwiegenden Konflikten empfiehlt es sich, eine neutrale, evtl. sogar unternehmensexterne Moderation einzuschalten.

Konfliktgespräch führen

1. Konflikt offen ansprechen
(Ich-Botschaften statt Du-Botschaften: „*Ich persönlich sehe das so, dass …*“; „*In meiner Wahrnehmung …*“)
2. eigenes Ziel kommunizieren
(konkret, positiv, realistisch: „*Ich möchte …*“)
3. Sichtweise/Ziel des anderen erfragen
(andere Perspektive in jedem Fall akzeptieren: „*Was möchtest du?*“, „*Wie siehst du das?*“, „*Was sagst du dazu?*“)
4. gemeinsames Ziel bzw. Kompromiss suchen
(„*Wie könnte ein Kompromiss zwischen uns aussehen?*“, „*Was verbindet uns?*“, „*Über welches gemeinsame Ziel sind wir uns einig?*“)
5. Kriterien für Zielerreichung definieren
(„*Woran werden wir erkennen, dass wir unser Ziel erreicht haben?*“)
6. mögliche Probleme/Hindernisse ansprechen
(„*Was könnte schiefgehen?*“, „*Was ist, wenn …?*“)
7. verbindliche Vereinbarungen treffen
(konkret, detailliert, messbar, zeitlich befristet)

1.4 Präsentationstechnik

Zehn Tipps für eine gelungene Präsentation

1. Beginnen Sie rechtzeitig mit der Vorbereitung. Extremer Zeitdruck führt zu unnötigem Stress in der Phase der Vorbereitung.
2. Gehen Sie positiv mit Lampenfieber um und nutzen Sie es. Nur wenn Adrenalin uns puscht, können wir Höchstleistungen vollbringen. Wer Lampenfieber verspürt, hat es leichter, zu überzeugen. Die besten Schauspieler/-innen haben vor jedem Auftritt Lampenfieber. Je besser Sie vorbereitet sind, umso schneller wird sich das Lampenfieber legen, wenn Sie einmal mit der Präsentation begonnen haben.
3. Sprechen Sie möglichst frei. Schreiben Sie sich nur die wichtigsten Stichworte leicht lesbar und klar gegliedert auf:
   - Vorstellung des Themas und Einführung
   - Abschnitte voneinander abgrenzen, z. B. erstens, zweitens ...
   - Schlussteil als Zusammenfassung oder Abrundung
4. Ein Bild sagt mehr als tausend Worte. Wählen Sie daher zur Auflockerung geeignetes Anschauungsmaterial aus:
   - Bilder (Fotos, Schaubilder, Grafiken, Statistiken u. Ä.)

⇢ falls möglich: Gegenstände zum Zeigen und Anfassen

5. Achten Sie auf Ihre Körpersprache. Stellen Sie sich nicht mit dem Rücken zu den Zuhörenden, indem Sie Ihren Blick auf die Projektionsfläche richten. Achten Sie auf eine aufrechte Körperhaltung. Die Hände sollten sich oberhalb der Gürtellinie befinden. So können Sie das Gesagte auch mit Gesten unterstützen.
6. Suchen Sie stets den Blickkontakt zu den Zuhörerenden. Auch wenn Sie eine längere Stelle vorlesen, blicken Sie öfter von Ihrem Manuskript auf.
7. Sprechen Sie langsam und deutlich. Passen Sie die Lautstärke der Größe des Raumes bzw. des Saales an.
8. Setzen Sie Ihre Sprache gezielt ein. Versuchen Sie an wichtigen Stellen Ihres Referats Lautstärke und Sprechtempo zu verändern (Modulation und Intonation). Streuen Sie gezielt Pausen als rhetorisches Mittel ein.
9. Formulieren Sie in kurzen und klaren Sätzen. Versuchen Sie nicht, Ihren Dialekt zu verstecken. Eine gewisse Färbung durch den Dialekt ist bestimmt kein Nachteil. Vermeiden Sie aber zu viele umgangssprachliche Formulierungen.
10. Üben Sie Ihre Präsentation ein. Es ist auch ein wirksames Mittel gegen zu viel Nervosität und Lampenfieber, wenn Sie zu Hause bereits das Referat mithilfe Ihrer Stichworte frei vortragen. Lassen Sie eine Stoppuhr mitlaufen, damit Sie den zeitlichen Rahmen gut einschätzen können.

Zehn Grundregeln für Präsentationen mit PowerPoint

1. Vermeiden Sie Fließtext (ganze Sätze) auf den PowerPoint-Folien.
2. Arbeiten Sie mit maximal sieben Stichpunkten pro Folie.
3. Achten Sie auf eine ausreichende Schriftgröße, damit die Lesbarkeit auch für die hinteren Reihen gewährleistet ist (mindestens Arial 20 pt).
4. Bauen Sie den Inhalt der Folie schrittweise auf. Visualisieren Sie niemals mehr als drei Gedanken/Aspekte gleichzeitig.
5. Auch hier gilt: Ein Bild sagt mehr als tausend Worte. Nutzen Sie jede Möglichkeit, Ihre Ausführungen mit Bildern und Grafiken zu veranschaulichen.
6. Gestalten Sie ein einheitliches Design (Hintergrund, Layout, Folienübergänge). Denken Sie daran, dass der Hintergrund – wie der Name schon sagt – im Hintergrund stehen sollte.
7. Wählen Sie die Farbkontraste so, dass der Text auch an der Projektionsfläche gut lesbar ist.
8. Entscheidend ist der Inhalt Ihrer Präsentation. Alles, was vom Inhalt ablenkt, wirkt unprofessionell. Vermeiden Sie deshalb zu aufwendige Animationseffekte.
9. Die Reihenfolge Ihrer Folien sollte den logischen Aufbau Ihres Vortrags widerspiegeln. Im Idealfall haben Sie für jeden Gliederungspunkt eine Folie.

10. Der Inhalt der PowerPoint-Folien stellt lediglich die Kerngedanken Ihres Vortrags dar. Die Stichpunkte auf den Folien werden erst durch Ihre Ausführungen mit Leben gefüllt. Ein PowerPoint-Vortrag darf niemals aus dem reinen Ablesen der Folien bestehen.

1.5 Verbale und nonverbale Gesprächsführung

Bedeutung der Sprache

Die Sprache stellt ein sehr wirksames Instrument dar. Mit ihrer Hilfe können z. B. Kundinnen und Kunden positiv beeinflusst und zum Kaufabschluss gebracht oder der Ablauf von Preisverhandlungen mit Lieferanten gewinnbringend gestaltet werden.

Einflussfelder der Sprachwirkung

Die richtige Stimmführung beeinflusst unbewusst die Gefühle des Gesprächspartners.

Elemente der Stimmführung:

- **Klangfarbe:** Passen Sie den Klang an den Sprechinhalt an (warme, freundliche, teilnehmende, keine aufdringliche Stimme).
- **Aussprache und Lautstärke:** Sprechen Sie deutlich mit mittlerer Lautstärke und vermeiden Sie es, zu flüstern oder zu schreien.
- **Modulation:** Betonen Sie wichtige Begriffe und vermeiden Sie eine monotone Sprachmelodie, die den Gesprächspartner langweilt.
- **Sprechgeschwindigkeit:** Sprechen Sie nicht zu schnell und achten Sie auf Pausen.
- **Wortschatz und Satzbau:** Versuchen Sie sich einen umfangreichen Wortschatz anzueignen. Dieser ermöglicht es Ihnen, Ihre Argumente anschaulicher und überzeugender vorzutragen. Vermeiden Sie Floskeln und Redensarten ohne Aussage. Bilden Sie kurze, aber vollständige Sätze und vermeiden Sie Wort- und Satzfetzen.

Nonverbale Kommunikation

Die Körpersprache wirkt wie die Stimmführung unbewusst auf die Gefühle des Gesprächspartners. Sie hat einen sehr großen Einfluss darauf, wie wir von unseren Mitmenschen wahrgenommen werden.

Zur nonverbalen Kommunikation gehören die folgenden Elemente:

- **Mimik:** Achten Sie auf Ausdrucksbewegungen von Augen, Stirn, Nase und Mund. Signalisieren Sie Offenheit durch ein freundliches Lächeln. Halten Sie Blickkontakt mit dem Gegenüber.
- **Gestik:** Verdeckte Hände in den Hosentaschen können negativ wirken. Vor der Brust verschränkte Arme erscheinen oft als Abwehrhaltung. Signalisieren Sie Zustimmung durch Nicken, fühlt sich Ihr Gegenüber verstanden.
- **Körperhaltung:** Eine offene Körperhaltung signalisiert Zuwendung, Offenheit, Interesse für das Gegenüber.
- **Distanz:** Achten Sie auf das natürliche Distanzbedürfnis Ihres Gegenübers. Ein Abstand unter 50 cm gilt als vertraulich. Bei einem Abstand von 1 bis 3 m fühlen wir uns bei Gesprächen mit Fremden wohler.

Aktives Zuhören

Aktives Zuhören deuten Gesprächspartner als Interesse und Zuwendung. Signale, die positiv gedeutet werden, sind z. B.:

- sich Zeit nehmen und Nebentätigkeiten beenden (auch bei der Kommunikation am Telefon!)
- Zuhörsignale wie Blickkontakt, zustimmendes Nicken, offene Körperhaltung
- zustimmende Äußerungen und offene Fragen zur Bedarfsermittlung
- Gesprächspartner/-in mit Namen ansprechen
- Gefühle des Gegenübers aufnehmen und wiedergeben
- auf Argumente des Gegenübers eingehen
- Gesprächspartner/-innen nicht unterbrechen, sondern ausreden lassen

Gesprächsführung in Geschäftsverhandlungen

Gesprächsatmosphäre

Sorgen Sie für eine angenehme Gesprächsatmosphäre. Insbesondere bei umfangreicheren Verhandlungen mit Geschäftskunden spielen auch die Raumgestaltung des Besprechungsraumes sowie die Bewirtung eine Rolle.

Plus-Minus-Technik

Versuchen Sie stets beide Seiten der Medaille zu betrachten. Aufgeführten Nachteilen, also Minuspunkten sind stets zahlreiche Vorteile (Pluspunkte) gegenüberzustellen oder umgekehrt. Es werden also auch die Gegenargumente zur eigenen Auffassung gewürdigt. Die Vor- und Nachteile werden so aufgelistet und wiedergegeben, dass die Betrachtung zwar objektiv klingt, die eigene Argumentationsschiene aber dennoch durch die geschickte Darstellung und Gewichtung der eigenen Argumente überzeugender erscheint.

Win-win-Strategie

Vergegenwärtigen Sie sich, dass es letztlich darum geht, eine Win-win-Situation zu schaffen. Die Win-win-Strategie, auch als Doppelsieg-Strategie bekannt, hat das Ziel, dass alle Beteiligten und Betroffenen einen Nutzen erzielen. Diese Strategie ist eher auf nachhaltigen Erfolg und auf langfristige Zusammenarbeit als auf kurzfristigen Gewinn ausgerichtet. Die Verhandlungspartner respektieren sich gegenseitig, versuchen, alle Interessen ausreichend zu berücksichtigen und letztlich ein Ergebnis zu erzielen, dass alle Beteiligten als Gewinn empfinden.

Techniken in der Gesprächsführung mit Kundinnen und Kunden

Sie-Stil

Die Verwendung der Worte „Sie“, „Ihr“, „Ihre“, „Ihnen“ stellt einen Bezug zum Gegenüber her und fördert so die Wirksamkeit kundenbezogener Verkaufsargumente (z. B. „… damit können Sie …“, „… das erleichtert Ihnen …“, „… das bedeutet für Sie …“).

Vorteilsformulierungen

Vorteilsformulierungen sind Formulierungen im Sie-Stil. Sie weisen durch die Verwendung eines Tätigkeitswortes auf den individuellen Produktnutzen hin und stellen einen Erlebnisbezug her.

Drei Schritte der Verkaufsargumentation		
Produktmerkmal	Produktvorteil	Produktnutzen und Erlebnisbezug
Beispiel: *„Der Schreibtisch ist elektrisch höhenverstellbar.“*	**Beispiel:** *„Der Schreibtisch ermöglicht eine schnelle Umstellung auf ein Arbeiten im Stehen.“*	**Beispiel:** *„Sie werden keine Rückenbeschwerden mehr haben.“*

Fragetechnik

Offene Fragen	--> werden in ganzen Sätzen beantwortet und liefern für das Verkaufsgespräch wichtige Informationen. --> beginnen häufig mit den Fragewörtern wer, wie, was, wann, warum (W-Fragen). **Beispiel:** *„Wie kann ich Ihnen helfen?“*
Geschlossene Fragen	--> ermöglichen den Kundinnen und Kunden nur wenige und kurze Antworten. --> sind geeignet, um das Verkaufsgespräch zu einem Abschluss zu bringen. **Beispiele:** *„Kann ich Ihnen helfen?“, „Sie entscheiden sich also für diesen Staubsauger?“*
Suggestivfragen	--> dienen zur gezielten Beeinflussung der Kundschaft. --> sollen den Verkaufsvorgang beschleunigen. --> haben in der Regel auch einen rhetorischen Charakter (d. h., Kundinnen und Kunden können nur zustimmen). **Beispiel:** *„Da nehmen Sie wohl lieber die ordentliche Lösung statt so eines billigen Notbehelfs, oder?“*
Alternativfragen	--> fordern Kundinnen und Kunden auf, sich für eine von mehreren Möglichkeiten zu entscheiden. --> werden hauptsächlich eingesetzt, um einen Kaufabschluss herbeizuführen. **Beispiel:** *„Soll der Schreibtisch manuell oder elektrisch höhenverstellbar sein?“*
Rhetorische Fragen	--> sind Fragen, auf die keine Antwort erwartet wird, da diese bereits feststeht. --> sollen bei Kundinnen und Kunden Interesse und Spannung hervorrufen. **Beispiel:** *„Sie wollen doch sicher ein Notebook, das nicht schon in zwei Jahren wieder veraltet ist?“*

Umgang mit Kundeneinwänden

--> Bleiben Sie ruhig und gelassen.
--> Hören Sie aktiv zu und lassen Sie die Kundinnen und Kunden ausreden.

- Betrachten Sie Kundeneinwände als Fragen. Fragen werden beantwortet und nicht widerlegt.
- Signalisieren Sie Verständnis für den Kundeneinwand.
- Analysieren Sie die Ursachen für den Kundeneinwand.
- Vermeiden Sie Rechthaberei und direkten Widerspruch.
- Stimmen Sie dem Gegenüber so weit wie möglich zu.
- Ja-aber-Methode: Verkäufer/-innen zeigen zunächst Verständnis und stimmt den Kundinnen und Kunden scheinbar zu. Anschließend wird versucht, den Einwand durch die geschickte Formulierung eines Vorteils zu entkräften.
- Umkehrmethode (Bumerang-Methode): Verkäufer/-innen wandeln den Kundeneinwand in ein Verkaufsargument um, welches den Kundennutzen betont.
- Gegenfrage-Methode: Kundinnen und Kunden werden durch eine Gegenfrage aufgefordert, seine Bedenken offen zu äußern und ihren Einwand zu präzisieren. Verkäufer/-innen geben so den Kundeneinwand als Frage zurück.

Umgang mit Beschwerden und Reklamationen

Beschwerden/Reklamationen als Chance

Kundenbeschwerden helfen Ihnen, innerbetriebliche Missstände zu erkennen und zu beseitigen. Sie sind eine Chance zur Qualitätssteigerung, Kundenbindung und zur Gewinnung neuer Kundinnen und Kunden.

Reklamationen sollten deshalb kundenorientiert abgewickelt werden.

Abwicklung der Beschwerde/Reklamation

- Vermeiden Sie peinliches Aufsehen. Bitten Sie die Kundinnen und Kunden in ein Büro oder einen ruhigen Nebenraum ohne weitere Zuhörer/-innen oder Zuschauer/-innen.
- Geben Sie den Kundinnen und Kunden die Möglichkeit, ihr Anliegen in Ruhe zu schildern. Hören Sie dabei aufmerksam zu und zeigen Sie Verständnis.
- Prüfen Sie jede Beschwerde unvoreingenommen und sorgfältig nach und suchen Sie gemeinsam mit den Kundinnen und Kunden nach einer Lösung.
- Beachten Sie auch die rechtliche Situation. Wer hat den Mangel verursacht? Erfolgt die Reklamation innerhalb der gesetzlichen Gewährleistungsfristen oder der vertraglichen Garantiezeiten?
- Erfüllen Sie den Kundenwunsch, wenn die Reklamation berechtigt ist, bedanken Sie sich für das Verständnis und entschuldigen Sie sich.

- Ist die Kundenreklamation nicht berechtigt, dann erklären Sie freundlich, warum Sie den Wunsch ablehnen. Prüfen Sie, ob evtl. dennoch ein Entgegenkommen Ihres Unternehmens aus Gründen der Kulanz möglich ist.

Siehe dazu auch Kapitel A 2.6.2 Schlechtleistung (mangelhafte Lieferung).

1.6 Kreativitäts- und Bewertungstechniken

Kreativitätstechniken

Die im Folgenden dargestellten Kreativitätstechniken legen ihren Schwerpunkt auf unterschiedliche Facetten der Kreativität. Während es bei manchen Methoden im Vordergrund steht, neue Ideen zu entwickeln (z. B. Brainstorming, Brainwriting, Methode 635), geht es bei anderen vor allem darum, Ideen zu ordnen und eine Struktur zu schaffen (z. B. Mindmapping, Concept-Mapping, morphologischer Kasten).

Brainstorming

- optimale Gruppengröße: fünf bis sieben Personen
- Moderator/-in bestimmen, der/die Ideen schriftlich festhält
- keine Kritik!
- Quantität vor Qualität: möglichst viele Ideen sammeln. Es gibt weder abwegige noch unwichtige Ideen!
- Teilnehmende inspirieren sich gegenseitig und spinnen fremde Ideen weiter.

Brainwriting

- Brainstorming in schriftlicher Form
- Ideen werden nicht in den Raum gerufen, sondern von den Teilnehmenden schriftlich festgehalten (z. B. schreiben alle gemeinsam auf ein DIN-A3-Blatt).
- Vorteil: Zurückhaltende Personen können sich besser einbringen.

Methode 635

- ⇢ Variante des Brainwriting
- ⇢ sechs Teilnehmende, drei Ideen, fünf Minuten (→ 635)
- ⇢ Nach 5 Minuten werden Ideenblätter im Uhrzeigersinn weitergegeben → Teilnehmende lesen jeweils neue Ideen und inspirieren sich so gegenseitig.
- ⇢ bei konsequenter Umsetzung 108 Ideen in 30 Minuten

Mindmapping

Eine Mindmap (= Gedächtnislandkarte) dient dem Erschließen und Visualisieren eines Themengebietes. Mithilfe dieser Kreativitätstechnik können die Gedanken geordnet und eine thematische Übersicht erstellt werden. Da die Mindmap von innen nach außen entwickelt wird und eine feste Reihenfolge fehlt, können die Assoziationen frei fließen, die Gedanken können sich also frei entfalten. Ziel ist es u. a., beide Hirnhälften zu aktivieren. Die Mindmap kann daher nicht nur Text, sondern auch Grafiken, Symbole und Bilder enthalten.

Beispiel für eine Mindmap

Concept-Mapping

Wissen wird beim Concept-Mapping als ein vernetztes System eng zusammenhängender Begriffe gesehen. Concept-Mapping dient weniger als Instrument zum Produzieren von Ideen, sondern vor allem als Hilfe zum übersichtlichen Zusammenfassen von komplexen Sachverhalten bzw. zum Strukturieren von Begriffen. Ein wesentlicher Unterschied zum Mindmapping ist die zusätzliche Möglichkeit, die Pfeilverbindungen unterschiedlich zu definieren (z. B. „besteht aus", „unterteilt sich in" u. Ä.).

Beispiel für eine Concept-Map

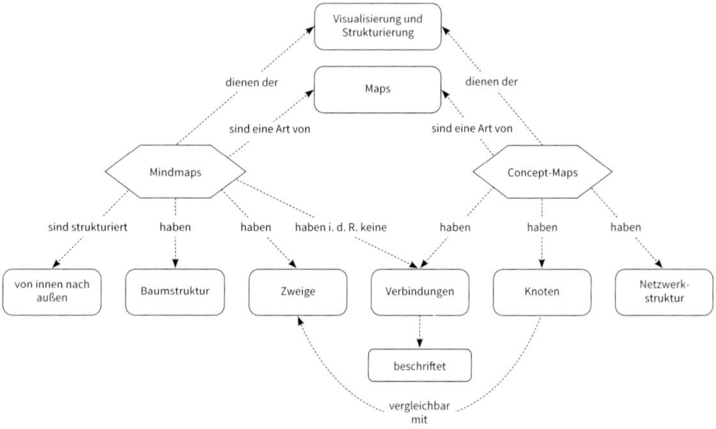

Morphologischer Kasten

- Für eine Fragestellung werden die bestimmenden Merkmale (= Attribute, Faktoren, Parameter, Dimensionen) festgelegt und untereinander geschrieben.
- Die Merkmale sollen voneinander unabhängig und im Hinblick auf die Aufgabenstellung auch umsetzbar sein.
- Zu jedem Merkmal werden alle möglichen Ausprägungen des jeweiligen Merkmals rechts daneben geschrieben. Der Fantasie sind hier keine Grenzen gesetzt.
- Am Ende liegt eine Matrix vor, in der jede Kombination von Ausprägungen aller Merkmale eine theoretisch mögliche Lösung ist.

Beispiel: ***morphologischer Kasten für das Verfassen eines Kriminalromans***

↓ Parameter	*Ausprägungen →*					
Titelheldin	*Journalistin*	*Kommissarin*	*Sportlerin*	*Studentin*	*Rentnerin*	*usw.*
Ermordeter	*Ehemann*	*Prostituierte*	*Professor*	*Pfarrer*	*Landrat*	*usw.*
Todesursache	*erschossen*	*erstochen*	*Sturz*	*erwürgt*	*Gift*	*usw.*
Ort der Handlung	*Bahnhof*	*Schule*	*Golfplatz*	*Büro*	*Hörsaal*	*usw.*
Mörder	*Gärtner*	*Geliebter*	*Profikiller*	*Erbe*	*Kollege*	*usw.*
Motiv	*Geldgier*	*Eifersucht*	*Notwehr*	*Neid*	*Versehen*	*usw.*
Aufklärung durch	*weiterer Mordversuch*	*Spuren am Tatort*	*geheimer Brief*	*Zeuge*	*falsches Alibi*	*usw.*

Bewertungstechniken

Während es bei den Kreativitätstechniken in erster Linie darum geht, möglichst viele Ideen zu entwickeln und zu strukturieren, muss im Anschluss an diese Phase eine Auswahl von Ideen stattfinden, die ernsthaft weiterverfolgt werden. Eine einfache Punktbewertung ist zwar möglich, wird jedoch der Komplexität der Entscheidung oftmals nicht gerecht.

Als eine Möglichkeit eines sehr differenzierten Bewertungsverfahrens hat sich die Nutzwertanalyse etabliert.

Nutzwertanalyse

Eine Nutzwertanalyse (auch Punktwertverfahren oder Scoring-Modell) bietet sich an, wenn „weiche" – also in Geldwert oder Zahlen nicht darstellbare – Entscheidungskriterien vorliegen, anhand derer zwischen verschiedenen Alternativen eine Entscheidung gefällt werden muss. Die Nutzwertanalyse dient dazu, Argumente zu quantifizieren und dadurch eine fundierte Entscheidungsfindung zu ermöglichen. Darüber hinaus wird der Entscheidungsprozess durch die Nutzwertanalyse transparent, sodass auch im Nachhinein nachvollziehbar ist, warum eine Entscheidung in die eine oder andere Richtung getroffen wurde.

Die folgenden Beispiele stellen die Entscheidungssituation einer Bewerberin/eines Bewerbers bei drei vorliegenden Angeboten dar. Für jedes Entscheidungskriterium können 0–10 Punkte vergeben werden. Die Alternative mit dem höchsten Punktwert erhält den Zuschlag.

Beispiel einer Nutzwertanalyse ohne Gewichtung der Entscheidungskriterien

Alternativen → ↓Kriterien	***Blau GmbH* Punkte**	***Grün KG* Punkte**	***Rot AG* Punkte**
Spaß an der Arbeit	4	9	4
Gehalt	9	2	8
Aufstiegschancen	8	3	6
Gestaltungsspielraum	6	8	6
Summe	**27**	**22**	**24**

Beispiel einer Nutzwertanalyse mit unterschiedlicher Gewichtung der Entscheidungskriterien

Alternativen → ↓ Kriterien	***Blau GmbH* Punkte**	***Grün KG* Punkte**	***Rot AG* Punkte**
Spaß an der Arbeit Gewichtung: 40 %	1,6 (= 4 · 40 %)	3,6 (= 9 · 40 %)	1,6 (= 4 · 40 %)
Gehalt Gewichtung: 10 %	0,9 (= 9 · 10 %)	0,2 (= 2 · 10 %)	0,8 (= 8 · 10 %)
Aufstiegschancen Gewichtung: 20 %	1,6 (= 8 · 20 %)	0,6 (= 3 · 20 %)	1,2 (= 6 · 20 %)
Gestaltungsspielraum Gewichtung: 30 %	1,8 (= 6 · 30 %)	2,4 (= 8 · 30 %)	1,8 (= 6 · 30 %)
Summe (100 %)	**5,9**	**6,8**	**5,4**

2 Projektmanagement-Techniken

2.1 Projektdefinition

Ein Projekt wird nach DIN 69901 definiert als ein Vorhaben, das durch die **Einmaligkeit seiner Bedingungen** gekennzeichnet ist.

Diese Bedingungen sind

- eine zeitliche Begrenzung, d. h., Start- und Zieltermin sind festgelegt,
- eine klare Zielvorgabe,
- eine finanzielle Begrenzung, d. h. einer klare Kostenvorgabe, und
- eine projektspezifische Organisation der Bearbeitung.

Das „goldene Dreieck" des Projektmanagements

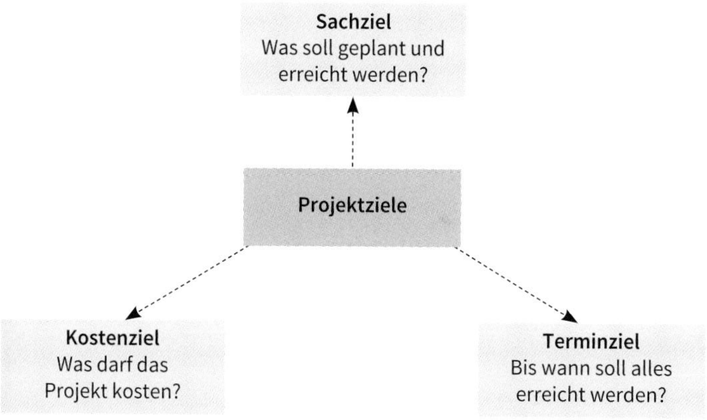

Alle drei Zielgrößen beeinflussen sich gegenseitig. Sie bilden zum Teil konkurrierende Beziehungen. Man spricht vom sogenannten „goldenen" oder auch „magischen Dreieck", weil es sehr schwierig ist, alle Ziele zu erreichen. Werden in einem Projekt z. B. steigende Anforderungen an das Sachziel gestellt, ist in der Regel mit einer längeren Bearbeitungszeit zu rechnen. Längere Bearbeitungszeiten rufen wiederum höhere Projektkosten hervor.

2.2 Projektorganisation

Reine Projektorganisation

Projektleiteung und die Projektmitarbeitende werden für die Dauer der Abwicklung aus den verschiedenen Linien herausgelöst. Die Mitarbeitenden werden räumlich zusammengezogen. Die komplette Infrastruktur wird geschaffen. Die Projektleitung hat für die Projektlaufzeit das fachliche und disziplinarische Weisungsrecht. Nach Beendigung des Projekts kehren Projektleitung und Projektmitarbeitende in die Linie zurück.

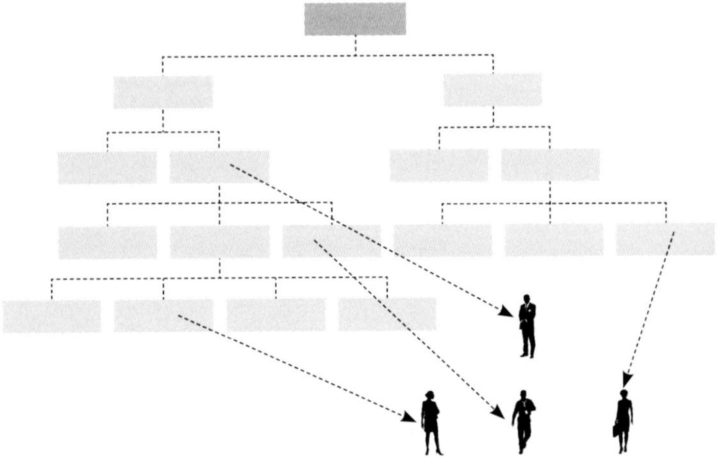

Vorteile	Nachteile
→ volle Konzentration des ganzen Projektteams auf das Projekt → hohe Kompetenz der Projektleitung → sehr kurze Kommunikationswege	→ hoher organisatorischer Aufwand, da in der Linie freigewordene Stellen besetzt werden müssen → Probleme bei der Auflösung des Projektteams, da Rückkehr an den alten Arbeitsplatz oft schwierig

Linienorganisation

Der gesamte Umfang eines Projekts kann in der Linie, d. h. ohne Beteiligung von Abteilungen aus anderen Linien realisiert werden. Das gesamte Projektteam gehört einer Abteilung an. Die Projektleitung ist meist ein Abteilungsleiter oder eine Abteilungsleiterin mit der stellenüblichen Weisungsbefugnis.

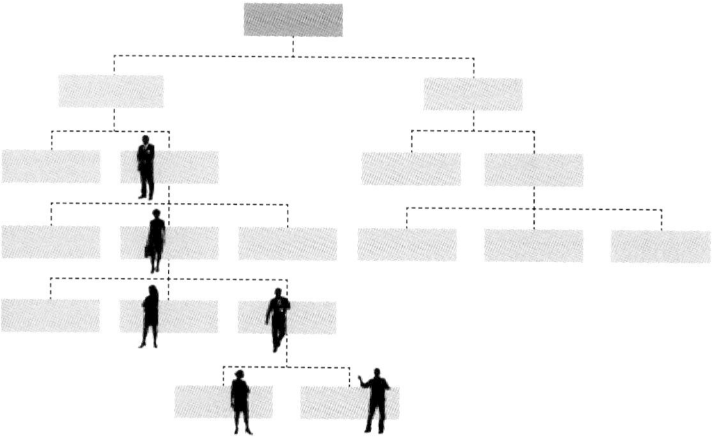

Vorteile	Nachteile
→ volle Konzentration des ganzen Projektteams auf das Projekt → hohe Kompetenz der Projektleitung → sehr kurze Kommunikationswege → keine Versetzungsprobleme bei Projektbeginn oder -ende	→ keine abteilungsübergreifende Perspektive → Nicht immer ist das qualitativ geeignete Personal in einer Abteilung verfügbar.

Stabs-/Einflussorganisation

Die Projektleitung befindet sich in einer eigenen Linie und benötigt Unterstützung aus anderen Linien, um das Projektziel zu erreichen. Die Projektleitung fungiert als Auftraggeber für die anderen Linien. Sie hat weder ein fachliches noch ein disziplinarisches Weisungsrecht, sondern im Allgemeinen nur eine koordinierende Funktion.

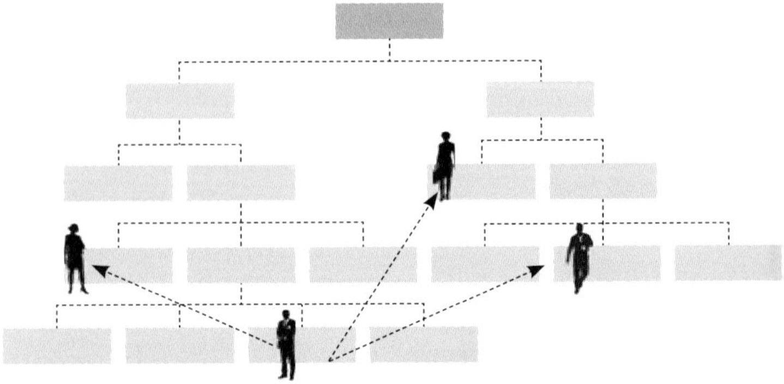

Vorteile	Nachteile
--→ keine Veränderungen in der bestehenden Organisation --→ Abteilungsübergreifende Perspektiven werden einbezogen. --→ keine Versetzungsprobleme bei Projektbeginn oder -ende	--→ hoher Kommunikations- und Koordinierungsaufwand --→ Projektleitung ist in einer schwachen Position, da sie nicht weisungsberechtigt und damit von den Linienvorgesetzten abhängig ist.

Matrixorganisation

Um das Projektziel zu erreichen, sind mehrere Linien erforderlich. Die Projektleitung wird für die Dauer des Projekts aus der Linie herausgelöst. Sie hat für die Projektmitarbeitenden in anderen Linien ein fachliches und mit Einschränkungen auch ein disziplinarisches Weisungsrecht.

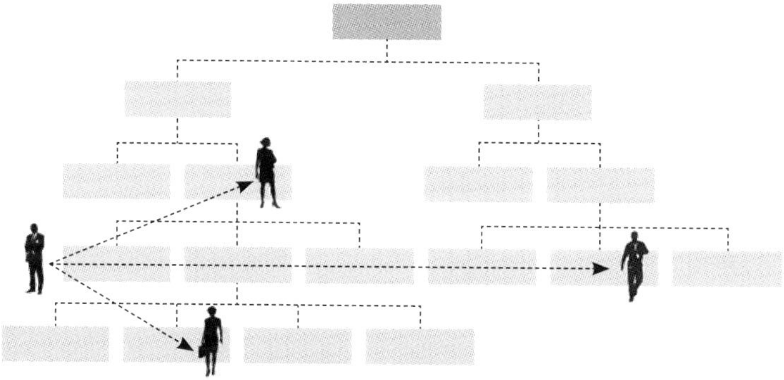

Vorteile	Nachteile
→ keine Veränderungen in der bestehenden Organisation → Abteilungsübergreifende Perspektiven werden einbezogen. → keine Versetzungsprobleme bei Projektbeginn oder -ende	→ hoher Kommunikations- und Koordinierungsaufwand → Projektmitarbeitende haben zwei Vorgesetzte: den/die Linienvorgesetzte/-n und die Projektleitung.

2.3 Projektplanung

Projektstrukturplan

Der Projektstrukturplan ist eine grafische Darstellung der groben Projektplanung. Er bietet auf einen Blick ein einfaches, übersichtliches und vollständiges Bild aller notwendigen Arbeiten, um das Projektziel zu erreichen.

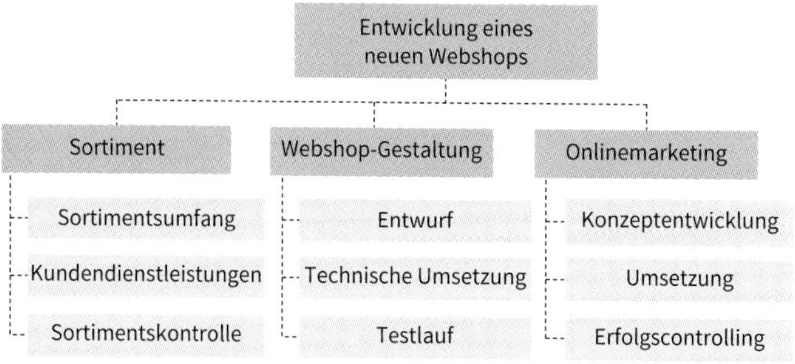

Risikoanalyse

In der Risikoanalyse geht es darum, die Risiken eines Projekts im Hinblick auf die Eintreffwahrscheinlichkeit und die Tragweite (H = hoch, M = mittel; N = niedrig) richtig einzuschätzen und bereits vorab Maßnahmen zur Vermeidung bzw. Schadensbegrenzung festzuhalten.

Beispiel für eine APP-Tabelle (Analyse potenzieller Probleme)

Aufgabe/ Arbeitspaket	Risiko/ mögliche Abweichung	Eintreffwahrscheinlichkeit (H/M/N)	Tragweite (H/M/N)	Denkbare Ursachen	Maßnahmen zur Ursahenvermeidung	Maßnahmen zur Schadensbegrenzung

Netzplantechnik

Die Netzplantechnik verwendet Netzpläne, die zeitliche und kausale Verkettung von Aktionen beschreiben. Sie wird vor allem in der Terminplanung von Projekten oder Produktionsabläufen eingesetzt.

Jeder einzelne Vorgang wird anhand eines Netzplanknotens beschrieben:

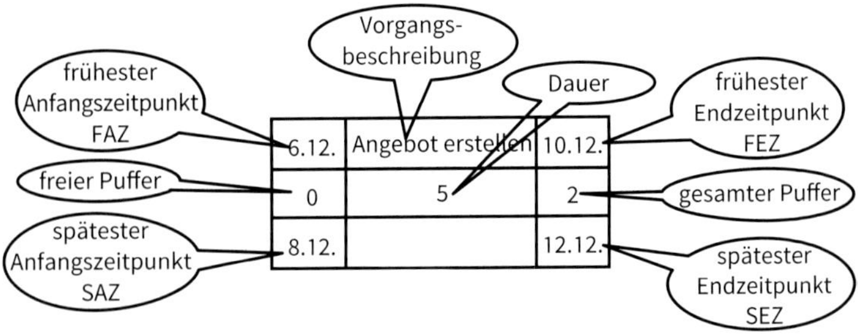

Beispiel Netzplantechnik

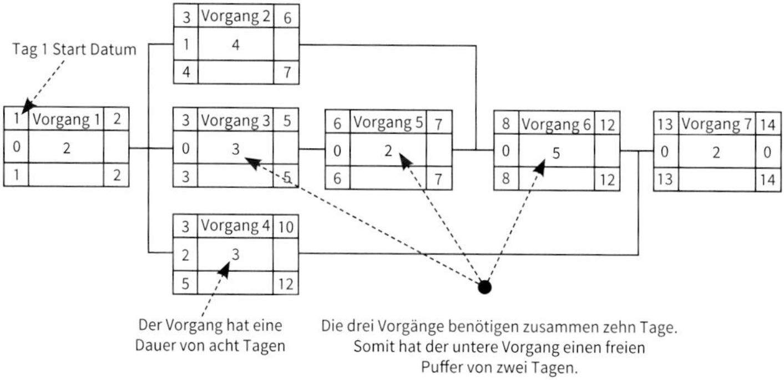

Balkendiagramm (Gantt-Diagramm)

Das Gantt-Diagramm ist ein nach dem Unternehmensberater Henry L. Gantt (1861–1919) benanntes Instrument der Ablauforganisation bzw. Terminplanung. Ein solcher Balkenplan kann beispielsweise für die Planung von Projekten, aber auch für die Planung von Maschinenbelegungen oder Urlaubszeiten benutzt werden. Zur Planung wird hier die zeitliche Abfolge von Aktivitäten grafisch in Form von Balken auf einer Zeitachse dargestellt.

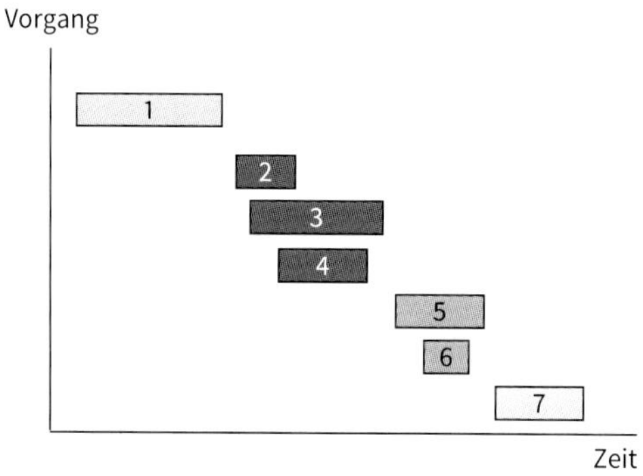

Beispiel Balkendiagramm (Gantt-Diagramm)

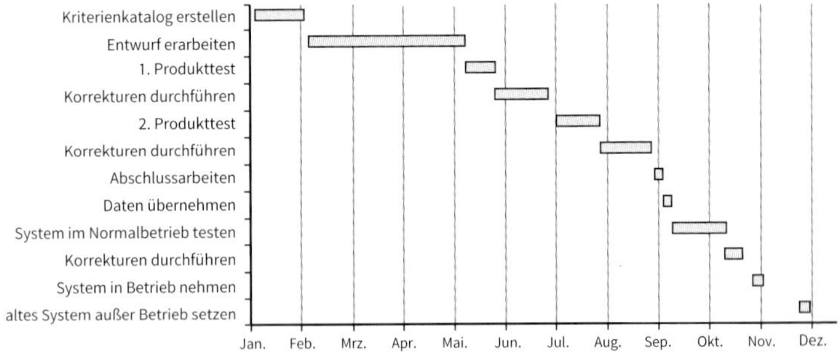

2.4 Projektcontrolling

Als Projektcontrolling bezeichnet man die Steuerung und Kontrolle des Projekts, um das Erreichen der Projektziele sicherzustellen. Dies erfolgt z. B. durch Soll-Ist-Vergleiche, Feststellung von Abweichungen, Bewertung der Konsequenzen und Vorschlagen von Korrekturmaßnahmen. Ein antizipierendes (= vorausschauendes, vorwegnehmendes) und reaktionsschnelles Projektcontrolling ist Voraussetzung für ein effizientes Projektmanagement.

Das Projektcontrolling umfasst im Wesentlichen die folgenden Aufgabenbereiche:

- Terminkontrolle
- Aufwands- und Kostenkontrolle
- Sachfortschrittskontrolle
- Qualitätssicherung
- Konfigurationsmanagement
- Projektdokumentation
- Projektberichterstattung

2.5 Projektabschluss

In der Abschlussphase ist das Projekt bereits fertiggestellt. Nun geht es darum, das Projekt abzurunden, indem die Interessen der wichtigsten Prozessbeteiligten bedient werden:

- Kunden/Auftraggeber wünschen die Vorstellung, Übergabe bzw. Installation sowie eine Dokumentation des Projekts.
- User wünschen die Einweisung in das Projektergebnis bzw. eine Schulung darüber.
- Das Projektteam wünscht ein Feedback des Auftragnehmers und einen geselligen Abschluss.
- Die Projektleitung wünscht eine systematische Erfahrungssicherung sowie einen klar definierten Zeitpunkt der Abgabe der Verantwortung für das Projekt.
- Andere Projektleiter/-teams wünschen, an den Erfahrungen teilhaben zu können.
- Die Unternehmensleitung des Auftragnehmers wünscht gute Kontakte zum Auftraggeber sowie eine sorgfältige Abschlusskalkulation (Gewinn oder Verlust?).

Werden diese Interessen nicht berücksichtigt, so können zahlreiche Projektbeteiligte sehr unzufrieden mit dem Projekt sein, obwohl möglicherweise alle Projekt- und Qualitätsziele erreicht wurden.

G

KAUFMÄNNISCHE STEUERUNG UND KONTROLLE

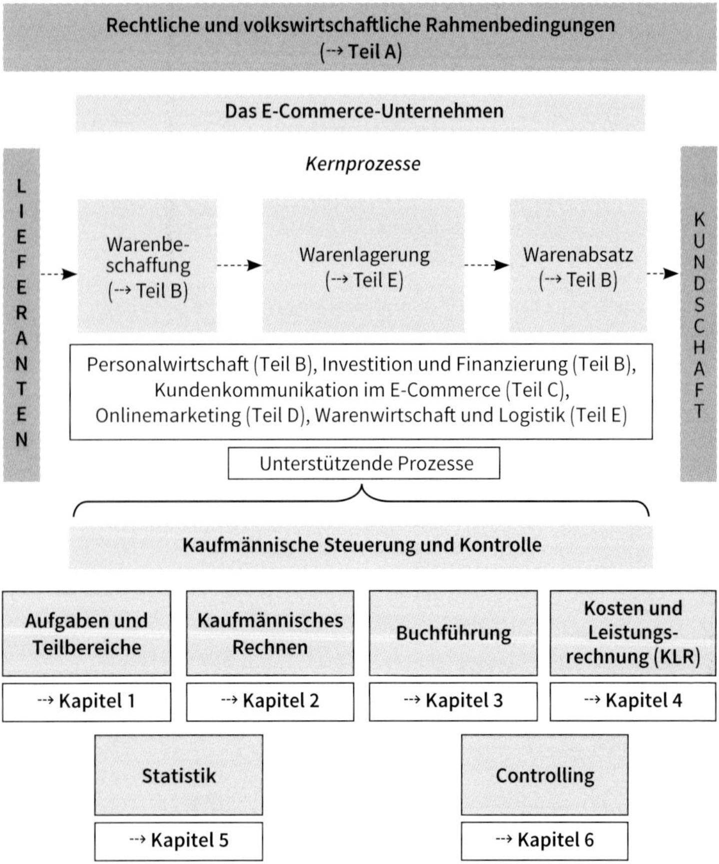

1 Aufgaben und Teilbereiche des Rechnungswesens

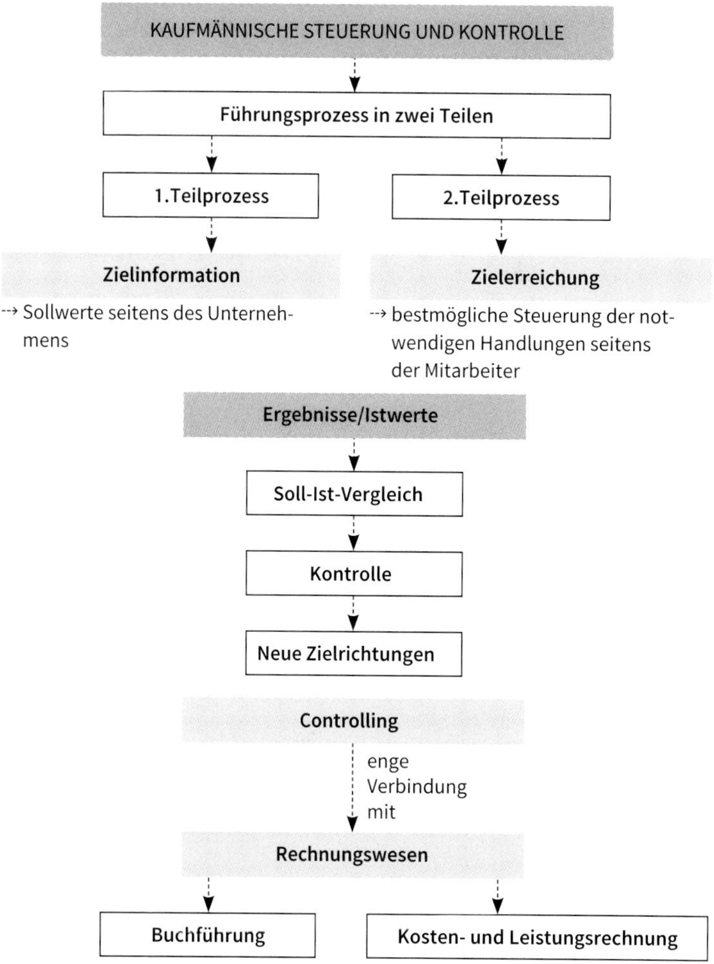

Allgemeine Aufgaben

Das betriebliche Rechnungswesen beschäftigt sich mit der systematischen mengen- und wertmäßigen Erfassung, Aufbereitung, Analyse, Auswertung und Darstellung aller betrieblichen und außerbetrieblichen Vorgänge in einem Unternehmen.

Dokumentation	z. B. Erfassung von Einnahmen und Ausgaben
Information	z. B. Herkunft und Höhe von Kosten
Rechenschaftslegung	z. B. gegenüber Banken als Kreditgebern
Kontrolle	z. B. der Kostenentwicklung in einzelnen Unternehmensbereichen
Planung	z. B. Personaleinsatz, Schulungen des Personals

Teilbereiche des Rechnungswesens

Finanzbuchhaltung (Buchführung)	→ Erfassung aller wirtschaftlich relevanten Geschäftsvorgänge wie Einkäufe, Verkäufe, Personalaufwand auf Konten → Erfassung und Bewertung des Vermögens und der Schulden → Ermittlung des Gewinns oder Verlustes
Kosten- und Leistungsrechnung	→ Erfassung und Gliederung der angefallenen Kosten → Kontrolle der Kosten in den einzelnen Unternehmensbereichen → Preiskalkulation → Ermittlung des Betriebsergebnisses
Statistik	→ Erfassung und Aufbereitung betrieblicher Daten für einen a) innerbetrieblichen Vergleich mit Zahlen vergangener Geschäftsjahre b) zwischenbetrieblichen Vergleich mit Zahlen ähnlicher Betriebe → **Beispiele:** *Personal-, Gehalts-, Lager-, Umsatzstatistiken* → Daten dienen als Grundlage für künftige Unternehmensentscheidungen.
Planung	→ Planung zukünftiger Entwicklungen, um die Ziele des Einzelhandelsunternehmens besser erreichen zu können → Instrument der Unternehmensführung → **Beispiele:** *Personal-, Investitions-, Finanzplan*

Nach dem Informationsempfänger unterscheidet man folgende Bereiche des Rechnungswesens:

Internes Rechnungswesen	Externes Rechnungswesen
→ enthält insbesondere die Kosten- und Leistungsrechnung → dient der Planung, Steuerung und Kontrolle von Einzelhandelsbetrieben → wird in der Regel nach innerbetrieblichen Erfordernissen ausgestaltet	→ enthält die Finanzbuchhaltung einschließlich der Bilanzierung sowie der Nebenbücher (z. B. Erfassung der Wareneingänge und Warenausgänge in der Lagerkartei) und die Statistiken → dient primär der Information von Außenstehenden wie Gläubigern, Fiskus, Banken, Kundschaft → wird nach einheitlichen handels- und steuerrechtlichen Vorschriften ausgestaltet

2 Kaufmännisches Rechnen

2.1 Dreisatz

Einfacher Dreisatz

gerades Verhältnis: je mehr (gegebene Größe), desto mehr (gesuchte Größe)
→ Merkregel: Die Zahl im Fragesatz (hier: 50) steht auf dem Bruchstrich.

Beispiel: *20 m eines Stoffes kosten 40,00 €. Wie viel kosten 50 m?*

Bedingungssatz:	20 m Stoff	entsprechen	40,00 €
Fragesatz:	50 m Stoff	entsprechen	x €

Lösungssatz: $x = \frac{40 \cdot 50}{20} = \mathbf{100{,}00\ €}$

ungerades Verhältnis: je mehr (gegebene Größe), desto weniger (gesuchte Größe)
→ Merkregel: Die Zahl im Fragesatz (hier: 9) steht unter dem Bruchstrich.

Beispiel: *Sechs Arbeitskräfte brauchen für Inventurarbeiten 18 Stunden. Wie lange brauchen neun Arbeitskräfte?*

Bedingungssatz:	6 Arbeitskräfte	entsprechen	18 Stunden
Fragesatz:	9 Arbeitskräfte	entsprechen	x Stunden

Lösungssatz: $x = \frac{18 \cdot 6}{9} = \mathbf{12\ Stunden}$

Zusammengesetzter Dreisatz

Beispiel: *Sechs Arbeitskräfte zählen bei der Inventur 10.000 Artikel in 18 Stunden. Wie viele Stunden benötigen neun Arbeitskräfte für 12.500 Artikel?*

Bedingungssatz:	6 Arbeitskräfte	entsprechen	10.000 Artikel
	entsprechen	18 Stunden	
Fragesatz:	9 Arbeitskräfte	entsprechen	12.500 Artikel
	entsprechen	x Stunden	

Lösungssatz: $x = \frac{18 \cdot 6 \cdot 12.500}{9 \cdot 10.000} =$ **15 Stunden**

Erläuterung:

⇢ je mehr Arbeitskräfte, desto weniger Stunden → ungerades Verhältnis, d. h., 9 steht unter dem Bruchstrich.

⇢ je mehr Artikel, desto mehr Stunden → gerades Verhältnis, d. h., 12.500 steht auf dem Bruchstrich.

2.2 Durchschnittsrechnung

$$\textbf{\textit{einfacher Durchschnitt}} = \frac{\text{Summe der Einzelwerte}}{\text{Anzahl der Einzelwerte}}$$

Beispiel: *Berechnen Sie den Durchschnittspreis der Artikel A–C.*

	Preis in EUR
Artikel A	67,95
Artikel B	58,95
Artikel C	49,95

$$\text{Durchschnittspreis} = \frac{67{,}95 + 58{,}95 + 49{,}95}{3}$$

$$= \mathbf{58{,}95\ €}$$

$$\textbf{\textit{gewogener Durchschnitt}} = \frac{\text{Summe der gewichteten Einzelwerte}}{\text{Summe der Gewichte}}$$

Beispiel: *Berechnen Sie den gewogenen Durchschnittspreis der Artikel.*

	Preis in EUR	Verkaufsmenge
Artikel A	67,95	70
Artikel B	58,95	95
Artikel C	49,95	65

$$\text{gewogener Durchschnittspreis} = \frac{67{,}95 \cdot 70 + 58{,}95 \cdot 95 + 49{,}95 \cdot 65}{70 + 95 + 65} = \mathbf{59{,}15\ €}$$

2.3 Verteilungsrechnung

Beispiel: *Das Stadtbauamt stellt den drei Unternehmen ARNER OHG, BOHR KG und CRW GmbH die Anliegerkosten von 260.000,00 € für den Straßenbau im Gewerbegebiet in Rechnung, die nach der Länge der Straßenfront im Verhältnis 6 : 5 : 2 zu verteilen sind.*

Wie hoch sind die Baukostenanteile der Unternehmen?

Name	Verteilungs-schlüssel	Verteilungsergebnis (in EUR)	Rechenweg
ARNER	6	120.000,00	1. Verteilungstabelle aufstellen (Name, Schlüssel, Ergebnis) 2. Summe der Anteile ermitteln
BOHR	5	100.000,00	3. Wert je einem Anteil mit Dreisatz errechnen
CRW	2	40.000,00	4. Verteilungsergebnisse berechnen (Anteile · Wert je einem Anteil)
	13 Teile =	260.000,00	
	1 Teil =	x	

$$x = \frac{260.000 \cdot 1}{13} = \mathbf{20.000{,}00\ €}$$

ARNER: 6 · 20.000,00 € = **120.000,00 €**

BOHR: 5 · 20.000,00 € = **100.000,00 €**

CRW: 2 · 20.000,00 € = **40.000,00 €**

2.4 Prozentrechnung

Berechnung des Prozentsatzes (p)

Aufgabe

Betrieb A: Von 20 Azubis bestehen 18 Azubis die Prüfung.

Betrieb B: Von 16 Azubis bestehen 14 Azubis die Prüfung.

Welche Ausbildungsgruppe ist besser?

Problem: unterschiedliche Bezugsgrößen (20 Azubis im Betrieb A, 16 Azubis im Betrieb B) ⇒ gemeinsame Bezugsgröße 100

Lösung mit Dreisatz:

Betrieb A	*Betrieb B*
20 Azubis = 100 %	16 Azubis = 100 %
18 Azubis = x %	14 Azubis = x %
$x = \frac{100 \cdot 18}{20}$	$x = \frac{100 \cdot 14}{16}$
x = 90 %	x = 87,5 %

Antwort: Im Betrieb A bestehen 90 %, im Betrieb B nur 87,5 %. Die Ausbildungsgruppe des Betriebes A ist besser.

Merke:

1. Die Prozentrechnung ist eine Vergleichsrechnung mit der Zahl 100 als Bezugsgröße (% = v. H.).
2. In der Prozentrechnung rechnen wir mit drei Größen:

Grundwert (G): Wert, der mit der Vergleichszahl 100 verglichen wird. Er beträgt immer 100 %.

Prozentwert (PW): Teil des Grundwertes, der durch den Prozentsatz festgelegt ist

Prozentsatz (p): Anzahl der Anteile von 100

Formel für die Berechnung von p:

$$p = \frac{PW \cdot 100}{G}$$

Die Berechnung des Prozentwertes (PW)

Aufgabe

Eine Kauffrau hat bei einem Monatsumsatz von 45.000,00 € Kosten in Höhe von 20 %. Wie viel Euro sind das?

Lösung mit Dreisatz:

100 % = 45.000,00 €
20 % = x €

$x = \frac{45.000 \cdot 20}{100} = \mathbf{9.000{,}00\ €}$

Die Kosten betragen 9.000,00 €.

Lösung mit Formel: $PW = \frac{G \cdot p}{100}$

Die Berechnung des Grundwertes (G)

Aufgabe

Familie Evren muss 25 % ihres Nettoeinkommens für die Miete aufbringen. Die monatliche Miete beträgt 850,00 €.

Wie hoch ist das Nettoeinkommen der Familie Evren?

Lösung mit Dreisatz:

25 % = 850,00 €
100 % = x €

$x = \frac{850 \cdot 100}{25} = \mathbf{3.400{,}00\ €}$

Das Nettoeinkommen beträgt 3.400,00 €.

Lösung mit Formel: $G = \frac{PW \cdot 100}{p}$

Der vermehrte Grundwert (G^+)

Aufgabe

Ein Elektrofachgeschäft bietet einen Fernseher nach einer Preiserhöhung von 4 % zum neuen Preis von 468,00 € an.

Wie viel Euro betrug der ursprüngliche Preis vor der Preiserhöhung?

Lösung mit Dreisatz:

104 % = 468,00 €
100 % = x €

$x = \frac{468 \cdot 100}{104} = \mathbf{450{,}00\ €}$

x: G; 468: G + PW = G^+; 104: 100 + p

Der ursprüngliche Preis betrug 450,00 €.

Lösung mit Formel: $G = \frac{G^+ \cdot 100}{100 + p}$

Der verminderte Grundwert (G^-)

Aufgabe

Eine Rechnung wird nach Abzug von 2 % Skonto mit 1.254,40 € bezahlt.

Wie hoch ist der Rechnungsbetrag?

Lösung mit Dreisatz:

98 % = 1.254,40 €
100 % = x €

$$x = \frac{1.254,40 \cdot 100}{98} = \mathbf{1.280,00\ €}$$

x: G; 1.254,40: G − PW = G^-; 98: 100 − p

Der Rechnungsbetrag lautet 1.280,00 €.

Lösung mit Formel: $G = \frac{G^+ \cdot 100}{100 + p}$

2.5 Währungsrechnung

- **Wechselkurs:** Preis eines Euros ausgedrückt in ausländischer Währung
- **Geldkurs (Ankaufskurs):** Kurs, zu dem die Bank Euro ankauft
- **Briefkurs (Verkaufskurs):** Kurs, zu dem die Bank Euro verkauft
- **Sorten:** ausländisches Bargeld (Banknoten, Münzen) → Ankaufs- oder Verkaufskurs
- **Devisen:** ausländisches Buchgeld (bargeldlos, z. B. Überweisungen, Schecks) → Geld- oder Briefkurs

Umtausch von Euro in Auslandswährung

Deniz Mai macht Urlaub in den USA. Er möchte bei seiner deutschen Hausbank 500,00 € in bar in US-Dollar umtauschen. Wie viel Euro erhält er (Ankaufskurs: 1,1358/ Verkaufskurs: 1,1465)?

Vorüberlegung: Die Bank kauft Euro. → Es gilt der Ankaufskurs.

Lösung mit Dreisatz:	1,00 €	entspricht	1,1358 USD
	500,00 €	entsprechen	x USD

$$x = \frac{1,1358 \cdot 500}{1} \cong \mathbf{567,90\ USD}$$

Umtausch von Auslandswährung in Euro

Als Deniz Mai aus dem Urlaub zurückkommt, hat er noch 100,00 US-Dollar, die er bei seiner Hausbank in Euro umtauschen will. Wie viel Euro erhält er (Ankaufskurs: 1,1358/ Verkaufskurs: 1,1465)?

Vorüberlegung: Die Bank verkauft Euro. → Es gilt der Verkaufskurs.

Lösung mit Dreisatz:	1,1465 USD	entspricht	1,00 €
	100,00 USD	entsprechen	x €

$$x = \frac{1 \cdot 100}{1{,}1465} \cong \mathbf{87{,}22\ €}$$

2.6 Zinsrechnung

Grundbegriffe

			entspricht in der Prozentrechnung
Kapital	K	Betrag, der verzinst wird	Grundwert
Zinssatz	p	Verzinsung in Prozent (immer auf ein Jahr bezogen)	Prozentsatz
Zinsen	z	Verzinsung in Euro für einen bestimmten Zeitraum	Prozentwert
Zeitraum	t	Zeitraum, für den die Verzinsung zu berechnen ist	

Berechnung der Zinstage

	Deutsche Methode (30/360)	act/act-Methode (tagegenaue Methode)	Euromethode (act/360-Methode)
Zinsmonat	30 Tage Ausnahme: Februar = Kalendertage, wenn der Monat Februar das Ende der Laufzeit ist	genaue Kalendertage	genaue Kalendertage
Zinsjahr	360 Tage	genaue Tage, d. h. 365 Tage bzw. im Schaltjahr 366 Tage	360 Tage

	Deutsche Methode (30/360)	act/act-Methode (tagegenaue Methode)	Euromethode (act/360-Methode)
Anwendungsbeispiele	→ *Darlehen* → *Ratenkredite* → *Festgelder* → *Kontokorrentkonten*	→ *festverzinsliche Anleihen* → *Bundesobligationen* → *Bundesanleihen*	→ *Anleihen mit variablem Zins (sogenannte „Floater")* → *Geldanlagen bei der Europäischen Zentralbank*

Zinsformeln

Beispiel: *Berechnen Sie die Zinsen für einen Kredit in Höhe von 5.000,00 € bei einem Zinssatz von 8 % für einen Zeitraum von 90 Zinstagen.*

$$z = \frac{\mathbf{K \cdot p \cdot t}}{\mathbf{100 \cdot 360}} = \frac{5.000 \cdot 8 \cdot 90}{100 \cdot 360} = \mathbf{100{,}00\ €}$$

Beispiel: *Für einen Kredit fallen für einen Zeitraum von 90 Zinstagen bei einem Zinssatz von 8 % 100,00 € Zinsen an. Wie hoch war der Kredit?*

$$K = \frac{\mathbf{z \cdot 100 \cdot 360}}{\mathbf{p \cdot t}} = \frac{100 \cdot 100 \cdot 360}{8 \cdot 90} = \mathbf{5.000{,}00\ €}$$

Beispiel: *Für einen Kredit fallen für einen Zeitraum von 90 Zinstagen 100,00 € Zinsen an. Wie hoch war der Kreditzinssatz?*

$$P = \frac{\mathbf{z \cdot 100 \cdot 360}}{\mathbf{K \cdot t}} = \frac{100 \cdot 100 \cdot 360}{5.000 \cdot 90} = \mathbf{8\ \%}$$

Beispiel: *Für einen Kredit in Höhe von 5.000,00 € fallen bei einem Zinssatz von 8 % 100,00 € Zinsen an. Wie lange lief der Kredit?*

$$t = \frac{\mathbf{z \cdot 100 \cdot 360}}{\mathbf{K \cdot p}} = \frac{100 \cdot 100 \cdot 360}{5.000 \cdot 8} = \mathbf{90\ Tage}$$

Effektivverzinsung bei Lieferantenkrediten

Beispiel: *Die Zahlungsbedingung eines Lieferanten lautet „Zahlungsziel 30 Tage, acht Tage 2 % Skonto". Welchem Jahreszins entspricht der Lieferantenkredit, wenn ein Käufer das Zahlungsziel beansprucht?*

Lösung mit dem Dreisatz:	22 Tage (30 – 8 Tage)	entsprechen	2 %
	360 Tage (ein Zinsjahr)	entsprechen	x %

$$x = \frac{2\ \% \cdot 360}{22} = 32{,}727\ \%$$

Der Lieferantenkredit ist sehr teuer. Folglich lohnt es sich auf jeden Fall, innerhalb der ersten acht Tage zu zahlen, um den Skonto von 2 % wahrzunehmen.

3 Buchführung

3.1 Grundsätze ordnungsgemäßer Buchführung

Als Grundsätze ordnungsgemäßer Buchführung werden die im Handelsgesetzbuch (HGB) und der Abgabenordnung (AO) festgehaltenen Regeln für die Durchführung der Buchführung und die Aufstellung des Jahresabschlusses bezeichnet.

Gesetzl. Grundlage	Inhalt
§ 238 Abs. 1 HGB § 145 Abs. 1 AO	Ein sachverständiger Dritter (Betriebsprüfer/-in des Finanzamts) muss sich innerhalb einer angemessenen Zeit einen Überblick über die Geschäftsvorfälle und die Lage des Unternehmens verschaffen können. Damit dies gewährleistet ist, gilt: **keine Buchung ohne Beleg!** D. h., für jede Buchung muss ein Beleg vorliegen, der diese nachvollziehbar macht.
§ 244 HGB	Der **Jahresabschluss** ist in deutscher Sprache und in Euro aufzustellen.
§ 239 Abs. 2 HGB § 146 Abs. 1 AO	Die **Eintragungen** in den Büchern (Grund- und Hauptbuch) müssen **vollständig, richtig, zeitgerecht und geordnet** vorgenommen werden.
§ 239 Abs. 3 HGB § 146 Abs. 4 AO	Die Aufzeichnungen dürfen nicht so verändert werden, dass der ursprüngliche Inhalt nicht mehr feststellbar ist. **Kein Radieren oder Durchstreichen; Löschen von Daten auf Datenträgern** ist also **verboten**. Fehlerhafte Buchungen müssen durch Stornobuchungen rückgängig gemacht werden.
§§ 240, 242 HGB	Zu Beginn seines Unternehmens und **am Schluss jeden Geschäftsjahres** muss der Kaufmann ein **Inventar** (§ 240) und eine **Bilanz** (§ 242) aufstellen. Die Bilanz ist von ihm persönlich zu unterschreiben (§ 242 Abs. 2).
§ 257 HGB § 147 AO	Die **Aufbewahrungspflicht** für Handelsbücher, Inventare, Bilanzen und Buchungsbelege beträgt **zehn Jahre**.
§ 158 AO	Die Buchführung ist der Besteuerung zugrunde zu legen, wenn sie den Vorschriften der §§ 140 bis 148 entspricht.
§ 162 AO	Die Finanzbehörden haben die Buchführung zu schätzen, wenn sie schwere formelle und sachliche Fehler aufweist.
§ 283b StGB	Verstößt ein Kaufmann bei Insolvenz und Zahlungseinstellung gegen die Buchführungspflicht, so kann er mit Freiheitsstrafe oder Geldstrafe bestraft werden.

3.2 Inventur, Inventar

Inventur

▶ § 241 HGB: körperliche Bestandsaufnahme aller Vermögensgegenstände und Schulden (Tätigkeit des Messens, Zählens, Wiegens, Erfassens usw.)

Arten der Inventur

Stichtagsinventur
Kann innerhalb von zehn Tagen vor oder nach dem Abschlussstichtag stattfinden.

Verlegte Inventur
Kann innerhalb der letzten drei Monate vor oder innerhalb der ersten zwei Monate nach dem Abschlussstichtag stattfinden. Die Bestände müssen nur wertmäßig auf den Abschlussstichtag bezogen werden.

Permanente Inventur
Findet fortlaufend durch Eintragung in die Bestandskarteien bzw. Bestandsdateien statt. Die Buchbestände müssen mindestens einmal jährlich durch körperliche Aufnahmen (Ist-Bestände) überprüft werden.

Gliederung des Inventars

A. Vermögen
   I. Anlagevermögen (bleibt langfristig im Betrieb),
      z. B. unbebaute Grundstücke, Betriebsgebäude, Betriebs- und Geschäftsausstattung (BGA), Maschinen etc.
   II. Umlaufvermögen (verbleibt nur kurzfristig im Betrieb),
      z. B. Waren, sonstige Vorräte, Forderungen, Bankguthaben, Kasse

B. Schulden (Fremdkapital)
   I. langfristige Schulden (Laufzeit > ein Jahr),
      z. B. Hypotheken, Darlehen
   II. kurzfristige Schulden (Laufzeit < ein Jahr),
      z. B. Verbindlichkeiten aus Lieferung und Leistungen

C. Reinvermögen (Eigenkapital)
   Summe des Vermögens – Summe der Schulden

Beispiel:

Inventar der Wupper-Tec e. K., Wuppertal zum 31.12.20..

	Unterpositionen (in €)	Hauptpositionen (in €)	Gruppenwerte (in €)	Blockpositionen (in €)
A. **Vermögen**				
I. **Anlagevermögen**				
Grund und Gebäude	3 500 000,00			
Fabrikgebäude	4 900 000,00	8 400 000,00		
Verwaltungsgebäude		2 615 000,00		
Maschinen lt. Anlagenverzeichnis 1		537 000,00		
Werkzeuge lt. Anlagenverzeichnis 2		366 000,00		
BGA lt. Anlagenverzeichnis 4		375 000,00	12 293 000,00	
Fuhrpark lt. Anlagenverzeichnis 3				
II. **Umlaufvermögen**				
Rohstoffe lt. Inventurliste 5		736 000,00		
Hilfs- und Betriebsstoffe lt. Inventurliste 6		416 000,00		
Unfertige Erzeugnisse lt. Inventurliste 7		233 000,00		
Fertigerzeugnisse lt. Inventurliste 8		486 000,00		
Kundenforderung lt. Inventurliste 9		350 000,00		
Bank				
Deutsche Bank Köln	514 000,00			
Stadtsparkasse Köln	731 000,00	1 245 000,00		
Kasse		46 000,00	3 512 000,00	
Summe des Vermögens				15 805 000,00
B. **Schulden/Fremdkapital**				
I. **langfristiges Fremdkapital**				
Hypothekenschulden		4 140 000,00		
Darlehensschulden				
Deutsche Bank Köln	654 000,00			
Stadtsparkasse Köln	920 000,00	1 574 000,00	5 714 000,00	
II. **kurzfristiges Fremdkapital**				
Verbindlichkeiten lt. Verzeichnis 10		486 000,00	486 000,00	
Summe der Schulden				6 200 000,00
C. **Ermittlung des Reinvermögens/ Eigenkapital**				
A. Vermögen				15 805 000,00
– B. Schulden				– 6 200 000,00
= C. Eigenkapital				9 605 000,00

Wuppertal, den 31.12.20..

3.3 Bilanz, Bestandskonten

Bilanz

- kurz gefasstes Inventar in Form eines T-Kontos

Bilanzgliederung

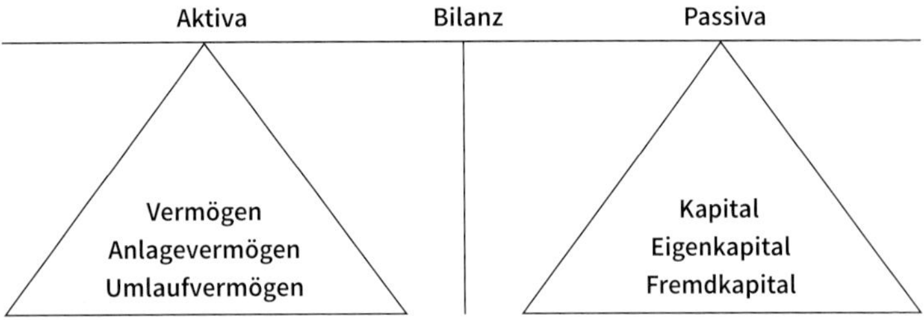

Wie ist das Kapital angelegt?
Investition
(Mittelverwendung)

Woher stammt das Kapital?
Finanzierung
(Mittelherkunft)

Beispiel:

AKTIVA	BILANZ zum 31.12.20..		PASSIVA
I. Anlagevermögen		**I. Eigenkapital**	60.000,00
1. Gebäude	80.000,00		
2. BGA	10.000,00	**II. Fremdkapital**	
		1. Darlehen	70.000,00
II. Umlaufvermögen		2. Verbindlichkeiten	20.000,00
1. Waren	20.000,00		
2. Bank	40.000,00		
	150.000,00		150.000,00

Auflösen der Bilanz in Konten

Aktiva	Bilanz		Passiva
Gebäude	80.000,00	Eigenkapital	60.000,00
BGA	10.000,00	Darlehen	70.000,00
Waren	20.000,00	Verbindlichkeiten	20.000,00
Bank	40.000,00		
	150.000,00		150.000,00

Aktivkonten = Vermögenskonten

S	Gebäude	H
AB	80.000,00	

S	BGA	H
AB	10.000,00	

S	Waren	H
AB	20.000,00	

S	Bank	H
AB	40.000,00	

Passivkonten = Kapitalkonten

S	Eigenkapital	H
	AB	60.000,00

S	Darlehen	H
	AB	70.000,00

S	Verbindlichkeiten	H
	AB	20.000,00

Merke:

- Bei allen Konten der Aktivseite der Bilanz (= Aktivkonten) steht der Anfangsbestand im Soll.
- Bei allen Konten der Passivseite der Bilanz (= Passivkonten) steht der Anfangsbestand im Haben.

Buchen auf Bestandskonten

S	Aktives Bestandskonto	H
Anfangsbestand		Abgänge
Zugänge		Schlussbestand

S	Passives Bestandskonto	H
Abgänge		Anfangsbestand
Schlussbestand		Zugänge

Auf der Seite, auf der der Bilanzposten in der Bilanz steht, stehen der Anfangsbestand und die Zugänge. Folglich befinden sich die Abgänge und der Schlussbestand auf der jeweils anderen Kontenseite.

3.4 Organisation der Buchführung

Grundbuch: enthält alle Buchungssätze in zeitlich richtiger Reihenfolge.
Hauptbuch: enthält sämtliche Sachkonten mit den richtigen Buchungen.
Kontokorrentbuch: Kunden-/Liefererkonten
Kontenrahmen: systematische Gliederung sämtlicher Konten, die für alle Unternehmen einer Branche erforderlich ist. Jedes Konto hat eine vierstellige Kontennummer, die sich durch eine Einteilung in Kontenklassen, Kontengruppen, Kontenarten und Kontenunterarten ergibt. So sind eine klare Übersicht und die Vergleichbarkeit mit anderen Unternehmen sowie eine Vereinfachung der Buchungsarbeit und eine vereinfachte Prüfung gewährleistet.

1. Stelle	**Kontenklasse**	5	Erträge
2. Stelle	**Kontengruppe**	50	Umsatzerlöse
3. Stelle	**Kontenart**	500	Umsatzerlöse für Waren
4. Stelle	**Kontenunterart**	5001	Erlösberichtigungen

Einzelhandelskontenrahmen:

Ausführlicher Kontenrahmen siehe Seite 267 ff.

Klasse	Konteninhalt		
0	Immaterielle Vermögensgegenstände und Sachanlagen	Anlagevermögen	aktive Bestandskonten
1	Finanzanlagen		
2	Umlaufvermögen und aktive Rechnungsabgrenzung	Umlaufvermögen	
3	Eigenkapital und Rückstellungen	Eigenkapital	passive Bestandskonten
4	Verbindlichkeiten und passive Rechnungsabgrenzung	Fremdkapital	
5	Erträge	Ertragskonten	Erfolgskonten
6	Betriebliche Aufwendungen	Aufwandskonten	
7	Weitere Aufwendungen		
8	Ergebnisrechnung	Bilanz und GuV	Abschlusskonten
9	Kosten- und Leistungsrechnung	Rechnungskreis II (für die Kosten- und Leistungsrechnung)	

Kontenplan: Aus der Menge der zur Verfügung stehenden Konten sucht sich das Unternehmen die passenden Konten heraus und erstellt seinen eigenen Kontenplan.

3.5 Erfolgskonten, Gewinn und Verlustkonto (GuV)

Aufwendungen

- Alle Aufwendungen reduzieren das Eigenkapital.
- Aufwandskonten sind z. B. Aufwendungen für Waren, Gehälter, Bezugskosten, Mietaufwendungen, Zinsaufwendungen
- Alle Aufwendungen werden auf Einzelkonten erfasst und im Soll gebucht.

Erträge

- Alle Erträge erhöhen das Eigenkapital.
- Ertragskonten sind z. B. Umsatzerlöse für Waren, Zinserträge, Mieterträge
- Alle Erträge werden auf Einzelkonten erfasst und im Haben gebucht.

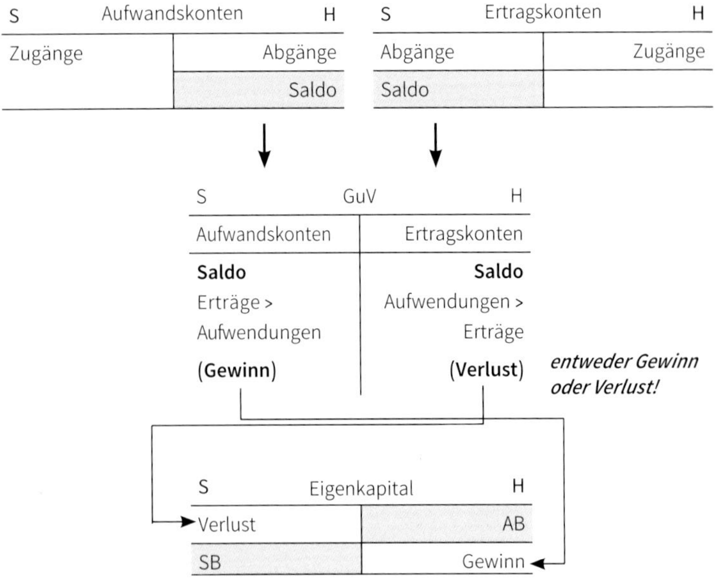

- Erfolgskonten sind Unterkonten des Kontos Eigenkapital und werden aus Gründen der Übersichtlichkeit eingerichtet.
- Erfolgskonten besitzen keinen Anfangs- und Schlussbestand.
- Erfolgskonten werden immer auf das GuV-Konto abgeschlossen.
- Aufwendungen stehen in der GuV im Soll, Erträge im Haben.
- Das GuV-Konto wird auf das Eigenkapitalkonto abgeschlossen.

3.6 Warenkonten

Warenvorgänge werden auf drei verschiedene Konten gebucht:

Aufwendungen für Waren	Aufwands-konto	Bei dem üblichen aufwandsorientierten Verfahren werden hier alle Wareneinkäufe (bewertet zu den jeweiligen Bezugspreisen) erfasst.
Waren	Bestands-konto	erfasst den Anfangs- und den Schlussbestand der Waren

Waren	Bestands-konto	Es gilt: ⇢ Anfangsbestand > Schlussbestand → Bestandsminderung ⇢ Anfangsbestand < Schlussbestand → Bestandsmehrung
Umsatzerlöse für Waren	Ertrags-konto	erfasst die Warenverkäufe (bewertet zu den jeweiligen Nettoverkaufspreisen)

Ermittlung des Wareneinsatzes

Wareneinkäufe
\+ Bestandsminderungen bzw.
\- Bestandsmehrungen
= Wareneinsatz
Rohgewinn = Umsatzerlöse – Wareneinsatz

3.7 Umsatzsteuer

Die Steuern bilden die wichtigste Einnahmequelle des Staates. Nach § 1 der Abgabenordnung (AO) handelt es sich bei den Steuern um einmalige oder laufende Abgaben, die ohne direkte Gegenleistung von einem öffentlich-rechtlichen Gemeinwesen kraft Gesetzes vereinnahmt werden.

Die Umsatzsteuer ist eine Verkehrssteuer, die **ausschließlich von Endverbraucher/-innen** getragen wird.

Nach § 1 Umsatzsteuergesetz (UStG) unterliegen alle Lieferungen und Leistungen, die ein Unternehmen im Inland gegen Entgelt ausführt, der Umsatzsteuer (USt.).

Umsatzsteuerfrei sind Vermietung, Export, Kredit- und Zahlungsverkehr der Kreditinstitute und Leistungen der Deutschen Post AG.

Die **Umsatzsteuer beträgt** seit dem 01.01.2007 **19 %** von dem Entgelt, das der Lieferer in Rechnung stellt. Dem **ermäßigten Steuersatz** von **7 %** unterliegen z. B. wichtige Nahrungsmittel, landwirtschaftliche Produkte sowie Bücher, Zeitungen, Zeitschriften.

Die Umsatzsteuer, die man beim Einkauf bezahlt (Konto 2600 Vorsteuer) wird im Soll gebucht und stellt eine Forderung gegenüber dem Finanzamt dar.

Die Umsatzsteuer, die man beim Verkauf erhält (Konto 4800 Umsatzsteuer), wird im Haben gebucht und stellt eine Verbindlichkeit gegenüber dem Finanzamt dar.

Für Unternehmen ist die Umsatzsteuer ein **durchlaufender Posten**, da sie mit dem Finanzamt verrechnet wird. Der Unternehmer hat bis zum zehnten Tag nach Ablauf eines Kalendermonats (Voranmeldungszeitraum) eine **Umsatzsteuervoranmeldung** nach amtlich vorgeschriebenem Vordruck abzugeben, indem er die Steuer für den Voranmeldungszeitraum (Vorauszahlung) selbst berechnet **(Zahllast = eingenommene Umsatzsteuer – gezahlte Vorsteuer)**. Gleichzeitig ist die Vorauszahlung (Zahllast) zu entrichten. Nach Ablauf des Kalenderjahrs muss der Unternehmer eine **Umsatzsteuererklärung** abgeben, in der die endgültige Steuerschuld (Zahllast) selbst berechnet wird (Steueranmeldung).

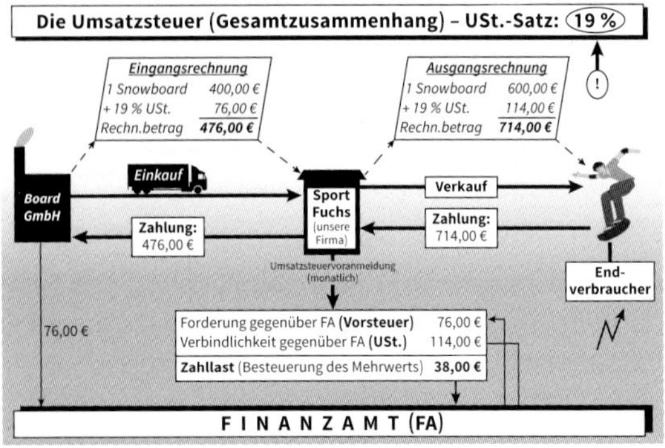

3.8 Privatentnahmen und -einlagen

Private und betriebliche Vorgänge sind zu trennen.
→ neues Unterkonto des Eigenkapitalkontos: das Privatkonto

Privatentnahmen

1. Situation

Die Firmenchefin entnimmt sich für eine Urlaubsreise 2.500,00 € aus der Kasse.

Konto	Soll	Haben
1. 3001 Privatkonto	2.500,00	
an 2880 Kasse		2.500,00

2. Situation

Die Firmenchefin entnimmt Waren im Wert von 3.000,00 € netto aus dem Lager, um sie für sich privat zu verwenden.

Konto	Soll	Haben
2. 3001 Privatkonto	3.570,00	
an 5420 Eigenverbrauch		3.000,00
+ 4800 Umsatzsteuer		570,00

Merke:

1. Privatentnahmen mindern das Eigenkapital.
2. Auf dem Privatkonto werden Privatentnahmen im Soll gebucht.
3. Der Eigenverbrauch, also die Privatentnahme von Sachen (Handelswaren, Fertigerzeugnissen, Rohstoffen usw.), ist umsatzsteuerpflichtig.

Privateinlagen

3. Situation

Die Firmenchefin überweist eine private Erbschaft in Höhe von 2.000,00 € auf das betriebliche Bankkonto.

Konto	Soll	Haben
3. 2800 Bank	2.000,00	
an 3001 Privatkonto		2.000,00

Merke:

1. Privateinlagen mehren das Eigenkapital.
2. Auf dem Privatkonto werden Privateinlagen im Haben gebucht.

3.9 Einkaufs- und Verkaufsbuchungen

- Die **Debitorenbuchhaltung** beschäftigt sich mit der Erfassung und Verwaltung der offenen Forderungen (Debitoren = Kundschaft).

- Die **Kreditorenbuchhaltung** beschäftigt sich mit der Erfassung und Verwaltung der offenen Verbindlichkeiten (Kreditoren = Lieferanten bzw. externe Anbieter von Dienstleistungen).

Einkauf von Waren

Beispiel:

1. ***Eingangsrechnung** für **Waren:***

Nettowert	*3.000,00 €*	
+ 19 % USt.	*570,00 €*	
= Rechnungsbetrag brutto		*3.570,00 €*

Konto	Soll	Haben
1. 6000 Aufwendungen für Waren	3.000,00	
2600 Vorsteuer	570,00	
an 4400 Verbindlichkeiten		3.570,00

Liefererskonto

▶ Liefererskonto = gewährter Preisnachlass bei Zahlung innerhalb einer bestimmten Frist

Liefererskonti werden als **„Einstandspreiskorrektur"** (Konto 6002) gebucht.

Beispiel:

2. ***Wir begleichen*** *die* ***Rechnung*** *über 3.570,00 € brutto (Geschäftsfall 1) unter Abzug von 2 % Skonto durch Banküberweisung.*

Rechenschema	
Rechnungsbetrag, brutto	3.570,00 €
– 2 % Skonto	71,40 €
= Überweisungsbetrag	3.498,60 €

Konto	Soll	Haben
2. 4400 Verbindlichkeiten	3.570,00	
an 2800 Bank		3.498,60
+ 6002 Nachlässe		60,00
+ 2600 Vorsteuer		11,40

Verkauf von Fertigerzeugnissen und Handelswaren

Beispiel:

3. ***Ausgangsrechnung*** *für* ***Waren:***

Listenpreis:	*800,00 €*	
+ 19 % USt.	*152,00 €*	
= Rechnungsbetrag brutto		*952,00 €*

Konto	Soll	Haben
3. 2400 Forderungen	952,00	
an 5000 Umsatzerlöse für Waren		800,00
+ 4800 Umsatzsteuer		152,00

Kundenskonto

Kundenskonto = gewährter Preisnachlass bei Zahlung innerhalb einer bestimmten Frist

Kundenskonti werden als **„Erlösberichtigung“** (Konto 5001, 5101) gebucht.

Beispiel:

*4. Ein **Kunde überweist** einen **Rechnungsbetrag** von Handelswaren in Höhe von 952,00 € brutto (Geschäftsfall 3) unter Abzug von 3 % Skonto durch Postgiroüberweisung.*

Rechenschema	
Rechnungsbetrag, brutto	952,00 €
– 3 % Skonto	28,56 €
= Überweisungsbetrag	923,44 €

Konto	Soll	Haben
4. 2850 Postbank	923,44	
5001 Erlösberichtigungen	24,00	
4800 Umsatzsteuer	4,56	
an 2400 Forderungen		952,00

3.10 Anlagenwirtschaft

3.10.1 Kauf von Anlagegütern

Vermögensgegenstände, die dem Unternehmen langfristig dienen, gehören zum **Anlagevermögen**. Beim Erwerb werden diese Güter mit ihren Anschaffungskosten erfasst.

Merke:

Anschaffungspreis	Nettopreis ohne Umsatzsteuer
– Anschaffungspreisminderungen	Rabatte, Skonti, Boni, sonstige Nachlässe
+ Anschaffungsnebenkosten	Transport, Montage, Umbau, Provisionen
= Anschaffungskosten	

3.10.2 Abschreibungen auf Sachanlagen

Anlagegüter (z. B. Gebäude, Maschinen, Kraftfahrzeuge, Betriebs- und Geschäftsausstattung) stehen dem Unternehmen längerfristig zur Verfügung. Ihre Nutzungsdauer ist jedoch zeitlich begrenzt. Der Wert von Anlagegütern nimmt im Zeitablauf ab.

Häufigste Ursachen der Wertminderung:

- Nutzungsverschleiß (Abnutzung durch Gebrauch)
- natürlicher Verschleiß (z. B. Verrosten, Zersetzung, Verwitterung)
- technische Überholung (ein neues, technisch verbessertes Produkt kommt auf den Markt)
- unvorhergesehene Ereignisse (z. B. Unwetter, Unfall u. Ä.)

Diese Wertminderungen werden in der Buchhaltung als Aufwand erfasst und als **Abschreibungen** bezeichnet.

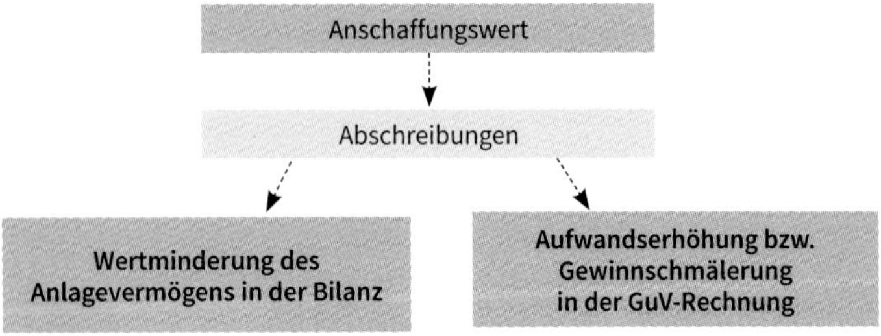

Anschaffungswert
– bisherige Abschreibung
= Restbuchwert

Man unterscheidet folgende Abschreibungsmethoden:

Lineare Abschreibung	Degressive Abschreibung
Der jährliche Abschreibungsbetrag ist immer gleich hoch.	Bei dieser Methode ergeben sich jährlich fallende Abschreibungsbeträge, da jeweils ein bestimmter Prozentsatz vom Restbuchwert abgeschrieben wird.
$\text{Abschreibungsbetrag} = \frac{\text{Anschaffungskosten}}{\text{Nutzungsdauer}}$ Die Nutzungsdauer wird von der Finanzbehörde in sogenannten AfA-Tabellen festgesetzt.	Mit dem 2. Corona-Steuerhilfegesetz hat die Bundesregierung die seit 2011 abgeschaffte degressive Abschreibung wieder eingeführt (nur für bewegliche Wirtschaftsgüter, die in den Jahren 2020 und 2021 angeschafft oder hergestellt wurden). Sie betragt das 2,5-fache der linearen Abschreibung, jedoch max. 25 %.

Durch die Abschreibung mindert sich der Gewinn des Unternehmens und die steuerliche Belastung sinkt. Je kürzer die vorgegebene Nutzungsdauer ist, desto höher ist die jährliche Abschreibung und desto günstiger ist dies für das Unternehmen.

Buchung der Abschreibung:

6520 an Anlagekonto

Beispiel: Lineare Abschreibung einer Maschine über 10 Jahre, Anschaffungswert 50.000,00 € netto

Buchungssatz am 31.12.:
6520 an 0700 5.000,00 €

Wird das Anlagegut nach dem letzten Jahr der Abschreibung weiter genutzt, erfolgt die Abschreibung im letzten Jahr nur bis zu einem Erinnerungswert von 1,00 €. Im obigen Beispiel würde die Abschreibung im letzten Jahr dann 4 999,00 € betragen.

3.10.3 Geringwertige Wirtschaftsgüter

Seit 2018 dürfen **bewegliche Anlagegüter bis zu einem Wert von 250,00 €** Anschaffungskosten (netto) sofort als Aufwand gebucht werden (Verbrauchsfiktion). Bei Anschaffungskosten von **251,00 bis 1.000,00 €** müssen selbstständig nutzbare Wirtschaftsgüter über fünf Jahre in einem jahresbezogenen Sammelposten („Pool") linear abgeschrieben werden. Ein Ausscheiden des Wirtschaftsgutes (Verkauf, Zerstörung u. Ä.) berührt das Sammelkonto nicht. Seit 2018 sind bei Anschaffungskosten von **251,00 bis 810,00 €** die Sofortabschreibung im Anschaffungsjahr oder die Aktivierung und planmäßige Abschreibung möglich (Wahlrecht).

3.11 Jahresabschluss

Der Jahresabschluss muss den Grundsätzen ordnungsgemäßer Buchführung (GoB) entsprechen. Er muss den Grundsätzen der Bilanzwahrheit, der Bilanzklarheit, der Bilanzkontinuität sowie der periodengerechten Ergebnisermittlung Rechnung tragen.

Diese Grundsätze spiegeln sich auch in der Grobgliederung der Bilanz wider.

Aktiva — Bilanz	Passiva
A. Anlagevermögen	A. Eigenkapital
I. Immaterielle Vermögensgegenstände	B. Rückstellungen (e)
II. Sachanlagen (a)	C. Verbindlichkeiten
III. Finanzanlagen	D. Rechnungsabgrenzungsposten (d)
B. Umlaufvermögen	
I. Vorräte (b)	
II. Forderungen (c)	
III. Wertpapiere	
IV. Bankguthaben, Kassenbestände usw.	
C. Rechnungsabgrenzungsposten (d)	

a) Sachanlagen

Sachanlagen unterliegen Abnutzung durch Alterung usw. Diese Wertminderung wird am Jahresende durch die Abschreibung erfasst ***(siehe dazu Teil G, Kap. 3.10.2).***

b) Vorräte

Vorräte (Roh-, Hilfs- und Betriebsstoffe, Handelswaren) werden am Jahresende durch das Niederstwertprinzip bewertet. Eine Einzelbewertung gleichartiger Vorgänge ist arbeitsaufwendig. Daher erlaubt der Gesetzgeber bei einer Durchbrechung des Grundsatzes der Einzelbewertung die Berechnungsvereinfachungsverfahren:

- gewogener Durchschnitt
- Lifo-Methode (last in, first out)
- Fifo-Methode (first in, first out)

c) Forderungen

Wenn Anhaltspunkte vorliegen, dass Forderungen des Unternehmens nicht oder nicht in voller Höhe eingehen, so muss man sie von den einwandfreien Forderungen trennen. Sie werden auf das Konto 2470 „Zweifelhafte Forderungen" umgebucht.

Ist eine Forderung ganz oder teilweise uneinbringlich, so muss der entsprechende **Nettobetrag** direkt abgeschrieben werden. Diese Forderungsausfälle werden über das Konto 6950 „Abschreibungen auf Forderungen" abgeschrieben.

Ist der Verlust einer Forderung noch nicht eingetreten, ist der wahrscheinliche Wert zu bilanzieren. Die indirekte Abschreibung der Forderung erfolgt über die Einzelwert- oder die Pauschalwertberichtigung.

d) Rechnungsabgrenzungsposten

Der Erfolg des laufenden Geschäftsjahres ist grundsätzlich periodengerecht zu ermitteln. Bilanzierung und Bewertung sind eine stichtagsbezogene Betrachtung, richten sich also nach den Verhältnissen zu einem bestimmten Zeitpunkt (Bilanzstichtag). Dazu sind

- alle Aufwendungen und Erträge zu erfassen, die wirtschaftlich ganz oder teilweise dem folgenden Geschäftsjahr zuzurechnen sind, deren Zahlung jedoch bereits im laufenden (alten) Geschäftsjahr erfolgte (transitorische Abgrenzung: aktive bzw. passive Rechnungsabgrenzung),
- alle Aufwendungen und Erträge des laufenden Jahres zu erfassen, die erst im Folgejahr (neuen Jahr) zur Zahlung fällig werden (antizipative Abgrenzung: sonstige Verbindlichkeiten bzw. sonstige Forderungen).

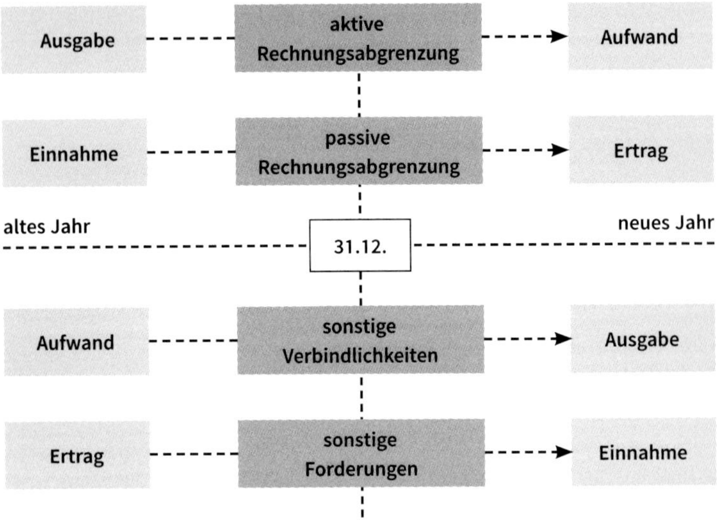

e) Rückstellungen

Rückstellungen sind Schulden für Aufwendungen, die im alten Jahr entstanden sind, deren Höhe und/oder Fälligkeit am 31.12. aber noch nicht bekannt sind. Rückstellungen werden nach dem Höchstwertprinzip bewertet.

4 Kosten- und Leistungsrechnung (KLR)

4.1 Handelskalkulation

4.1.1 Bezugskalkulation

- **Skonto** ist ein Preisabzug, wenn eine Bezahlung der Rechnung innerhalb einer festgelegten Frist erfolgt. Er ist vom Zieleinkaufspreis (= 100 %) zu berechnen.

- **Rabatt** ist ein Preisabzug aus verschiedenen Gründen, die nichts mit der Frist zur Bezahlung der Rechnung zu tun haben (z. B. Sonderrabatt, Treuerabatt, Mengenrabatt, Naturalrabatt und Wiederverkäuferrabatt). Er wird vom Listenpreis (= 100 %) berechnet.

Bonus ist eine Sondervergünstigung, die nachträglich gewährt wird und in der Höhe vom Umsatz abhängt. Er spielt in der Bezugskalkulation keine Rolle.

Die **Bezugskosten** (z. B. Verpackung, Fracht, Versicherung, Zölle) sind dem Bareinkaufspreis hinzuzurechnen.

Die **Umsatzsteuer** ist bei der Bezugskalkulation nicht zu berücksichtigen, da sie als Vorsteuer vom Finanzamt zurückerstattet wird. Sie hat somit keinen Kostencharakter.

Beispiel: *Ein Möbelgeschäft nimmt einen Schlafzimmerschrank in sein Sortiment auf. Berechnen Sie den Bezugspreis für den Schlafzimmerschrank, wenn folgende Angaben vorliegen: Listenpreis: 500,00 €; Rabatt: 10 %; Skonto: 2 %; Bezugskosten: 39,00 €.*

Listenpreis	500,00 €	100 %	
– Liefererrabatt (10 % von LP)	50,00 €	– 10 %	
= Zieleinkaufspreis	450,00 €	90 %	100 %
– Liefererskonto (2 % vom ZEP)	9,00 €		– 2 %
= Bareinkaufspreis	441,00 €		98 %
+ Bezugskosten	39,00 €		
= Bezugspreis (= Einstandspreis)	480,00 €		

4.1.2 Verkaufskalkulation

Handlungskosten sind die Kosten der gesamten Betriebstätigkeit (z. B. allgemeine Verwaltungskosten, Löhne und Gehälter, Bürokosten, Raumkosten, Lagerkosten, Werbekosten u. Ä.). Der Handlungskostenzuschlag ist ein Prozentsatz, der dem Bezugspreis bzw. Einstandspreis (= 100 %) zugerechnet wird. Er berechnet sich wie folgt:

$$\text{Handlungskostenzuschlag (in Prozent)} = \frac{\text{Handlungskosten} \cdot 100}{\text{Wareneinsatz}}$$

Der **Selbstkostenpreis** stellt die unterste Grenze des Verkaufspreises einer Ware dar. Er deckt alle Kosten, die mit dem Einkauf und Verkauf einer Ware zusammenhängen.

Der **Gewinnzuschlag** wird auf der Basis der Selbstkosten (= 100 %) hinzugerechnet.

Der **Nettoverkaufspreis** ist die Basis (= 100 %) für die Berechnung der Umsatzsteuer.

Addiert man die Umsatzsteuer zum Nettoverkaufspreis, erhält man den **Bruttoverkaufspreis**, der dem Verkaufspreis entspricht.

Vorwärtskalkulation

Aufgabe

Ein Möbelgroßhändler nimmt einen Schlafzimmerschrank in sein Sortiment auf. Berechnen Sie den Nettoverkaufspreis für den Schlafzimmerschrank, wenn folgende Angaben vorliegen:

Listenpreis:	500,00 €	Gewinn:	8 %
Liefererrabatt:	10 %	Vertreterprovision:	2 %
Liefererskonto:	2 %	Kundenskonto:	2 %
Bezugskosten:	39,00 €	Kundenrabatt:	10 %
Handlungskosten	16 ⅔ %		

Listenpreis	500,00 €	100 %		
– Liefererrabatt (10 % von LP)	50,00 €	– 10 %		
= Zieleinkaufspreis	450,00 €	90 %	100 %	
– Liefererskonto (2 % vom ZEP)	9,00 €		– 2 %	
= Bareinkaufspreis	441,00 €		98 %	100 %
+ Bezugskosten	39,00 €			
= Bezugspreis (= Einstandspreis)	480,00 €	100 %		
+ Handlungskosten (16 ⅔ % vom BP)	80,00 €	16 ⅔ %		
= Selbstkostenpreis	560,00 €	116 ⅔ %	100 %	
+ Gewinnzuschlag (8 % vom SKP)	44,80 €		8 %	
= Barverkaufspreis	604,80 €	96 %	108 %	
+ Kundenskonto (2 % vom ZVP)	12,60 €	+ 2 %		
+ Vertreterprovision (2 % vom ZVP)	12,60 €	+ 2 %		
= Zielverkaufspreis	630,00 €	100 %	90 %	
+ Kundenrabatt (10 % vom NVP)	70,00 €		+ 10 %	
= Nettoverkaufspreis	700,00 €		100 %	
+ Umsatzsteuer (19 % vom NVP)	133,00 €		+ 19 %	
= Bruttoverkaufspreis	833,00 €		119 %	

Rückwärtskalkulation

Beispiel: *Um konkurrenzfähig zu sein, muss ein Einzelhändler eine Bluetooth-Box zu einem Nettoverkaufspreis anbieten, der nicht über 75,00 € liegt. Den Rabatt von 5 %, den er seinen Kunden gewährt, hat er dabei schon berücksichtigt. Gleiches gilt für die 3 % Kundenskonto. Er kalkuliert mit Handlungskosten in Höhe von 30 %.*

Wie hoch darf der Bezugspreis maximal sein, wenn er 10 % Gewinn machen will?

Bezugspreis (= Einstandspreis)	48,33 €		100 %
+ Handlungskosten (30 % vom BP)	14,50 €		30 %
= Selbstkostenpreis	62,83 €	100 % →	130 %
+ Gewinnzuschlag (10 % vom SKP)	6,28 €	10 %	
= Barverkaufspreis	69,11 €	110 % ←	97 %
+ Kundenskonto (3 % vom ZVK)	2,14 €		3 %
= Zielverkaufspreis	71,25 €	95 % →	100 %
+ Kundenrabatt (5 % vom NVK)	3,75 €	5 %	
= Nettoverkaufspreis	75,00 €	100 %	

Differenzkalkulation

Beispiel: *Der Fahrradgroßhändler BiKing möchte ein neues Mountainbike in sein Sortiment aufnehmen. Dieses soll zu einem Preis von 1.753,95 € einschließlich 19 % Umsatzsteuer angeboten werden.*

Der Hersteller gibt das Fahrrad zu einem Listenpreis von 860,00 € ab und gewährt bei Barzahlung 2 % Skonto. Die Bezugskosten pro Fahrrad betragen 5,80 €. Der Fahrradhändler kalkuliert mit 60 % Handlungskosten. Seinen Kunden räumt er 3 % Skonto ein.

Lohnt sich der Verkauf dieses Fahrrads?

Listenpreis	860,00 €		
– Liefererrabatt	–		
= Zieleinkaufspreis	860,00 €	100 %	
– Liefererskonto (2 % vom ZEP)	17,20 €	– 2 %	
= Bareinkaufspreis	842,80 €	↓ 98 %	
+ Bezugskosten	5,80 €		
= Bezugspreis (= Einstandspreis)	848,60 €	100 %	
+ Handlungskosten (60 % vom BP)	509,16 €	60 %	
= Selbstkostenpreis	1.357,76 €	↓ 160 %	100 %
+ ***Gewinn***	***71,93 €***	$x = \frac{71{,}93 \cdot 100}{1.357{,}76} = \boldsymbol{5{,}3\,\%}$	
= Barverkaufspreis	1.429,69 €	↑ 97 %	105,3 %
+ Kundenskonto (3 % vom ZVP)	44,22 €	3 %	
= Zielverkaufspreis	1.473,91 €	100 %	
+ Kundenrabatt	–		
= Nettoverkaufspreis	1.473,91 €	↑ 100 %	
+ Umsatzsteuer (19 % vom NVP)	280,04 €	19 %	
= Bruttoverkaufspreis	1.753,95 €	119 %	

4.1.3 Verkürzte Kalkulationsverfahren

Verkürzte Vorwärtskalkulation

***Kalkulationszuschlag (KZ** in %)* $= \frac{\text{Bruttoverkaufspreis}^1 - \text{Bezugspreis}}{\text{Bezugspreis}} \cdot 100$

Kalkulationsfaktor (Kf) $= \frac{\text{Bruttoverkaufspreis}^1}{\text{Bezugspreis}}$ oder $1 + \frac{KZ}{100}$

→ Bezugspreis · Kalkulationsfaktor = Bruttoverkaufspreis

***Rohgewinn** (in %)* $= \frac{\text{Barverkaufspreis} - \text{Bezugspreis}}{\text{Bezugspreis}} \cdot 100$

[1] *Im Großhandel wird hier mit dem Listenverkaufspreis (netto) gerechnet.*

Verkürzte Rückwärtskalkulation

$$\textit{Kalkulationsabschlag (in \%)} = \frac{\text{Bruttoverkaufspreis} - \text{Bezugspreis}}{\text{Bruttoverkaufspreis}} \cdot 100$$

$$\textit{Handelsspanne (in \%)} = \frac{\text{Nettoverkaufspreis} - \text{Bezugspreis}}{\text{Nettoverkaufspreis}} \cdot 100$$

4.2 Teilkostenrechnung

4.2.1 Fixe und variable Kosten

- **Fixe Kosten sind die** Kosten, die unabhängig von der Verkaufs- bzw. Produktionsmenge immer gleich bleiben (z. B. Abschreibungen, Mietaufwendungen, Gehälter, Beiträge).

- **Variable Kosten nennt man die** Kosten, die sich in Abhängigkeit von der Verkaufsmenge bzw. Produktionsmenge verändern (z. B. Aufwendungen für Roh-, Hilfs- und Betriebsstoffe, Aufwendungen für Waren, Verkaufsprovisionen).

Fixkostendegression („Gesetz der Massenproduktion“)

Die Fixkosten je Stück sinken bei steigender Ausbringungsmenge, da sich die konstanten gesamten Fixkosten auf eine größere Stückzahl verteilen (Fixkostendegression).

Daraus folgt: Durch die Fixkostendegression sinken die Stückkosten je Stück bei zunehmender Ausbringungsmenge („Gesetz der Massenproduktion“).

Legende für die folgenden Darstellungen:

k = Stückkosten
K = Gesamtkosten
k_f = fixe Stückkosten
K_f = fixe Gesamtkosten
k_v = variable Stückkosten
K_v = variable Gesamtkosten
m = Produktionsmenge

Die Fixkosten pro Stück sinken mit zunehmender Ausbringungsmenge.

Fixkosten gesamt → konstant

Fixkosten/Stück → degressiv

m	K_f	$k_f = K_f/m$
100	60.000	600
200	60.000	300
300	60.000	200
400	60.000	150
500	60.000	120

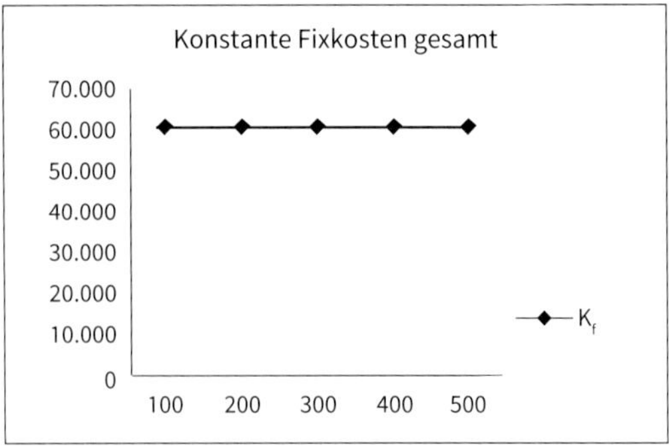

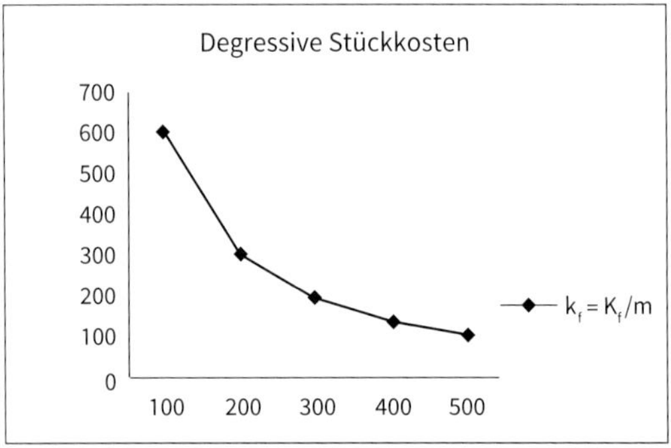

Mögliche Kostenverläufe der variablen Kosten

Die Kosten verändern sich im selben Maße wie die Ausbringungsmenge.

Kosten	Stückkosten
↓	↓
proportional	konstant

m	K_v	$k_v = K_v/m$
100	12.000	120
200	24.000	120
300	36.000	120
400	48.000	120
500	60.000	120

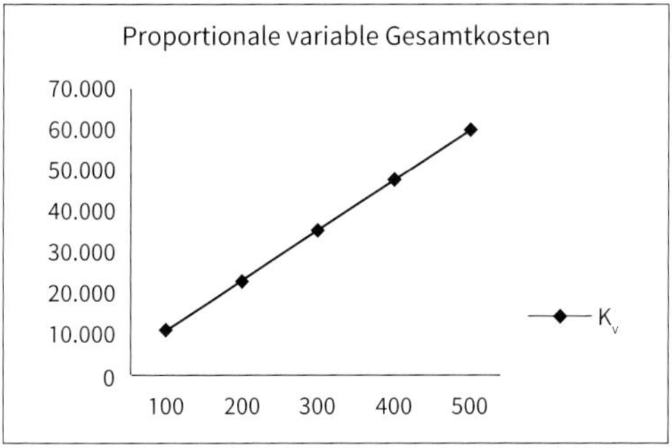

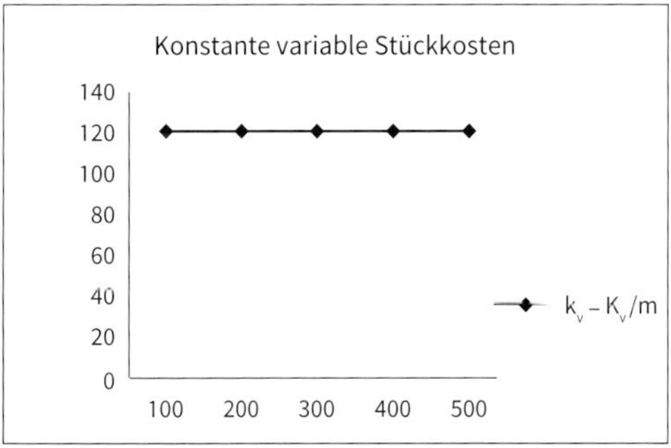

Die Kosten verändern sich in stärkerem Maße als die Ausbringungsmenge.

Kosten → überproportional

Stückkosten → progressiv

m	K_v	$k_v = K_v/m$
100	12.000	120
200	26.000	130
300	42.000	140
400	60.000	150
500	80.000	160

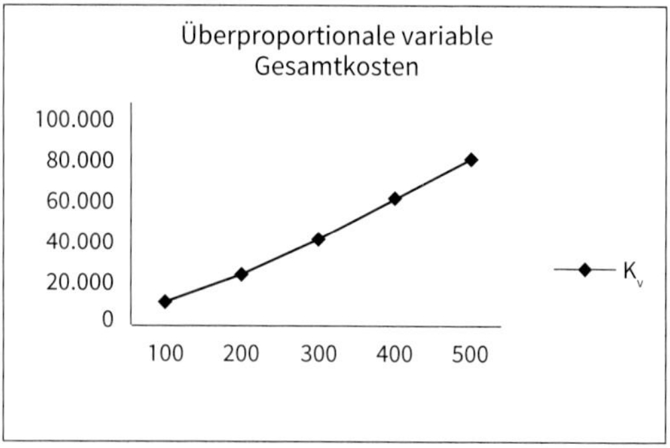

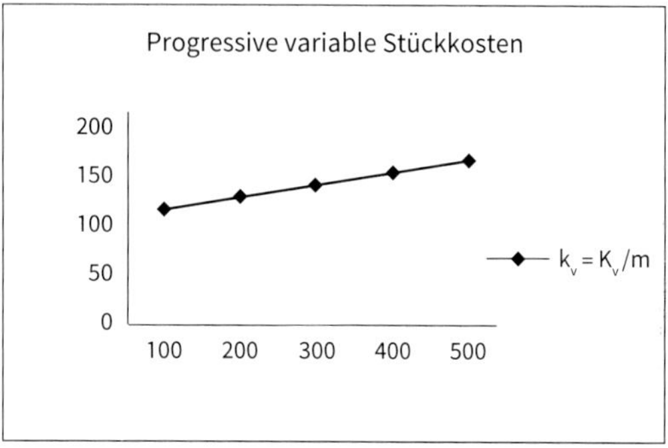

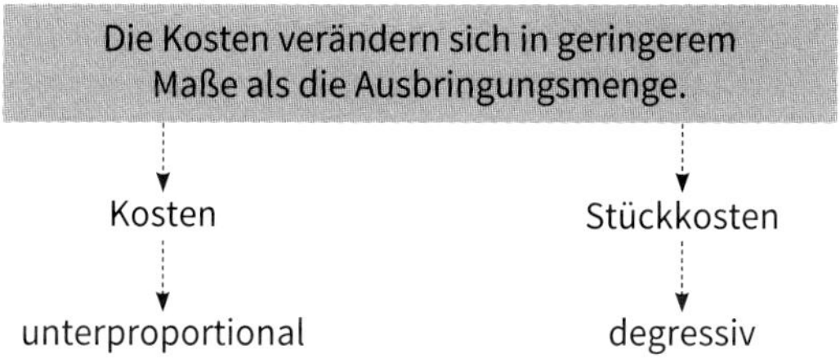

m	K_v	$k_v = K_v/m$
100	12.000	120
200	22.000	110
300	30.000	100
400	36.000	90
500	40.000	80

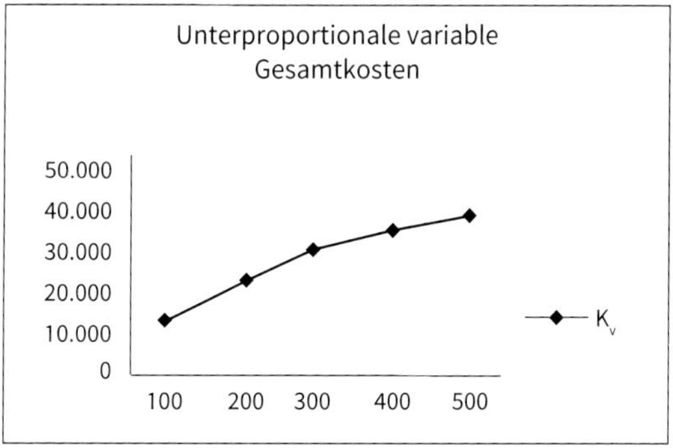

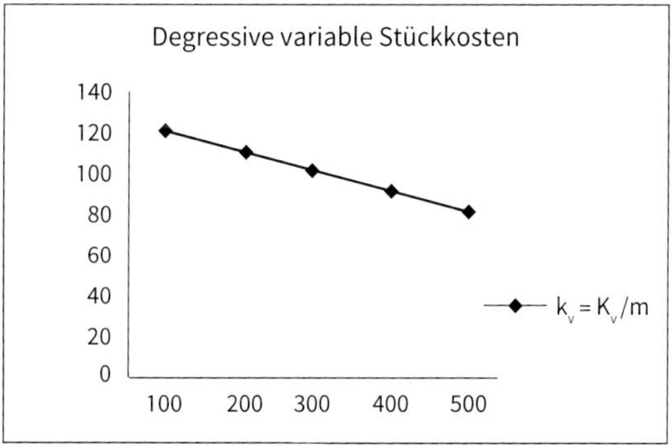

4.2.2 Deckungsbeitragsrechnung

Der **Deckungsbeitrag** gibt an, in welchem Maße ein Produkt oder eine Produktgruppe zur Abdeckung der fixen Kosten beiträgt. Der Deckungsbeitrag wird auch als „direkte Produktrentabilität" (DPR) oder „direkte Produktprofitabilität" (DPP) bezeichnet.

Nettoverkaufserlöse (Nettoumsatz) – variable Kosten	Nettoverkaufspreis des Produkts – variable Stückkosten
= Deckungsbeitrag Periode – fixe Kosten	= Stückdeckungsbeitrag
= Betriebserfolg	

Deckungsbeitrag > fixe Kosten → Betriebsgewinn
Deckungsbeitrag < fixe Kosten → Betriebsverlust
Bei unausgelasteten Kapazitäten lohnt sich die Annahme eines Zusatzauftrages bereits ab einem Deckungsbeitrag > 0, da dadurch zumindest ein Beitrag zur Fixkostendeckung erwirtschaftet wird.

Kurzfristige Preisuntergrenze:
Deckungsbeitrag = 0, d.h. es sind nur die variablen Kosten gedeckt.

Langfristige Preisuntergrenze:
Die gesamten Selbstkosten (variable + fixe Kosten) müssen gedeckt sein.

4.2.3 Break-Even-Point

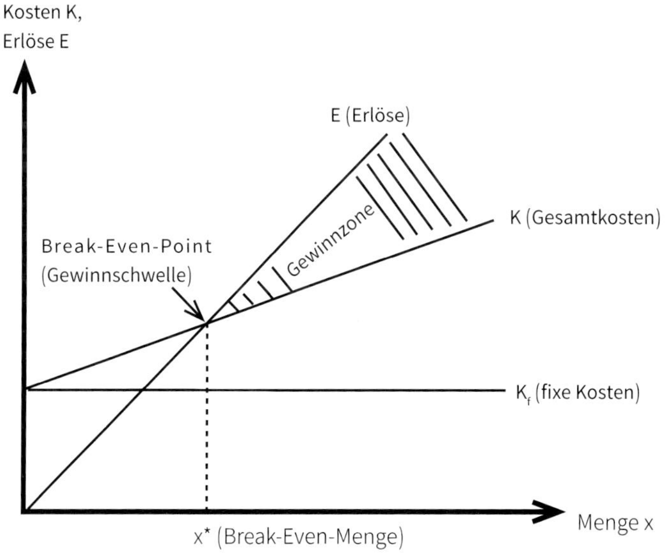

Bei der Menge x* sind die Erlöse gleich den Gesamtkosten (Break-Even-Point = Gewinnschwelle). Der Gewinn ist in diesem Punkt gleich 0. Wird dieser Punkt überschritten, wird Gewinn erwirtschaftet.

$$\text{kritische Stückzahl (Break-Even-Menge)} = \frac{\text{fixe Kosten/Periode}}{\text{db pro Stück } (p - k_v)}$$

p = Nettoverkaufserlös pro Stück k_v = variable Kosten pro Stück

4.3 Vollkostenrechnung

4.3.1 Abgrenzungsrechnung

Grundidee

Betrachten Sie die folgende – stark verkürzte und vereinfachte – Gewinn- und Verlustrechnung und beurteilen Sie, ob das Unternehmen wirtschaftlich erfolgreich arbeitet.

S		8020 GuV	H
6080 Aufw. für Waren	270.000	5100 Umsatzerlöse	500.000
6020 Löhne	100.000	3000 Eigenkapital	70.000
7460 Verluste aus dem Abgang von Wertpapieren	200.000		
	570.000		570.000

Das Unternehmen hat zwar Verlust gemacht. Dieser Verlust ist allerdings nicht durch die betriebliche Tätigkeit, sondern durch betriebsfremde Aufwendungen (hier: Verluste aus dem Verkauf von Wertpapieren) entstanden, die mit dem eigentlichen betrieblichen Wirtschaften des Unternehmens nicht zu tun haben.

Schlussfolgerung: Die Zahlen aus der Gewinn- und Verlustrechnung können nicht 1 : 1 für die Kosten- und Leistungsrechnung herangezogen werden. Zunächst müssen die betriebsfremden und periodenfremden Aufwendungen und Erträge her ausgefiltert werden, d. h., Aufwendungen und Kosten bzw. Erträge und Leistungen sind getrennt zu betrachten.

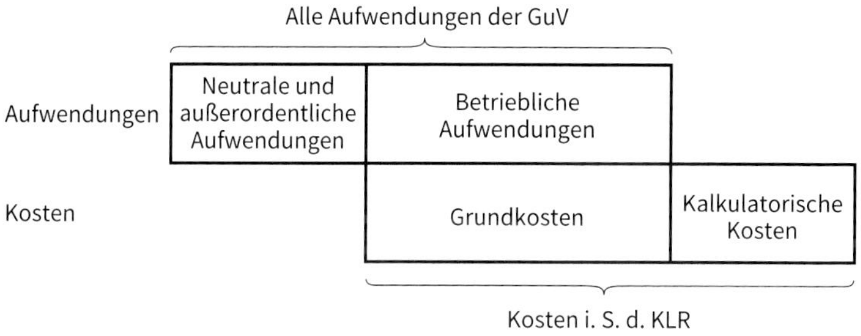

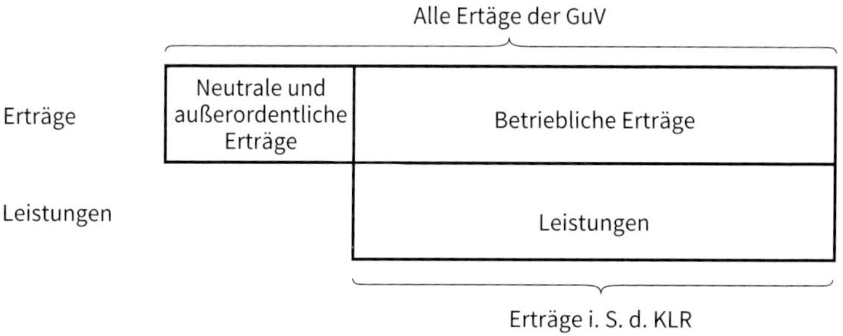

Als Filter zur Abgrenzung der Kosten dient die tabellarische Abgrenzungsrechnung.

Abgrenzungsrechnung als Filter

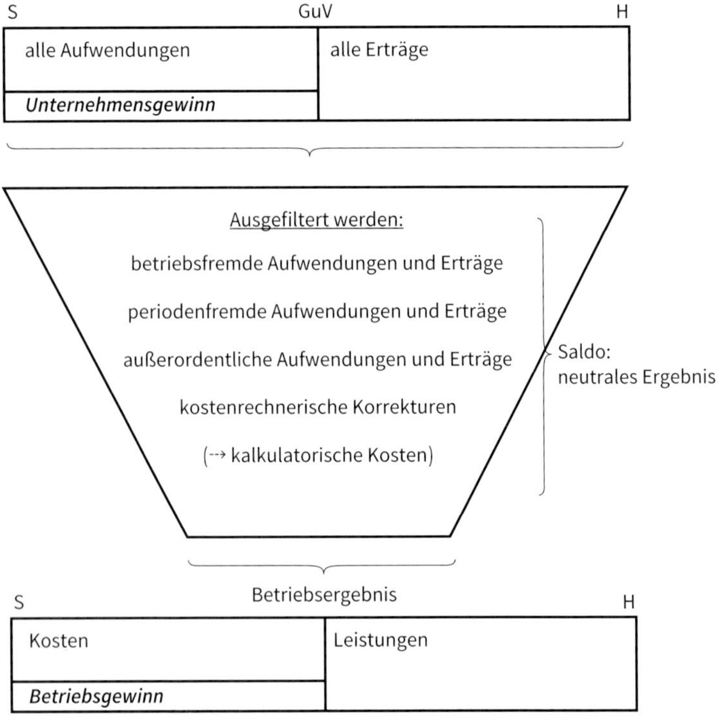

Kalkulatorische Kosten

Kalkulatorische Kosten sind Kosten, die entweder gar nicht als Aufwand in der Gewinn- und Verlustrechnung auftauchen (Zusatzkosten) oder dort als Aufwand in anderer Höhe erfasst sind (Anderskosten).

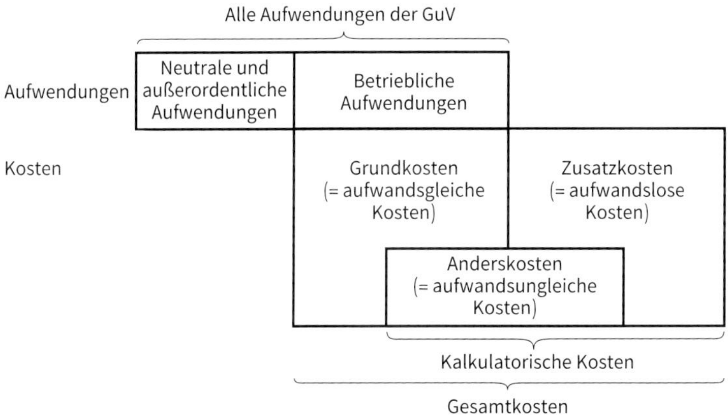

Beispiele für kalkulatorische Kosten

Anderskosten (= aufwandsungleiche Kosten)	**Zusatzkosten (= aufwandslose Kosten)**
--→ kalkulatorische Abschreibungen --→ kalkulatorische Zinsen --→ kalkulatorische Wagnisse	--→ kalkulatorischer Unternehmerlohn --→ kalkulatorische Miete

Kalkulatorische Abschreibungen

--→ Abschreibung von betriebsnotwendigen abnutzbaren Wirtschaftsgütern des Anlagevermögens

--→ Nicht der maximal steuerlich geltend zu machende Abschreibungsbetrag wie bei der bilanzmäßigen Abschreibung, sondern der tatsächliche Wertverlust wird angesetzt.

--→ auf der Grundlage der Wiederbeschaffungskosten und der tatsächlichen, betriebsindividuellen Nutzungsdauer

$$\text{Kalkulatorische AfA} = \frac{\text{Wiederbeschaffungswert}}{\text{betrieblich individuelle Nutzungsdauer}}$$

Kalkulatorische Zinsen

- können unabhängig von den tatsächlich gezahlten Zinsen auch als Zins für das eingesetzte Eigenkapital angesetzt werden
- beziehen sich auf das betriebsnotwendige Kapital (betriebsnotwendiges Anlage- und Umlaufvermögen)

▶ Kalk. Zinsen = betriebsnotw. Kapital · Zinssatz für langfristiges Kapital

Kalkulatorische Wagnisse

- Wagnis = Gefahr von Verlusten oder Schadensfällen (Wert-, Vermögens- oder Gewinnminderung)
- allgemeines Unternehmenswagnis: nicht kalkulierbar; geht nicht in KLR ein (z. B. fehlende Nachfrage für ein Produkt, Konjunkturabschwung)
- Einzelwagnis: konkrete Schadensanlässe, die in unregelmäßigen, nicht planbaren Zeitabständen zu Aufwendungen führen; vorhersehbar und durch Ansatz von Erfahrungswerten kalkulierbar (z. B. Diebstahl, Garantieansprüche, Schadensfälle)

Kalkulatorischer Unternehmerlohn

- fiktives Geschäftsführergehalt für den im Unternehmen tätigen Inhaber (nur bei Personengesellschaften)
- Höhe richtet sich nach Gehalt von angestellten Geschäftsführern bei vergleichbarer Unternehmensgröße und -branche.

Kalkulatorische Miete

- wird bei Einzelunternehmern und Personengesellschaften auf die Räume oder Sachen veranschlagt, die betrieblich genutzt werden, sich aber im Privatbesitz des Unternehmers befinden
- Höhe richtet sich nach der Fremdmiete, die bei vergleichbaren Gebäuden/Sachen entstehen würde.

Beispiel für eine tabellarische Abgrenzungsrechnung (Werte in EUR)

Erfolgsrechnung				Abgrenzungsbereich				KLR	
Konten der Geschäftsbuchführung		GuV-Konto		Unternehmensbezogene betriebsfremde Abgrenzungen		Kostenrechnerische Korrekturen, periodenfremde, außerordentliche, wertverändernde Positionen		Aufwands- und ertragsgleiche sowie kalkulatorische Kosten	
Kto-Nr.	Kontobezeichnung	Aufwand	Ertrag	Aufwand	Ertrag	Aufwand	Ertrag	Kosten	Leistungen
5000	Umsatzerlöse f. FE		6.200.000						6.200.000
5710	Zinserträge		80.000		80.000				
600-603	Aufw. für RHB-Stoffe	2.260.000						2.260.000	
6160	Fremdinstandhaltung	520.000						520.000	
62/6400	Löhne und Gehälter	2.340.000						2.340.000	
6520	Abschreibungen auf Sachanlagen	480.000				480.000			
6800	Büromaterial	21.000						21.000	
6870	Werbung	83.000						83.000	
6900	Versicherungsbeiträge	32.000						32.000	
7460	Verluste aus Wertpapierverkäufen	210.000		210.000					
7510	Zinsaufwendungen	175.000				175.000			
Kalkulatorische Abschreibungen							500.000	500.000	
Kalkulatorischer Unternehmerlohn							120.000	120.000	
		6.121.000	6.280.000	210.000	80.000	655.000	620.000	5.876.000	6.200.000
		159.000	**(= Unternehmensergebnis)**		−130.000		−35.000	**324.000**	
		6.280.000	6.280.000	210.000	832.000	655.000	655.000	6.200.000	6.200.000
				−165.000 (= Abgrenzungsergebnis)				324000 (= Betriebsergebnis)	
						159.000 (Kontrolle: Unternehmensergebnis = Abgrenzungsergebnis + Betriebsergebnis)			

4.3.2 Kostenstellenrechnung (BAB)

Kostenartenrechnung

- Erfassung der Kosten nach der Kostenart (z. B. Personalkosten, Energiekosten usw.) und Unterscheidung von Einzel- und Gemeinkosten

→ **Einzelkosten:** Kosten, die jedem Kostenträger (Produkt) direkt zugerechnet werden können (z. B. Wareneinsatz, Verkaufsprovisionen)

→ **Gemeinkosten**: Kosten, die den Kostenträgern nur indirekt, d. h. über die Gemeinkostenzuschlagssätze zugerechnet werden können (z. B. Gehälter, Abschreibungen, Mietaufwendungen)

Kostenstellenrechnung

- Erfassung der Kosten nach dem Verursachungsprinzip, d. h., die Kosten werden den einzelnen betrieblichen Funktionen (z. B. Einkauf, Verwaltung) oder den Warengruppen (z. B. Elektronik, Haushaltswaren) zugeordnet.

Ziel: Verteilung der Gemeinkosten auf die Kostenstellen und Ermittlung der Gemeinkostenzuschlagssätze

Betriebsabrechnungsbogen (BAB)

- Werkzeug in der Form einer tabellarischen Kostenstellenrechnung

Ziel: Verteilung der Gemeinkosten auf die Kostenstellen und Ermittlung der Gemeinkostenzuschlagssätze

Kostenstelle im Sinne des BAB ist die „Verbrauchsstelle“ der Kosten. Allgemeine Kosten wie z. B. Miete, Strom oder Verwaltungskosten werden tatsächlich von allen Kostenstellen anteilig verbraucht und müssen daher nach bestimmten Verteilungsschlüsseln auf die Kostenstellen verteilt werden.

Beispiel für einen einstufigen BAB

Kostenarten	Zahlen der Buchhaltung	Verteilungs-grundlage	Kostenbereiche			
Gemeinkosten			I. Material	II. Fertigung	III. Verwaltung	IV. Vertrieb
Hilfsstoffaufwand	165.000,00 €	Entnahmeschein	– €	156.750,00 €	– €	8.250,00 €
Betriebsstoffaufwand	125.000,00 €	Entnahmeschein	– €	107.500,00 €	3.750,00 €	13.750,00 €
Energiekosten	62.400,00 €	Raumvolumen	14.800,00 €	35.400,00 €	11.400,00 €	800,00 €
Gehaltsaufwendungen	1.354.000,00 €	Verhältnis	446.820,00 €	379.120,00 €	460.360,00 €	67.700,00 €
Gesetzliche Sozialversicherungen	494.000,00 €	Lohnlisten	138.320,00 €	123.500,00 €	182.780,00 €	49.400,00 €
Miete	87.400,00 €	Raumfläche	20.300,73 €	26.711,49 €	20.941,81 €	19.445,97 €
Steuern	64.000,00 €	Verhältnis	8.960,00 €	18.560,00 €	26.880,00 €	9.600,00 €
Kalkulatorische Abschreibung	226.000,00 €	Verhältnis	33.900,00 €	131.080,00 €	49.720,00 €	11.300,00 €
Kalkulatorische Zinsen	47.000,00 €	Verhältnis	14.100,00 €	18.800,00 €	9.400,00 €	4.700,00 €
Summe Gemeinkosten	2.24.800,00 €		677.200,73 €	997.421,49 €	765.231,81 €	184.945,97 €
Zuschlagsgrundlagen (FM, FL, HKU)	Fertigungsmaterial		2.220.000,00 €			
	Fertigungslöhne			1.340.000,00 €		
	Herstellkosten des Umsatzes				5.084.622,22 €	5.084.622,22 €
	Ist-Zuschlagssätze		30,50 %	74,43 %	15,05 %	3,64 %

FM = Fertigungsmaterial; FL = Fertigungslöhne; HKU = Herstellkosten des Umsatzes

Berechnung der Zuschlagssätze

Materialgemeinkostenzuschlagssatz

$$= \frac{\text{Materialgemeinkosten} \cdot 100}{\text{Fertigungsmaterial}}$$

Beispiel:

$$= \frac{677.200{,}73\ € \cdot 100}{2.220.000{,}00\ €} = \underline{\underline{30{,}50\ \%}}$$

Fertigungsgemeinkostenzuschlagssatz

$$= \frac{\text{Fertigungsgemeinkosten} \cdot 100}{\text{Fertigungslöhne}}$$

Beispiel:

$$= \frac{997.421{,}49\ € \cdot 100}{1.340.000{,}00\ €} = \underline{\underline{74{,}43\ \%}}$$

Herstellkosten des Umsatzes (HKU)

Als Zuschlagsgrundlage für den Verwaltungs- und Vertriebsgemeinkostenzuschlagssatz sind die Herstellkosten des Umsatzes heranzuziehen.

Berechnung der Herstellkosten des Umsatzes:

Beispiel:

Fertigungsmaterial (FM)	2.220.000,00 €
+ Materialgemeinkosten (MGK)	677.200,73 €
= Materialkosten (MK)	2.897.200,73 €
Fertigungslöhne (FL)	1.340.000,00 €
+ Fertigungsgemeinkosten	997.421,49 €
Fertigungskosten	2.337.421,49 €
Herstellkosten der Erzeugung (HKE) [= MK + FK]	5.234.622,22 €
+/– Bestandsveränderungen unfertige Erzeugnisse (BV uFE) [+ bei Minderbestand, – bei Mehrbestand]	0,00 €

+/– Bestandsveränderungen fertige Erzeugnisse (BV FE) [+ bei Minderbestand, – bei Mehrbestand]	–150.000,00 € (hier: Mehrbestand)
= Herstellkosten des Umsatzes (HKU)	5.084.622,22 €

Verwaltungsgemeinkostenzuschlagssatz

$$= \frac{\text{Verwaltungsgemeinkosten} \cdot 100}{\text{Herstellkosten des Umsatzes}}$$

Beispiel:

$$= \frac{765.231{,}81\ € \cdot 100}{5.084.622{,}22\ €} = 15{,}05\ \%$$

Vertriebsgemeinkostenzuschlagssatz

$$= \frac{\text{Vertriebsgemeinkosten} \cdot 100}{\text{Herstellkosten des Umsatzes}}$$

Beispiel:

$$= \frac{184.945{,}97\ € \cdot 100}{5.084.622{,}22\ €} = 3{,}64\ \%$$

4.3.3 Kostenträgerrechnung

Unter der **Kostenträgerrechnung** versteht man die Zurechnung der Kosten auf den jeweiligen Kostenträger, sprich die Ermittlung der Selbstkosten je Produkt.

Die Kalkulationsmethode richtet sich nach dem Fertigungsverfahren.

Massenfertigung	→	Divisionskalkulation
Sortenfertigung	→	Äquivalenzziffernkalkulation
Einzelfertigung	→	Gesamtkosten = Stückkosten
Serienfertigung	→	Zuschlagskalkulation

Divisionskalkulation

Dieses Kalkulationsverfahren wird angewendet in Betrieben mit Einproduktfertigung (z. B. Zementwerk). Eine gesonderte Zuordnung von Gemeinkosten und Einzelkosten ist nicht erforderlich. Daher können die Selbstkosten je Einheit berechnet werden, indem alle Kosten durch die hergestellte Menge dividiert werden.

$$\text{Selbstkosten je Einheit} = \frac{\text{Gesamtkosten des Betriebes}}{\text{hergestellte Menge}}$$

Äquivalenzziffernkalkulation

Die Kalkulation mit Äquivalenzziffern (ÄZ) wird als erweiterte Divisionskalkulation in Betrieben mit gleichartigen Erzeugnissen angewendet, die einem vergleichbaren Produktionsprozess unterliegen und sich lediglich durch Größe, Gewicht oder Bearbeitungszeit unterscheiden (z. B. Brauerei, Schraubenherstellung).

Produkt	Menge	Äquivalenzziffer (ÄZ)	Verrechnungseinheit (VE)	Selbstkosten gesamt (K)	Selbstkosten je Einheit (k)
Sorte A					
Sorte B					

(1) Menge je Sorte · ÄZ = Verrechnungseinheit (VE)
(2) Summe der VE
(3) Selbstkosten je VE =
Selbstkosten gesamt : Summe der Verrechnungseinheiten
(4) Selbstkosten je Sorte (K) = VE je Sorte · Selbstkosten je VE
(5) Selbstkosten je Erzeugniseinheit (k) =
Selbstkosten je Sorte gesamt (K) : Menge

Beispiel:

Ein Unternehmen stellt in Sortenfertigung die Produkte A, B und C her.
Die Kosten dieser drei Sorten verhalten sich wie 0,8 (A) : 1,2 (B) : 1,8 (C). Dies sind die Ergebnisse jahrelanger Kostenbeobachtungen. Im letzten Abrechnungsmonat wurden bei 3.450.000,00 € Selbstkosten folgende Stückzahlen hergestellt:
Produkt A: 250 Stück, Produkt B: 1.000 Stück, Produkt C: 500 Stück
Wie hoch sind die Kosten jeder Sorte und je Stück?

Produkt	Menge	(ÄZ)	(VE)	(K)	(k)
A	250	0,80	200	300.000	1.200
B	1.000	1,20	1.200	1.800.000	1.800
C	500	1,80	900	1.350.000	2.700
			2.300	3.450.000	

Bei 3.450.000,00 € Gesamtkosten belaufen sich die Kosten pro Verrechnungseinheit auf:

$$\frac{3.450.000,00\ €}{2.300\ VE} = 1.500,00\ €/VE$$

Zuschlagskalkulation

	Fertigungsmaterial (FM)
+	Materialgemeinkosten (MGK) → %-Satz laut BAB
=	MATERIALKOSTEN (MK)
	Fertigungslöhne (FL)
+	Fertigungsgemeinkosten (FGK) → %-Satz laut BAB
+	Sondereinzelkosten der Fertigung (SEK Fe)
=	FERTIGUNGSKOSTEN (FK)
=	HERSTELLKOSTEN (HK = MK + FK)
+	Verwaltungsgemeinkosten → %-Satz laut BAB
+	Vertriebsgemeinkosten → %-Satz laut BAB
+	Sondereinzelkosten des Vertriebs (SEK Vt)
=	SELBSTKOSTEN je Kostenträger

Sondereinzelkosten (SEK)

auftragsbezogene, einmalige Sonderkosten, deren Höhe exakt messbar ist und die dem Produkt direkt zurechenbar sind

→ **Sondereinzelkosten der Fertigung:** z. B. Pläne, Modelle, Formen

→ **Sondereinzelkosten des Vertriebs:** z. B. Vertreterprovisionen, einmalige außergewöhnliche Ausgangsfrachten oder Zölle

Nachkalkulation

Ein Unternehmen kalkuliert mit Normal-Zuschlagssätzen, die sich als Durchschnittswert der Ist-Zuschlagssätze der vergangenen zwölf Monate ergeben haben. Bei der Nachkalkulation (Kostenträgerzeitrechnung) kann überprüft werden, ob die tatsächlich entstandenen Istkosten von den in der Vorkalkulation angenommenen Normalkosten abweichen. Eine Abweichung bezeichnet man als Kostenüberdeckung bzw. Kostenunterdeckung.

⇢ **Kostenüberdeckung:** Normalkosten > Ist-Kosten
→ Es wurde mit zu hohen Kosten kalkuliert.

⇢ **Kostenunterdeckung:** Normalkosten < Ist-Kosten
→ Es wurde mit zu niedrigen Kosten kalkuliert.

	Verrechnete Normalkosten	Tatsächlich entstandene Ist-Kosten	Kosten-überdeckung bzw. -unterdeckung
FM	VORKALKULATION	NACHKALKULATION	
+ MGK			+/–
= MK			+/–
FL			
+ FGK			
+ SEK Fe			
= FK			+/–
= HKE			
= HKU			
+ VwGK			+/–
+ VtGK			+/–
+ SEK Vt			
= SK			+/–

5 Statistik

5.1 Aufgaben

Die Statistik ist ein Teilbereich des betrieblichen Rechnungswesens. Ihre Aufgabe ist die Aufbereitung und übersichtliche Darstellung des aus der Buchhaltung und der Kosten- und Leistungsrechnung stammenden Zahlenmaterials.

Bei der Statistik unterscheidet man den innerbetrieblichen und den außerbetrieblichen Vergleich:

Innerbetrieblicher Vergleich	Außerbetrieblicher Vergleich
Hier werden die Daten aus einem Unternehmen miteinander verglichen. **Beispiel:** *Umsatzentwicklung im Zeitablauf für verschiedene Produkte desselben Unternehmens*	Es werden innerbetriebliche Daten wie Umsatz, Beschäftigten zahl, Produktionsmengen mit den Zahlen ähnlicher Betriebe verglichen.

Ziel der Statistik ist die schnelle Bereitstellung von übersichtlichen, kompakten Zahleninformationen, die als Basis für zukünftige Entscheidungen dienen können.

5.2 Darstellungsmethoden

Die Aufbereitung und Veranschaulichung des betrieblichen Zahlenmaterials erfolgen in der Statistik durch Tabellen und Diagramme, die mithilfe eines Tabellenkalkulationsprogramms (z. B. Excel) erstellt werden.

Tabellen

	1. Quartal	2. Quartal	3. Quartal	4. Quartal
Produkt A	123.400	112.982	120.113	134.679
Produkt B	111.987	110.345	118.986	116.734
Produkt C	98.340	101.156	109.198	113.899

Diagramme

Liniendiagramm

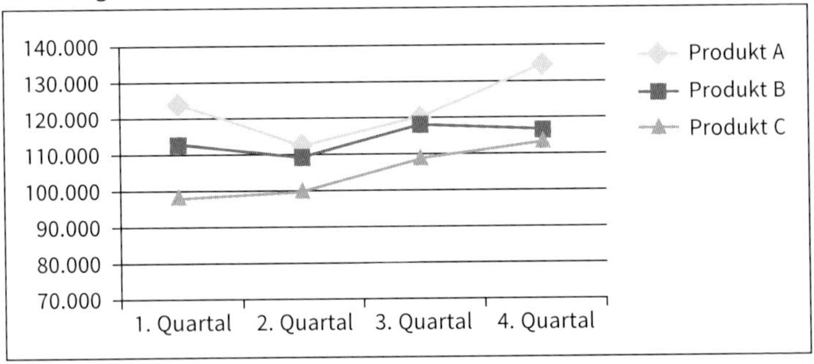

Säulendiagramm

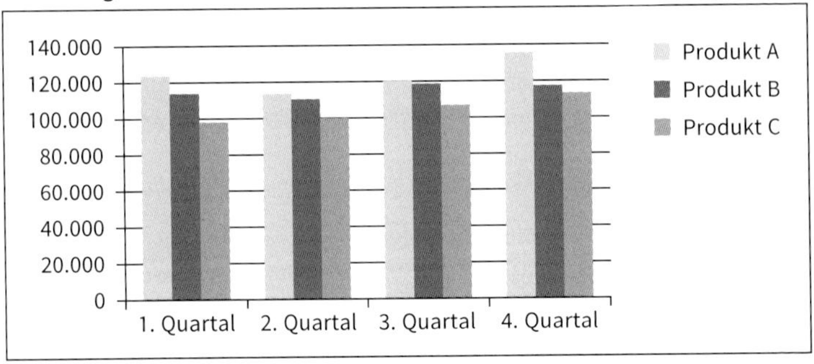

Balkendiagramm

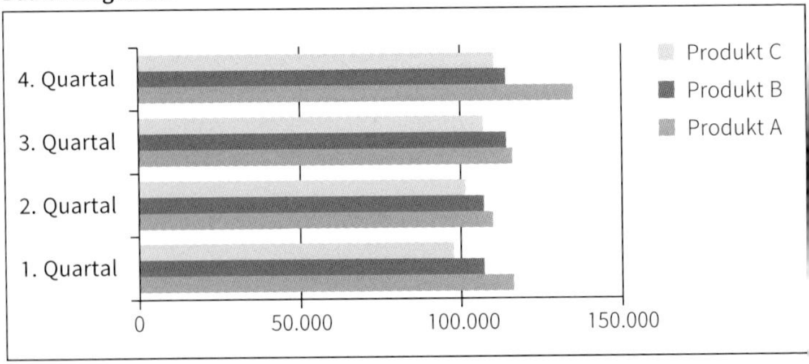

Kreisdiagramm

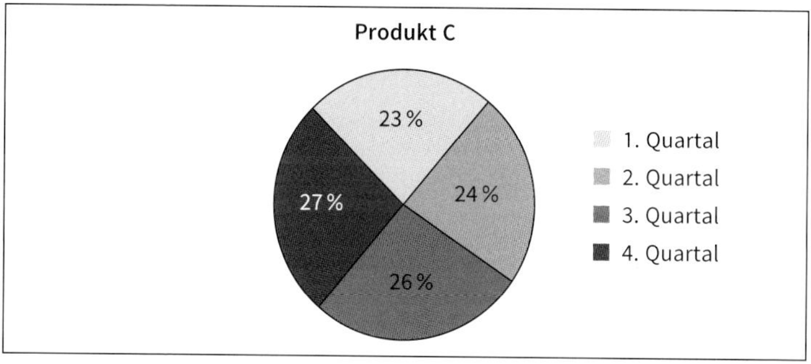

6 Controlling

6.1 Begriff und Aufgaben

Controlling ist ein Instrument, das die Unternehmensleitung in ihren Entscheidungen unterstützt.

Es dient einer ergebnisorientierten Planung, Steuerung und Kontrolle des gesamten Unternehmens in all seinen Bereichen. Es ist ein:

1. **Informationsinstrument:**	Beschaffung und Aufbereitung von Informationen
2. **Planungsinstrument:**	Formulierung und Vorgabe von messbaren Zielen
3. **Kontrollinstrument:**	Überwachung, ob die vorgegebenen Planwerte eingehalten wurden
4. **Steuerungsinstrument:**	Analyse der Ursachen von Abweichungen und Vorschläge für mögliche Steuerungsmaßnahmen zur Zielerreichung

Ziel des Controllings ist es, eine vorausschauende Erfolgssteuerung des Unternehmens zu ermöglichen.

6.2 Instrumente

1. **Kennzahlensysteme:** Zusammenfassung von mehreren Kennzahlen aus einem bestimmten betrieblichen Bereich, z. B. Lagerkennzahlen
2. **Budgetierung:** Vorgabe von Planzahlen (Sollwerte) für alle betrieblichen Teilbereiche in Form von Mengengrößen (z. B. geplante Verkaufszahlen für eine Warengruppe) und von Wertgrößen (z. B. Vorgabe der Personalaufwendungen für das Lager)
3. **Soll-Ist-Vergleiche:** Vergleich der Plandaten mit den tatsächlich erwirtschafteten Daten (Ist-Werten); Analyse der Abweichungsursachen
4. **Berichtswesen:** Sammlung, Auswertung und Präsentation von betrieblichen Informationen. Das Berichtswesen liefert den Entscheidungsträgern Daten für Planung, Kontrolle und Steuerung.

6.3 Anwendungsbereiche

Beschaffungs-controlling	**Lieferantenanalyse** Mithilfe einer ABC-Analyse seiner Lieferanten kann ein Unternehmen feststellen, wie stark der Einkauf sich auf bestimmte Lieferer konzentriert. A-Güter sind hierbei die Güter mit dem höchsten Wertanteil, C-Güter diejenigen mit dem geringsten Wertanteil. Hieraus kann das Unternehmen Rückschlüsse ziehen, welche Beschaffungsgüter z. B. für Verhandlungen über Einkaufskonditionen besonders bedeutsam sind.
Lager-controlling	**Lagerkennziffern** Die Minimierung der Lagerhaltungskosten ist ein wesentliches Ziel jedes Unternehmens. Hierzu liefern die Lagerkennziffern wertvolle Informationen. $\varnothing\ \text{Lagerbestand} = \frac{\text{Jahresanfangsbest.} + 12\ \text{Monatsendbest.}}{\text{(in Euro oder Stück) } 13}$ $\text{Umschlagshäufigkeit} = \frac{\text{Jahresabsatz}}{\text{durchschnittlicher Lagerbestand}}$ $\text{Durchschnittliche Lagerdauer} = \frac{360}{\text{Umschlagshäufigkeit}}$ $\text{Lagerzinssatz} = \frac{\text{Jahreszinssatz} \cdot \varnothing\ \text{Lagerdauer}}{360}$ $\text{Lagerzinsen} = \frac{\varnothing\ \text{Lagerbestand in Euro} \cdot \text{Lagerzinssatz}}{100}$

Produktions-controlling	**Produktionskosten** Ein wichtiges Ziel ist die Überwachung der Produktionskosten einerseits im Hinblick auf die Rentabilität des im Produktionsbereich eingesetzten Kapitals, andererseits zur Sicherstellung einer hohen qualitativen und quantitativen Anpassungsfähigkeit in der Produktionssteuerung.
	Kapazitätsauslastung Sind die Maschinen und die Mitarbeiterinnen und Mitarbeiter ausgelastet? In welchem Umfang gibt es freie Kapazitäten? Hat es Sinn, Zusatzaufträge anzunehmen? $\text{Produktivität} = \frac{\text{Outputmenge (in Stück, Meter, Kilogramm usw.)}}{\text{Inputmenge (als Arbeitszeit usw.)}}$ z. B. $\text{Arbeitsproduktivität} = \frac{\text{630 Stück}}{\text{90 Arbeitsstunden}} = \text{7 Stück/Stunde}$
	Termintreue In welchem Umfang können zugesagte Liefertermine eingehalten werden?
Absatz-controlling	**Umsatz- und Absatzdatenanalyse** Absatz: verkaufte Stückzahl Umsatz: verkaufte Stückzahl · Verkaufspreis Das ERP-System (Enterprise Ressource Planning, z. B. SAP) liefert Informationen über die getätigten Umsätze, gegliedert nach einzelnen Produkten, Produktgruppen, Vertriebsregionen oder Kundschaft.
Personal-controlling	**Personalkostenanalyse** Darstellung der wichtigsten Einflussfaktoren auf die Personalkosten
	Analyse der Personalstruktur Hierzu dienen Kennzahlen wie die Anteile höher qualifizierter Arbeitskräfte (Qualifizierungsquote), der Auszubildenden (Ausbildungsquote), von Teilzeitbeschäftigten oder von Frauen im Unternehmen. $\text{ø jährl. Personalbest.} = \frac{\text{Jahresanfangsbest. + 12 Monatsendbest.}}{13}$
	Analyse der Personalentwicklung Das Controlling liefert in diesem Bereich Kennzahlen über Krankenstand, Fehlzeiten und Fluktuation. $\text{jährliche Fluktuationsquote} = \frac{\text{Anzahl der jährl. Abgänge} \cdot 100}{\text{ø jährl. Personalbestand}}$
Controlling im Finanz- und Rechnungs-wesen	**Eigenkapitalrentabilität (EKR)** gibt die Verzinsung des eingesetzten Eigenkapitals an. $\text{Eigenkapitalrentabilität} = \frac{\text{Gewinn} \cdot 100}{\text{Eigenkapital}}$

Umsatzrentabilität
zeigt an, wie viel Euro Gewinn je 100,00 € Umsatz dem Einzelhandelsunternehmen zugeflossen sind.

$$\text{Umsatzrentabilität} = \frac{\text{Gewinn} \cdot 100}{\text{Umsatz}}$$

Eigenkapitalquote
zeigt an, welchen prozentualen Anteil das Eigenkapital an der Gesamtfinanzierung des Unternehmens hat.

$$\text{Eigenkapitalquote} = \frac{\text{Eigenkapital} \cdot 100}{\text{Gesamtkapital (= EK + FK)}}$$

Fremdkapitalquote
zeigt an, welchen prozentualen Anteil das Fremdkapital an der Gesamtfinanzierung des Unternehmens hat.

$$\text{Fremdkapitalquote} = \frac{\text{Fremdkapital} \cdot 100}{\text{Gesamtkapital (= EK + FK)}}$$

Liquidität
gibt Auskunft über die Zahlungsfähigkeit des Unternehmens.

$$\text{Liquidität 1. Grades} = \frac{\text{flüssige Mittel (= Bank + Kasse)} \cdot 100}{\text{kurzfristige Schulden}}$$

$$\text{Liquidität 2. Grades} = \frac{\text{(liquide Mittel + kurzfristige Forderungen)} \cdot 100}{\text{kurzfristige Schulden}}$$

$$\text{Liquidität 3. Grades} = \frac{\text{Umlaufvermögen} \cdot 100}{\text{kurzfristige Schulden}}$$

Cashflow
dient in der erfolgswirtschaftlichen Unternehmensanalyse als Ertragsindikator.

Cashflow = Jahresüberschuss + Abschreibungen + Zunahme der langfristigen Rückstellungen

Einzelhandelskontenrahmen (EKR)

Kontenklasse 0
Anlagevermögen Immaterielle Vermögensgegenstände und Sachanlagen

Immaterielle Vermögensgegenstände

02 Konzessionen, gewerbliche Schutzrechte, Lizenzen
- 0200 Konzessionen, gewerbliche Schutzrechte, Lizenzen

05 Grundstücke, grundstücksgleiche Rechte und Bauten einschließlich der Bauten auf fremden Grundstücken
- 0500 Unbebaute Grundstücke
- 0510 Bebaute Grundstücke
- 0530 Betriebsgebäude
- 0540 Verwaltungsgebäude
- 0550 Andere Bauten
- 0560 Grundstückseinrichtungen
- 0570 Gebäudeeinrichtungen
- 0590 Wohngebäude

08 Andere Anlagen, Betriebs- und Geschäftsausstattung
- 0800 Andere Anlagen
- 0810 Ladenausstattung
- 0820 Kassensysteme
- 0830 Lagerausstattung
- 0840 Fuhrpark
- 0860 Büromaschinen, Organisationsmittel und Kommunikationsanlage
- 0870 Betriebs- und Geschäftsausstattung
- 0880 Geringwertige Wirtschaftsgüter
- 0890 Sammelposten der Betriebs- und Geschäftsausstattung (Wirtschaftsgüter ab 250,00 € bis 1.000,00 €)

Kontenklasse 1
Anlagevermögen Finanzanlagen

Finanzanlagen

13 Beteiligungen
- 1300 Beteiligungen

15 Wertpapiere des Anlagevermögens
- 1500 Stammaktien
- 1590 Sonstige Wertpapiere

16 Sonstige Finanzanlagen
- 1600 Sonstige Finanzanlagen

Kontenklasse 2
Umlaufvermögen und aktive Rechnungsabgrenzung

Vorräte

20 Waren/Bestände
- 2000 Waren (Sammelkonto)
- 2010 Waren (Gruppe 1)
- 2020 Waren (Gruppe 2)

21 Betriebsstoffe/Bestände
- 2100 Betriebsstoffe

22 Sonstiges Material/Bestände
- 2200 Verpackungsmaterial
- 2210 Leergut

23 Geleistete Anzahlungen auf Vorräte
- 2300 Geleistete Anzahlungen auf Vorräte

Forderungen und sonstige Vermögensgegenstände

24 Forderungen aus LL.
- 2400 Forderungen aus Lieferungen und Leistungen
- 2450 Besitzwechsel
- 2470 Zweifelhafte Forderungen

26 Sonstige Vermögensgegenstände
- 2600 Vorsteuer (voller Steuersatz)
- 2610 Vorsteuer (ermäßigter Steuersatz)
- 2630 Sonstige Forderungen an Finanzbehörden
- 2640 SV-Beitragsvorauszahlung
- 2650 Forderungen an Mitarbeiter
- 2690 Sonstige Forderungen (Jahresabgrenzung)

27 Wertpapiere des Umlaufvermögens
- 2700 Wertpapiere des Umlaufvermögens

28 Flüssige Mittel
- 2800 Kreditinstitute (Bank)
- 2850 Postbank
- 2860 Schecks
- 2880 Kasse
- 2890 Nebenkassen

29 Aktive Rechnungsabgrenzung (ARA)
- 2900 Aktive Rechnungsabgrenzung
- 2910 Disagio

Kontenklasse 3
Eigenkapital und Rückstellungen

Eigenkapital

30 Eigenkapital
- 3000 Eigenkapital
  - 3001 Privatkonto
- 3070 Kommanditkapital

Bei Kapitalgesellschaften
- 3000 Gezeichnetes Kapital (Grundkapital/Stammkapital)

31 Kapitalrücklage
- 3100 Kapitalrücklage

32 Gewinnrücklagen
- 3210 Gesetzliche Rücklagen
- 3240 Andere Gewinnrücklagen

33 Ergebnisverwendung
- 3310 Gewinn-/Verlustvortrag (aus dem Vorjahr)

34 Jahresüberschuss/Jahresfehlbetrag
- 3400 Jahresüberschuss/Jahresfehlbetrag (des lfd. Geschäftsjahres)

36 Wertberichtigungen
- 3670 Einzelwertberichtigung zu Forderungen
- 3680 Pauschalwertberichtigung zu Forderungen

Rückstellungen

37 Rückstellungen für Pensionen und ähnliche Verpflichtungen
- 3700 Rückstellungen für Pensionen und ähnliche Verpflichtungen

38 Steuerrückstellungen
- 3800 Steuerrückstellungen

39 Sonstige Rückstellungen
- 3910 - für Gewährleistungen
- 3920 - für Rechts- und Beratungskosten
- 3930 - für andere ungewisse Verbindlichkeiten
- 3990 - für andere Aufwendungen

Kontenklasse 4
Verbindlichkeiten und passive Rechnungsabgrenzung

Verbindlichkeiten

41 Anleihen

42 Verbindlichkeiten gegenüber Kreditinstituten
- 4200 Kurzfristige Bankverbindlichkeiten
- 4250 Langfristige Bankverbindlichkeiten

43 Erhaltene Anzahlungen auf Bestellungen
- 4300 Erhaltene Anzahlungen auf Bestellungen

44 Verbindlichkeiten aus Lieferungen und Leistungen
- 4400 Verbindlichkeiten aus Lieferungen und Leistungen

45 Wechselverbindlichkeiten
- 4550 Schuldwechsel

48 Sonstige Verbindlichkeiten
- 4800 Umsatzsteuer (voller Steuersatz)
- 4810 Umsatzsteuer (ermäßigter Steuersatz)
- 4830 Verbindlichkeiten gegenüber Finanzbehörden
- 4840 Verbindlichkeiten gegenüber Sozialversicherungsträgern
- 4850 Verbindlichkeiten gegenüber Mitarbeitern
- 4860 Verbindlichkeiten aus vermögenswirksamen Leistungen
- 4870 Verbindlichkeiten gegenüber Gesellschaftern
- 4880 Sonstige Steuerverbindlichkeiten
- 4890 Sonstige Verbindlichkeiten (Jahresabgrenzung)

49 Passive Rechnungsabgrenzung (PRA)
- 4900 Passive Rechnungsabgrenzung

Kontenklasse 5
Umsatzerlöse und sonstige Erträge

50 Umsatzerlöse
- 5000 Umsatzerlöse für Waren (Sammelkonto)
  - 5001 Erlösberichtigungen

51 Sonstige Umsatzerlöse
- 5100 Sonstige Umsatzerlöse (aus Dienstleistungen)
  - 5101 Erlösberichtigungen

54 Sonstige betriebliche Erträge
- 5400 Nebenerlöse aus Vermietung und Verpachtung (Mieterträge)
- 5410 Sonstige Erlöse
- 5420 Entnahme (Eigenverbrauch)

5430 Andere sonstige betriebliche Erträge
5460 Erträge aus dem Abgang von Vermögensgegenständen (Nettoerlös: Erlös – Buchwert)
5480 Erträge aus der Auflösung von Rückstellungen
5490 Periodenfremde Erträge

55 Erträge aus Beteiligungen
5500 Erträge aus Beteiligungen

56 Erträge aus Wertpapieren
5600 Erträge aus Wertpapieren

57 Sonstige Zinsen und ähnliche Erträge
5710 Zinserträge
5730 Diskonterträge
5780 Erträge aus Wertpapieren des Umlaufvermögens
5790 Sonstige zinsähnliche Erträge

58 Außerordentliche Erträge
5800 Außerordentliche Erträge

Kontenklasse 6 Betriebliche Aufwendungen

Materialaufwand

60 Aufwendungen für Waren
6000 Aufwendungen für Waren (Sammelkonto)
6001 Bezugskosten
6002 Nachlässe

61 Aufwendungen für Material und bezogene Leistungen
6100 Fremdleistungen für Erzeugnisse und andere Umsatzleistungen
6140 Ausgangsfrachten und Nebenkosten (Fremdlager)
6100 Aufwendungen für Betriebsstoffe
6101 Aufwendungen für Verpackungsmaterial
6102 Aufwendungen für Leergut
6103 Aufwendungen für Energie
6104 Aufwendungen für Reparaturmaterial
6105 Aufwendungen für Reinigungsmaterial
6106 Aufwendungen für sonstiges Material
6110 Frachten und Fremdlager
6111 Vertriebsprovision
6112 Fremdinstandhaltung
6113 Abfallentsorgung
6114 Reinigung

Personalaufwand

62 Löhne
6200 Löhne
6210 Sonstige Lohnaufwendungen

63 Gehälter
6300 Gehälter
6310 Sonstige Gehaltsaufwendungen

64 Soziale Abgaben und Aufwendungen für Altersversorgung und für Unterstützung
6400 Arbeitgeberanteil zur Sozialversicherung
6420 Beiträge zur Berufsgenossenschaft
6440 Aufwendungen für Altersversorgung

Abschreibungen auf Anlagevermögen

65 Abschreibungen
6510 Abschreibung auf immaterielle Vermögensgegenstände des Anlagevermögens
6520 Abschreibungen auf Sachanlagen
6530 Abschreibungen auf geringwertige Wirtschaftsgüter
6540 Abschreibungen auf Sammelposten (Wirtschaftsgüter ab 250,00 € bis 1.000,00 €)
6550 Außerplanmäßige Abschreibungen auf Sachanlagen

Sonstige betriebliche Aufwendungen

66 Sonstige Personalaufwendungen
6600 Sonstige Personalaufwendungen

67 Aufwendungen für die Inanspruchnahme von Rechten und Diensten
6700 Mieten, Pachten
6710 Leasing
6720 Lizenzen und Konzessionen
6730 Gebühren
6750 Kosten des Geldverkehrs
6760 Provisionsaufwendungen (außer Vertriebsprovision)
6770 Rechts- und Beratungskosten

68 Aufwendungen für Kommunikation (Dokumentation, Information u. Reisen)
6800 Büromaterial
6810 Zeitungen und Fachliteratur
6820 Postgebühren, Telefon

6850 Reisekosten
6860 Bewirtung und Präsentation
6870 Werbung
6880 Spenden
6890 Sonstige Aufwendungen für Kommunikation

69 Aufwendungen für Beiträge und Sonstiges sowie Wertkorrekturen und periodenfremde Aufwendungen

6900 Versicherungsbeiträge
6920 Beiträge zu Wirtschaftsverbänden und Berufsvertretungen
6930 Verluste aus Schadensfällen
6950 Abschreibungen auf Forderungen
- 6951 Abschreibungen auf Forderungen
- 6952 Einstellung in Einzelwertberichtigung
- 6953 Einstellung in Pauschalwertberichtigung

6960 Verluste aus dem Abgang von Vermögensgegenständen
6990 Periodenfremde Aufwendungen

Kontenklasse 7 Weitere Aufwendungen

70 Betriebliche Steuern

7020 Grundsteuer
7030 Kraftfahrzeugsteuer
7070 Ausfuhrzölle
7080 Verbrauchsteuer
7090 Sonstige betriebliche Steuern

74 Abschreibungen auf Finanzanlagen und auf Wertpapiere des Umlaufvermögens

7420 Abschreibungen auf Wertpapiere des Umlaufvermögens

75 Zinsen und ähnliche Aufwendungen

7510 Zinsaufwendungen
7530 Diskontaufwendungen
7590 Sonstige zinsähnliche Aufwendungen

76 Außerordentliche Aufwendungen

7600 Außerordentliche Aufwendungen

77 Steuern vom Einkommen und Ertrag

7700 Gewerbesteuer
7710 Körperschaftsteuer (bei Kapitalgesellschaften)
7720 Kapitalertragsteuer

Kontenklasse 8 Ergebnisrechnungen

80 Eröffnung/Abschluss

8000 Eröffnungsbilanzkonto (EBK)
8010 Schlussbilanzkonto (SBK)
8020 Gewinn- und Verlustkonto (GuV)

Kontenklasse 9 Kosten- und Leistungsrechnung

In der Praxis wird die Kosten- und Leistungsrechnung gewöhnlich tabellarisch durchgeführt.

Bildquellenverzeichnis

EHI Geprüfter Online-Shop: 141.2.

fotolia.com, New York: Merzlyakova, Natalia 153.11, 153.12, 153.14; Roman Dekan 102.3; Spectral-Design 153.5, 153.7, 153.8.

Getty Images (RF), München: mikimad 1.1.

Hild, Claudia, Angelburg: 129.1.

Jouve Germany GmbH & Co. KG, München: 207.1, 208.1, 209.1, 210.1, 218.1, 219.1, 220.1, 224.1, 225.1, 226.1, 227.1.

Picture-Alliance GmbH, Frankfurt a.M.: dpa-infografik 163.1.

Shutterstock.com, New York: Vdant85 102.1.

stock.adobe.com, Dublin: Dietl, Jeanette 153.1, 153.6, 153.9, 153.13, 153.15; Fresh-Paint 153.2, 153.3, 153.4; Imagewriter 102.2; industrieblick 153.10, 153.16, 153.17; nsd-power 1.2; pressmaster Titel; Wiktoria Matynia 102.4.

Trusted Shops GmbH, Köln: 141.1.

TÜV Rheinland AG, Köln: ID Nr. 1000000000, www.tuv.com 141.3.

YPS - York Publishing Solutions Pvt. Ltd.: 14.1, 14.2, 15.1, 16.1, 99.1, 101.1, 223.1, 227.2, 228.1, 229.1, 229.2, 230.1, 232.1, 233.1, 252.1, 266.1, 267.1, 268.1, 269.1, 273.1, 274.1, 275.1, 284.1; Quelle: Statista GmbH 124.1.

Sachwortverzeichnis

C

G